한 권으로 끝내는 스크래치

곽문기 지음

EDUWAY
에듀웨이

한 권으로 끝내는
스크래치

2017년 12월 01일 1판 2쇄 인쇄
2016년 07월 10일 1판 1쇄 발행

지 은 이 | 곽문기

펴 낸 곳 | (주)에듀웨이
주   소 | 경기도 부천시 원미구 송내대로 265번길 59, 6층 603호(상동, 한솔프라자)
대표전화 | 032) 329-8703
팩   스 | 032) 329-8704
등   록 | 제387-2013-00002 6호
홈페이지 | www.eduway.net

북디자인 | 앤미디어
인   쇄 | 백산하이테크
제   본 | 백산제본

ISBN   979-11-86179-11-6

컴퓨터를 통해 창의적 아이디어를 실현시키는 부호 Code!

미국 오바마 대통령이 "코딩은 당신의 미래일 뿐만 아니라 조국의 미래이기도 합니다." 라고 연설한 이후 전 세계적으로 코딩 교육이 화두가 되고 있습니다. 미국 비영리단체인 'code.org'는 30개국 언어로 된 코딩 교수법과 튜토리얼을 제공하고 있으며 빌 게이츠, 마크 저커버그 등 유명 인사들은 코딩 교육 캠페인에 앞장서고 있습니다. 이처럼 코딩은 나이, 성별, 소득 수준과 관계없이 누구나 창의적인 프로그램 개발 및 비즈니스를 창출할 수 있도록 도와주는 도구이며 지적, 무형 자원으로서 무한한 가치를 지닙니다.

코딩 교육의 출발, 스크래치

스크래치는 미국 MIT대학(매사추세츠 공과대학)의 미디어랩 Lifelong Kindergarten Group에서 운영하는 프로젝트로, 아이들을 비롯해 누구나 쉽게 프로그램을 만들 수 있도록 개발한 교육용 프로그래밍 언어이자 환경입니다. 모든 연령층이 즐길 수 있으면서 특히 8세에서 16세까지 초등학생, 중학생을 주요 교육 대상자로 특별히 고안되어 개발되었습니다. 사전에서는 'From scratch'라는 구문의 뜻을 'From the very beginning'으로 소개합니다. 그만큼 스크래치는 출발이나 아주 쉬운 첫 단계로서 아이들이 무리 없이 처음 프로그래밍을 시작할 수 있는 도구를 목표로 개발되었습니다.

정부는 2018년부터 시행될 초중등 소프트웨어교육 필수화 계획을 통해 컴퓨팅 사고의 발달과 프로그래밍에 대한 흥미를 유발하여 소프트웨어를 기반으로 사회, 국가의 경쟁력을 좌우하는 사회인 소프트웨어 중심 사회를 준비하고 있습니다. 즐겁게 코딩을 시작하고, 재미있게 즐길 수 있는 놀이터로서 스크래치는 이미 활용도 면에서 최고의 도구로 추천되며, 활용되고 있습니다.

이 책은 스크래치를 쉽게 이해하고 활용할 수 있도록 입문편과 기본편, 응용편, 게임 프로그래밍편으로 구성되어 있습니다. 코딩의 시작을 매우 쉽게 설명하여 따라하다 보면 어느새 혼자서도 재미있는 아이디어를 구현할 수 있을 것입니다.

지금까지 많은 도움과 힘이 되어주신 한양여자대학교 컴퓨터정보과 교수님과 컬러즈의 식구들, 앤미디어 분들, 사랑하는 아내 김나정과 어느새 훌쩍 커버린 아들 동현에게 고마움과 사랑을 전합니다. 그리고 아버지, 어머니, 장인어른, 장모님 항상 고맙습니다.

곽문기

Contents _목차

Part ❸
스크래치 응용편

Part ❹
스크래치 게임 프로그래밍

예제 및 완성 파일

이 책에 사용된 예제 및 완성 파일은 에듀웨이 홈페이지(www.eduway.net)에서 다운로드할 수 있습니다. 홈페이지에 접속 후 검색란에 "한 권으로 끝내는 스크래치"를 입력하고 〈검색〉 버튼을 클릭합니다. [〈예제파일〉한 권으로 끝내는 스크래치–에듀웨이–] 게시글을 클릭하고 오른쪽 위의 첨부파일을 클릭합니다. 부록 데이터를 다운로드하고 압축을 풀어 사용합니다.

Part 01

스크래치 입문편

스크래치 시작하기

스크래치(Scratch)는 이야기와 게임, 애니메이션을 쉽고 간단하게 만들어 전 세계 친구들과 공유할 수 있는 프로그램입니다. 여러 가지 기능의 블록을 연결하여 스크래치의 재미에 빠져보세요!

01 스크래치(Scratch)란?

스크래치는 미국 MIT(Massachusetts Institute of Technology) 대학교의 미디어랩 Lifelong Kindergarten Group에서 운영하는 프로젝트로, 누구나 쉽게 프로그램을 만들 수 있도록 개발된 교육용 프로그래밍 언어이자 환경입니다. 모든 연령층이 즐길 수 있으며 특히 8세에서 16세까지 초등학교, 중학교 학생을 대상으로 만들어졌습니다.

현재 150여 개 이상의 국가에서 활용하고 있으며, 이미 40여 개 이상의 언어를 지원하는 등 세계적으로 인기 있고, 완성도 높은 학습 방법이자 놀이터입니다. 단순한 모양의 블록(Block)을 연결해 다양한 인터랙티브 스토리텔링, 게임, 애니메이션 등을 만들고 작품을 스크래치 온라인 커뮤니티에 공유할 수도 있습니다.

컴퓨터 프로그래밍 실력은 오늘날 필수적으로 요구되는 능력 중 하나입니다. 스크래치를 이용하여 프로그래밍하는 방법을 알아두면 문제를 해결하고, 프로젝트를 설계하고, 다른 사람들과 아이디어를 바탕으로 소통하는 데 중요한 전략을 익힐 수 있습니다. 또한, 창의적으로 생각하고, 논리적으로 추론하며, 다른 사람들과 협동하는 힘을 키워줍니다. 이처럼 스크래치는 프로그래밍 입문은 물론 재미와 창의성을 얻을 수 있는 최고의 도구입니다.

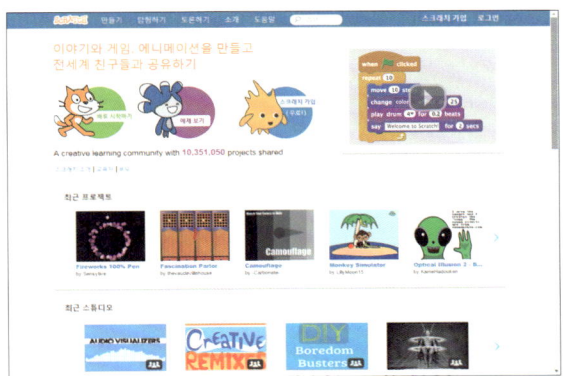

▲ 스크래치 사이트(scratch.mit.edu)

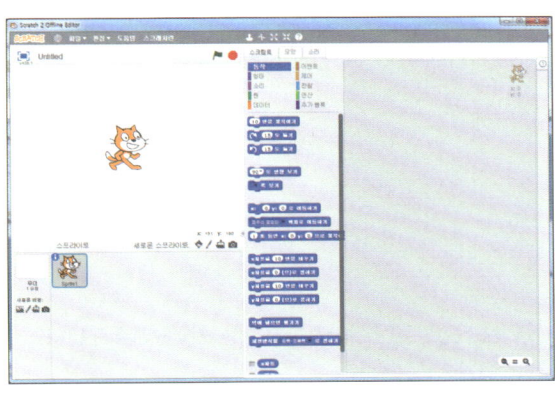

▲ 스크래치 오프라인 에디터

▲ 참고 동영상(비메오, vimeo.com/65583694)

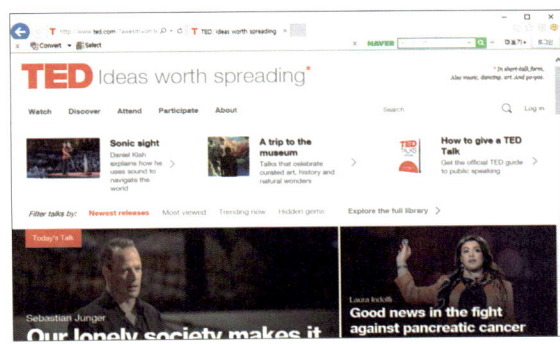

▲ 참고 동영상(TED, on.ted.com/MResnick)

02 온라인 커뮤니티 공유를 위한 스크래치 회원 가입

스크래치(Scratch) 웹사이트(https://scratch.mit.edu)에 접속하여 회원으로 가입합니다. 회원으로 가입하지 않아도 스크래치를 즐길 수 있지만, 완성된 프로젝트를 저장하거나 온라인 커뮤니티 공유를 위해서는 회원 가입이 필요합니다.

01 스크래치 사용자 이름(아이디)과 비밀번호, 비밀번호 확인을 영문으로 입력한 다음 〈다음〉 버튼을 클릭합니다.

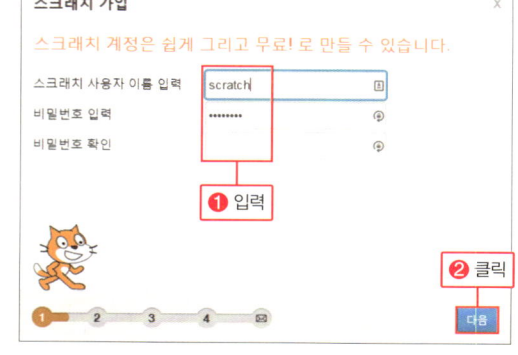

▶ **알아두기**

이때 비밀번호는 절대로 다른 사람에게 알려주지 마세요!

02 태어난 해와 월, 성별 그리고 국가를 선택한 다음 〈다음〉 버튼을 클릭합니다.

▶ **알아두기**

이 과정은 스크래치 사용자 통계를 수집하기 위한 정보 제공입니다.

03 성인이라면 본인의 이메일을 입력하고 미성년자라면 부모님의 이메일을 입력한 다음 〈다음〉 버튼을 클릭합니다.

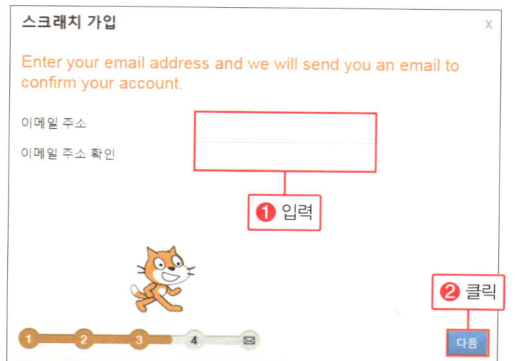
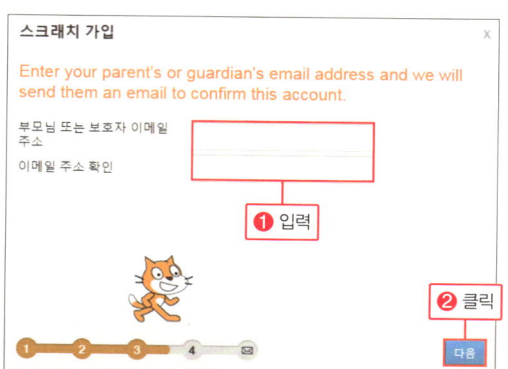

04 입력한 이메일로 사용자 확인 이메일을 전송하였다는 메시지와 함께 회원 가입 절차가 끝났음을 알려줍니다.

〈자, 시작합시다!〉 버튼을 클릭합니다.

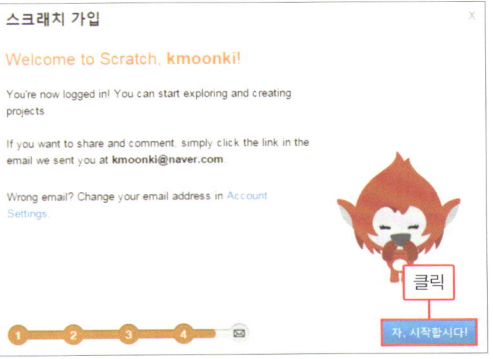

05 입력한 이메일에 접속하여 전송된 이메일을 확인합니다. 〈이메일 주소 확인하기〉 버튼을 클릭하여 스크래치 회원으로 가입된 내용을 확인합니다.

▶ **알아두기**

여기까지의 가입 절차를 마치면 스크래치를 사용할 수 있습니다.

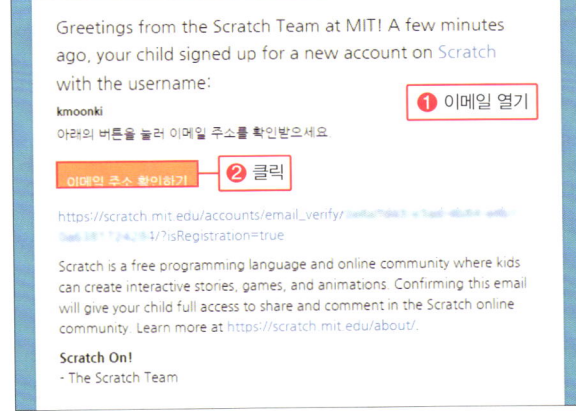

06 스크래치 홈페이지 오른쪽 위의 〈로그인〉 버튼을 클릭하고 사용자 이름과 비밀번호를 입력한 다음 〈로그인〉 버튼을 클릭합니다.

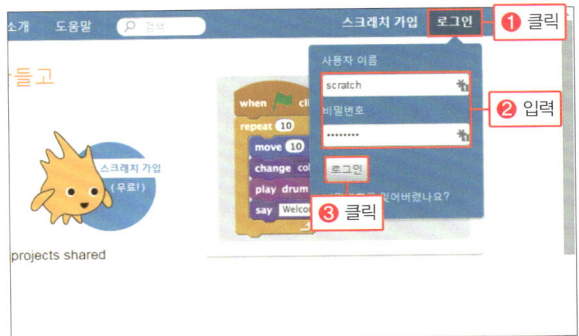

07 사용자 이름 부분(회원 정보 관리)을 클릭하고 다양한 메뉴 중에서 **내 정보**를 실행합니다.

스크래치 커뮤니티에 내 소개와 현재 하고 있는 일을 공개할 수 있습니다.

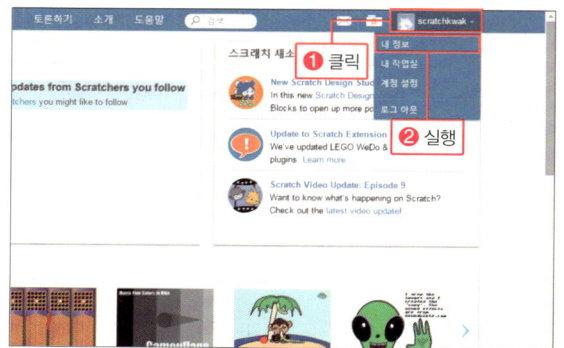 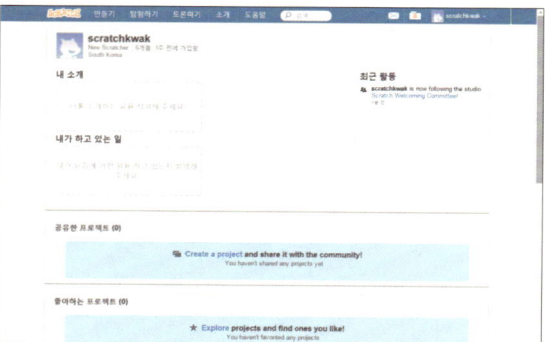

08 회원 정보 관리를 클릭하고 **내 작업실**을 실행하면 스크래치에서 만든 작품을 확인하거나 관리할 수 있습니다.

> ▶ **알아두기**
> 스크래치를 다루다 보면 자연스럽게 이곳에 저장된 작품이 늘어날 거예요.

09 회원 정보 관리를 클릭하고 **계정 설정**을 실행하면 스크래치 회원 정보(비밀번호나 이메일 등의 개인 정보)를 수정할 수 있습니다.

회원 정보 설정을 마쳤다면 스크래치를 시작해 보세요!

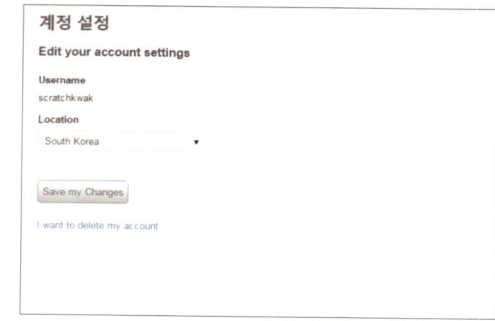

03 스크래치 웹사이트 메뉴

주요 메뉴	메뉴 설명
❶ 스크래치 로고	웹사이트 시작 페이지로 이동합니다.
❷ 만들기	스크래치 온라인 작업(편집) 화면으로 이동합니다.
❸ 탐험하기	여러 사용자들이 만든 다양한 프로젝트를 분야별로 분류하여 다른 사람들의 아이디어 등을 배우거나 직접 만든 작품을 공유할 수 있습니다.
❹ 토론하기	주제별 토론방에 참여하여 전 세계 사용자들과 의견을 나눌 수 있으며, 궁금한 점을 물어보면서 자유롭게 소통할 수 있습니다. 한글로 의견을 나눌 수 있는 토론방도 마련되어 있습니다.
❺ 소개	스크래치 소개, 부모를 위한 글, 교육자를 위한 글 등 스크래치에 관한 전반적인 소개 자료를 제공합니다.
❻ 도움말	스크래치 시작하기, 가이드, 기타 유용한 자료와 링크가 가득하여 초보자들이 참고하면 좋습니다.
❼ 검색	구글링(구글 검색)을 지원하여 바로 인터넷 자료를 검색할 수 있습니다.
❽ 메시지	스크래치 웹사이트나 커뮤니티에서 보낸 메시지를 확인하고 알림 기능을 제공하는 등 빠르게 소통할 수 있도록 합니다.
❾ 내 작업실	직접 만든 프로젝트를 저장하는 자료실입니다.
❿ 회원 정보 관리	스크래치 사이트에 등록된 개인 정보를 관리할 수 있습니다.

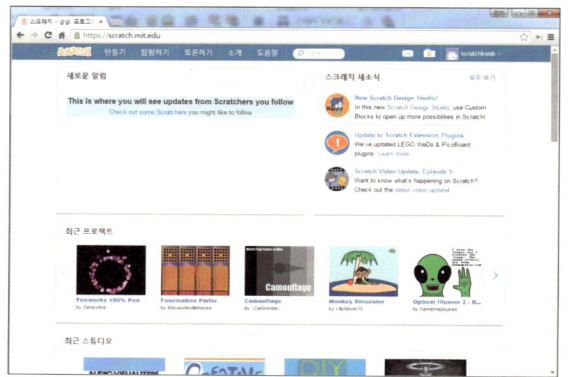

▲ 스크래치 시작 페이지

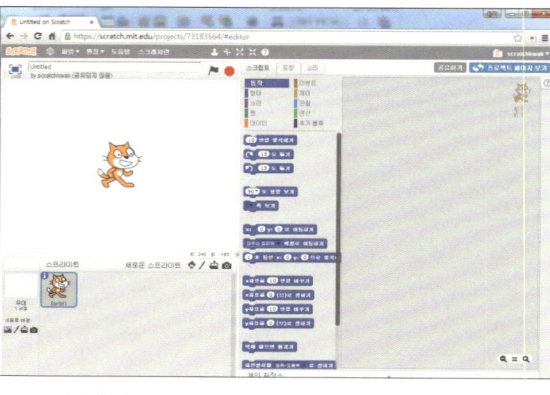

▲ 스크래치 온라인 에디터

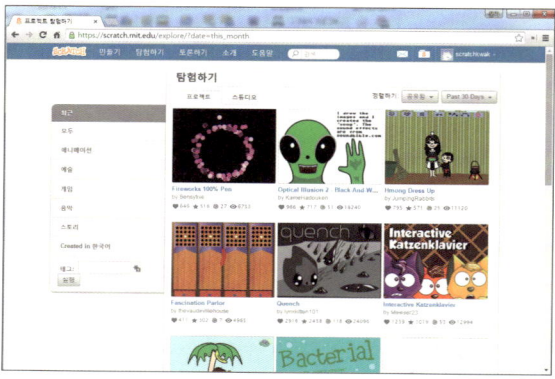

▲ 탐험하기

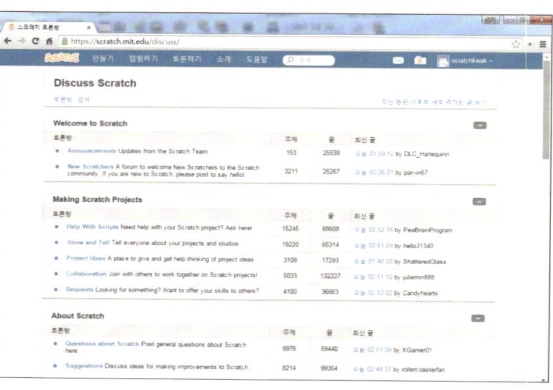

▲ 토론하기

▲ 스크래치 소개

▲ 스크래치 도움말

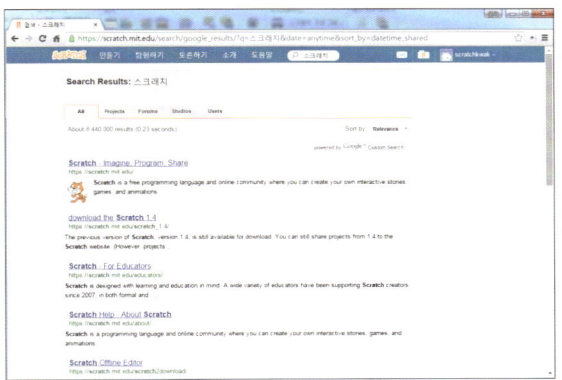

▲ 검색(구글링)

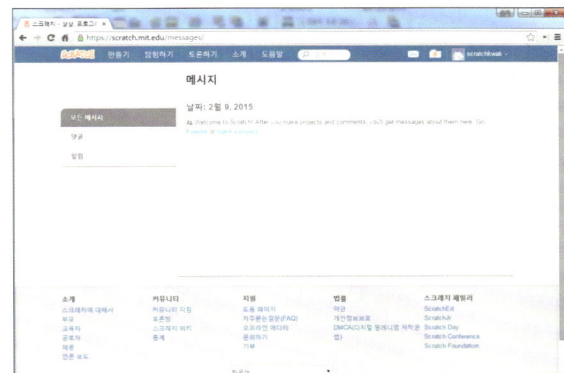

▲ 메시지

▲ 내 작업실

04 쉽고 빠른 프로그래밍을 위한 스크래치 오프라인 에디터

스크래치 웹사이트에서 **만들기** 메뉴를 실행하면 스크래치 온라인 에디터(편집기)를 이용할 수 있습니다. 온라인 에디터와 같은 화면으로 구성된 오프라인 에디터를 설치하여 사용할 수도 있습니다.

오프라인 에디터의 장점은 인터넷에 연결하지 않아도 스크래치를 사용할 수 있으며, 설치된 컴퓨터 사양에 따라 빠르게 작업할 수 있는 것입니다. **내 저장소**에 프로젝트를 바로 등록할 수 없다는 단점이 있지만,

온라인 에디터에서 오프라인 에디터로 저장된 내 컴퓨터의 프로젝트를 가져와 **내 저장소**에 등록할 수 있습니다. 어떤 에디터를 이용해도 결과는 같으므로 원하는 에디터를 이용해 스크래치 프로젝트를 작성합니다.

오프라인 에디터를 설치하기 위해서는 먼저 스크래치 웹사이트 아래의 [지원]-[오프라인 에디터]를 선택합니다. 이때 어도비(Adobe) 사의 통합 실행(Runtime) 환경 설치가 필요하므로 Adobe AIR를 설치한 다음 컴퓨터 운영체제(OS: 윈도우, 맥, 리눅스 등)에 맞는 스크래치 오프라인 에디터를 다운로드 받아 설치합니다.

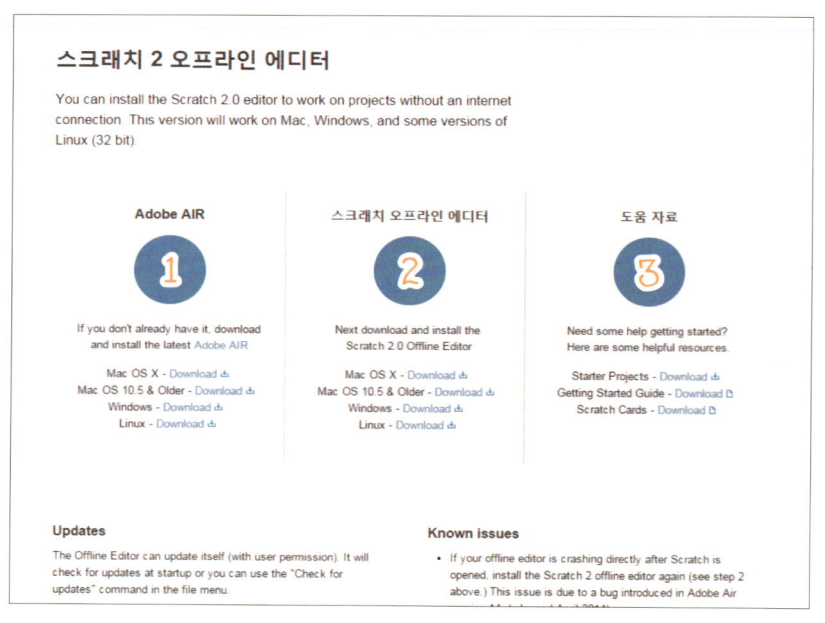

▲ 스크래치 오프라인 에디터 설치 안내 화면
(https://scratch.mit.edu/scratch2download/)

스크래치 사이트에서 **만들기** 메뉴를 실행하여 온라인 에디터를 사용할 수도 있습니다. 이 책에서 사용한 스크래치 오프라인 에디터의 프로그램은 446(Scratch-446.exe) 버전입니다.

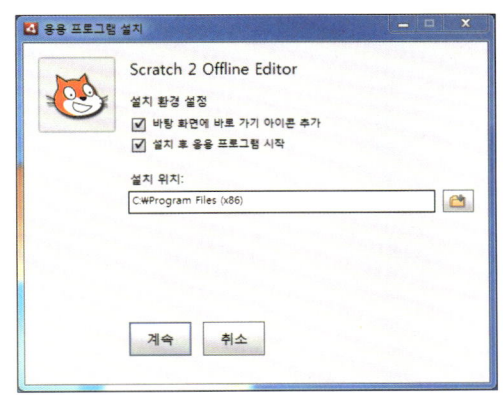

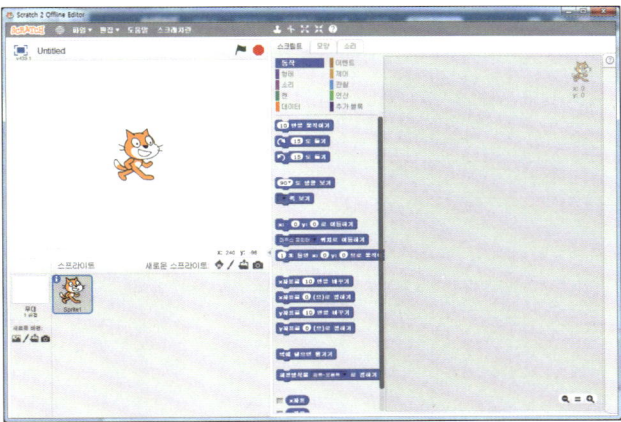

▶ 알아두기 **Adobe AIR**

어도비 통합 런타임(Adobe AIR; Adobe Integrated
-Runtime)은 포토샵으로 유명한 어도비 사의 플래시
(Flash), 플렉스(Flex), HTML, Ajax 등을 이용한 데스크톱
응용 프로그램으로 모바일 기기에서 실행할 수 있는 리치 인
터넷 애플리케이션(RIA, Rich Internet Application)을 만
들기 위해 개발한 크로스 플랫폼 실행 환경(Cross Platform
Runtime Environment)입니다. 이 런타임은 윈도우, 리눅
스, 맥OS, iOS 그리고 안드로이드(Android)와 같은 운영체
제 등에서 설치할 수 있는 응용 프로그램을 지원하는 환경입
니다.

▲ 컴퓨터 운영체제에 맞는 Adobe AIR 다운로드

05 필수 교육 과정으로 인정받은 스크래치

2018년부터 초등학교와 중학교에서 소프트웨어(SW) 교육을 필수적으
로 시행하게 됩니다. 정부가 발표한 '소프트웨어 중심 사회를 위한 인재
양성 추진 계획'에 따르면 중학생은 2018년부터 정보 과목이 필수과목
에 포함되어 34시간 이상 소프트웨어 교육을 받게 됩니다. 또한, 초등
학생은 2019년부터 실과 과목의 정보통신기술 단원이 소프트웨어 기초
교육으로 개편되어 17시간 이상 교육을 받게 됩니다.

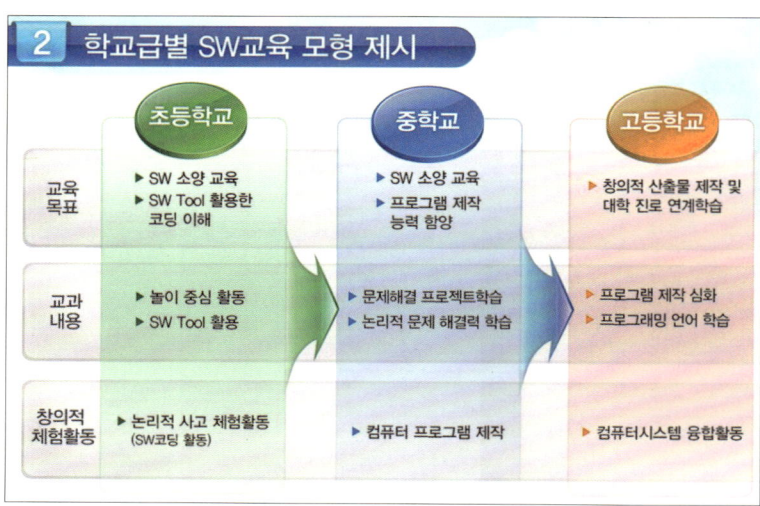

스크래치는 초 · 중등학교의 소프트웨어 교육을 위한 도구로서 거론되고 있으며 관련 교재 또한 계속해서 출간 및 활용되고 있습니다. 그만큼 스크래치라는 소프트웨어의 교육적 성과와 가능성이 크게 평가되며 효율적인 도구로 인기를 얻고 있습니다.

▲ SW중심사회(http://www.software.kr)

06 스크래치와 함께 알아두면 좋은 사이트

01 code.org

code.org

미국의 비영리 단체로 '1주일에 한 시간, 코딩을 공부하자'라는 캠페인을 실시하고 있습니다.

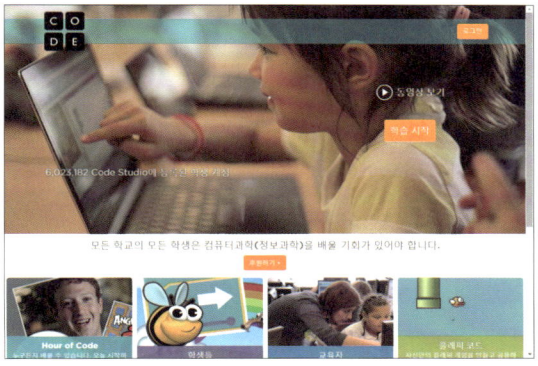

02 codeclub.org

www.codeclub.org.uk

영국의 비영리 단체로 9~11세 학생들의 방과 후 무료 코딩 교육을 위한 학습 도우미 역할을 합니다.

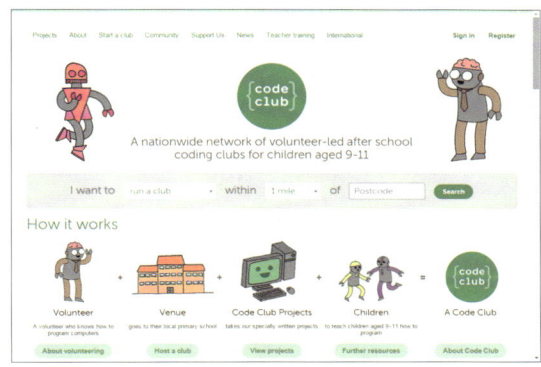

03 개방형 소프트웨어 교육센터

olc.oss.kr

공개 소프트웨어 전문 인력 양성을 목적으로 지식경제부가 주최하고 정보통신산업진흥원(NIPA)과 공개소프트웨어협회(KOSSA)가 공동 주관하는 개방형 소프트웨어 교육 센터입니다.

04 삼성 주니어 소프트웨어 아카데미

www.juniorsw.com

삼성전자가 사회 공헌 프로그램 일환으로 전국의 초중고 학생들에게 소프트웨어를 통한 창의, 융합 교육을 제공하는 사이트입니다.

05 네이버 소프트웨어야 놀자

playsw.naver.com

네이버에서 제공하는 프로그램으로 아이들이 쉽고 재미 있게 창의적 도구인 소프트웨어를 경험하고 학부모와 선생님에게 소프트웨어 교육의 장기적인 가이드라인을 제공합니다.

06 오픈튜토리얼스

opentutorials.org

온라인 소프트웨어 무료 학습을 위한 여러 가지 예제 및 튜토리얼을 제공합니다.

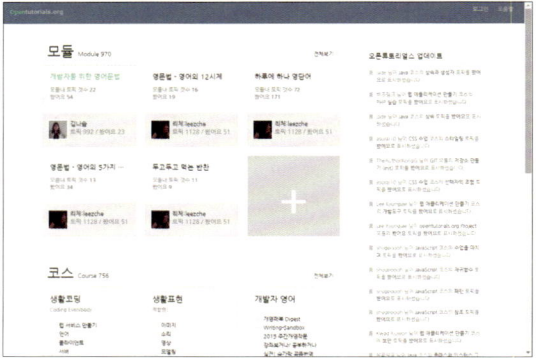

07 웹동네

www.webdongne.com

커뮤니티 형식의 학습 서비스를 다채롭게 제공하고 강의, 세미나, 특강 등을 제공합니다.

08 엔트리

http://play-entry.com

누구나 무료로 소프트웨어 교육을 받을 수 있도록 개방된 비영리 플랫폼입니다.

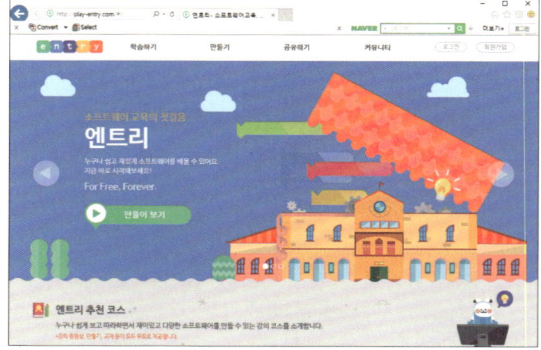

스크래치 용어와 화면 구성

처음 만나는 친구처럼 프로그래밍에서는 용어를 이해하는 것이 매우 중요합니다. 스크래치에 익숙해지도록 자주 사용하는 용어와 화면 구성에 대하여 차근차근 살펴봅니다. 처음 보는 용어라서 한 번에 익숙해지기 어렵지만 잘 살펴보세요.

01 스크래치 기본 용어

스크래치에서 사용하는 기본적인 용어는 다음과 같습니다.

용어	설명
스프라이트(Sprite)	스크립트(블록)로 제어할 수 있는 스크래치 객체(Object)입니다.
무대(Stage)	스크래치 배경(Background)입니다.
블록(Block)	동작, 형태, 소리, 펜, 데이터, 이벤트, 제어, 관찰, 연산, 추가 블록의 역할을 하는 명령어입니다.
프로젝트(Project)	하나 이상의 스프라이트 등으로 구성하여 저장하는 단위입니다.

▶ **알아두기** **스프라이트란?**

스프라이트(Sprite)는 연극에서 무대 위 등장 인물과 비슷한 의미로, 블록 명령에 의해 형태를 변경하거나 동작시킬 수 있습니다.

02 스크래치 화면 구성

스크래치 온라인 또는 오프라인 에디터를 실행하여 살펴봅니다. 여기서
는 오프라인 에디터를 바탕으로 확인합니다.

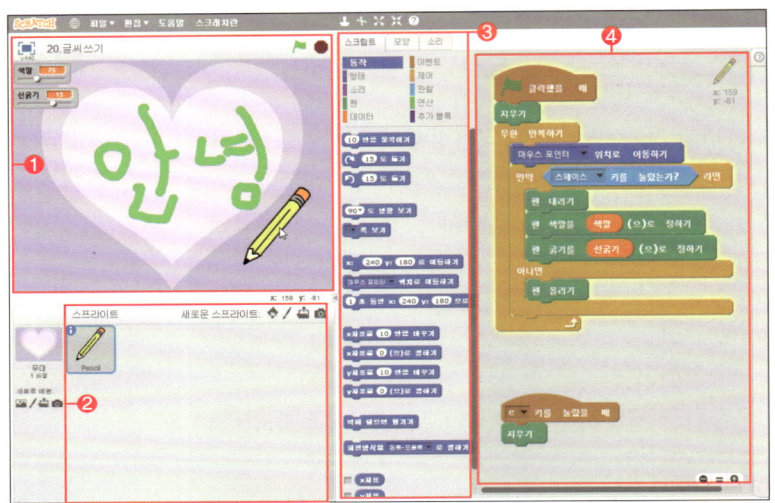

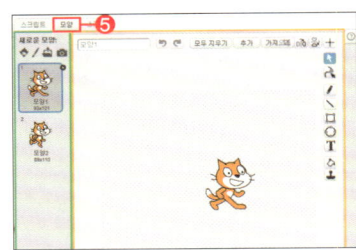

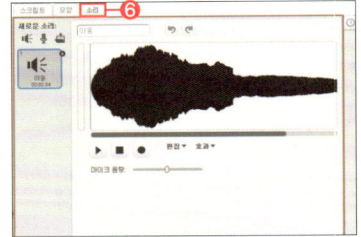

구성	설명
❶ 무대	스프라이트, 배경 등 결과 화면을 보여주는 영역입니다. 저장된 클립에서 무대를 가져오거나 직접 만들어 편집할 수 있습니다.
❷ 스프라이트 영역	무대 위 스프라이트를 관리하는 영역입니다. 저장된 클립에서 다양한 동작의 스프라이트를 가져오거나 직접 만들어 편집할 수 있습니다.
❸ 블록 영역	스프라이트, 배경 등을 동작시키는 다양한 블록이 있습니다. 블록을 이동시켜 무대 위 결과를 완성할 수 있습니다.
❹ 스크립트 영역	블록 영역의 다양한 블록을 선택하고 이동하여 무대 위 동작을 만드는 영역으로, 프로그래밍 영역입니다.
❺ 모양 편집	스프라이트 디자인을 편집할 수 있습니다.
❻ 소리 편집	소리를 편집할 수 있습니다.

03 스크래치 블록 구성

스크래치 프로젝트는 여러 종류의 블록을 조립하여 완성됩니다. 블록은
용도에 따라 10가지로 구성되고 종류별로 다양하게 나뉩니다. 영문 프로
그램 화면과 비교해 보면서 블록과 동작을 이해할 수 있습니다.

블록	설명
❶ 동작(Motion)	스프라이트의 위치, 회전, 방향 등 동작을 조절하는 블록으로 구성되어 있습니다.
❷ 형태(Looks)	스프라이트에 효과를 주거나 크기 조절 등 특징을 조절하는 블록으로 구성되어 있습니다.
❸ 소리(Sound)	소리를 재생하고, 악기를 연주하는 등 소리와 관련된 블록으로 구성되어 있습니다.
❹ 펜(Pen)	선을 만들고, 색상을 선택하는 등 그리기와 관련된 블록으로 구성되어 있습니다.
❺ 데이터(Data)	변수와 목록을 만들고 조절할 수 있는 블록으로 구성되어 있습니다.
❻ 이벤트(Events)	스크래치를 시작하거나 여러 이벤트를 구성하는 블록이 있습니다.
❼ 제어(Control)	조건에 따라 진행하거나 진행하지 않을 수 있고, 복제할 수 있는 블록으로 구성되어 있습니다.
❽ 관찰(Sensing)	위치 이동, 색상 선택, 마우스 포인터 이동 등 변화를 관찰할 수 있는 블록으로 구성되어 있습니다.
❾ 연산(Operators)	값을 더하거나 빼는 등 연산과 관련된 블록과 글자를 변경하는 등 연산과 관련된 여러 가지 블록으로 구성되어 있습니다.
❿ 추가 블록(More Blocks)	기본으로 제공되는 블록 외에 추가로 만들어 직접 블록을 구성할 수 있습니다.

Part 02

스크래치 기본편

스프라이트를 움직이려면?

스크래치와 친해지기 위해 몇 가지 블록을 이용하여 무대 위 스프라이트를 움직여 봅니다.

STEP#1

 코딩 순서

동작 블록은 스프라이트의 움직임에 대한 명령어 모음으로 위치, 회전, 방향 등의 동작을 설정하고 조절할 수 있으며, 간단하게 블록을 편집 화면(스크립트 영역)에 붙이는 것만으로 스프라이트를 움직일 수 있습니다.

Sprite1 (고양이) ┈ 블록 클릭

10만큼 움직이기

❶ 블록 실행하기
- 동작 블록에서 블록 가져오기
- '10' 입력하기(단위: 픽셀)
- **결과** 스프라이트가 오른쪽으로 10픽셀 이동

30만큼 움직이기

❷ 수치값 설정하기
- 움직이는 거리 바꾸기
- '30(픽셀)'으로 수정하기
- **결과** 스프라이트가 오른쪽으로 30픽셀 이동

−30만큼 움직이기

❸ 반대로 실행하기
- 움직이는 방향 바꾸기(오른쪽 → 왼쪽)
- 움직이는 거리 바꾸기
- **결과** 스프라이트가 왼쪽으로 30픽셀 이동

블록 미리 보기

동작 블록에서 `10 만큼 움직이기` 블록 가져오기 → **동작 블록**

`'10' 입력하기` → **단위: 픽셀(Pixel)**

`30 만큼 움직이기` `'30'으로 바꾸기` → **움직이는 거리 변경**

`-30 만큼 움직이기` `'-30'으로 바꾸기` → **움직이는 방향 변경**

결과 움직이는 거리와 방향을 조절하여 응용하기 → **블록을 클릭하여 실행**

▶ **알아두기** **픽셀(Pixel)**

픽셀(Pixel: Picture Element)또는 화소(畫素)는 화면을 구성하는 기본 단위로, 보통 모니터 해상도를 표시할 때 사용합니다. 모니터 해상도가 '1280×1024'라면 가로 픽셀을 1280개, 세로 픽셀을 1024개로 표시할 수 있다는 의미입니다. 픽셀은 사각형 모양의 점과 같으며 해상도가 높을수록 깨끗한 화면을 보여줍니다. 최근 4K 해상도(4K UHD: Ultra High Definition) 제품이 출시되었으며, 가로 해상도가 4000(4K) 픽셀의 제품으로 깨끗하고 생생한 화면을 자랑합니다.

💡 블록 알아두기

스프라이트 위치, 회전, 방향 등의 동작을 조절하는 동작 블록에 대해
살펴봅니다.

블록	설명
`10 만큼 움직이기`	스프라이트를 10(픽셀)만큼 오른쪽으로 이동합니다.
`↻ 15 도 돌기`	스프라이트를 15°만큼 시계 방향으로 회전합니다.
`↺ 15 도 돌기`	스프라이트를 15°만큼 시계 반대 방향으로 회전합니다.
`90 ▼ 도 방향 보기` (90) 오른쪽 (-90) 왼쪽 (0) 위 (180) 아래	스프라이트의 방향을 설정합니다. 기본 값은 '(90) 오른쪽'이며 직접 값을 입력할 수도 있습니다.
`마우스 포인터 ▼ 쪽 보기`	마우스 포인터 방향대로 스프라이트 방향이 설정됩니다.
`x: 0 y: 0 로 이동하기`	입력된 x좌표와 y좌표로 스프라이트를 이동합니다.
`마우스 포인터 ▼ 위치로 이동하기`	마우스 포인터 위치로 스프라이트를 이동합니다.
`1 초 동안 x: 0 y: 0 으로 움직이기`	입력된 시간 내 입력된 x좌표와 y좌표로 스프라이트를 이동합니다.
`x좌표를 10 만큼 바꾸기`	스프라이트의 x좌표를 현재 위치에서 입력된 값만큼 이동합니다.
`x좌표를 0 (으)로 정하기`	스프라이트의 x좌표를 입력된 값으로 지정합니다. 기준은 무대 가운데입니다.
`y좌표를 10 만큼 바꾸기`	스프라이트의 y좌표를 현재 위치에서 입력된 값만큼 이동합니다.
`y좌표를 0 (으)로 정하기`	스프라이트의 y좌표를 입력된 값으로 지정합니다. 기준은 무대 가운데입니다.

블록	설명
벽에 닿으면 튕기기	화면의 벽에 닿으면 스프라이트 방향을 반대로 변경합니다.
회전방식을 회전하지 않기 ▾ 로 정하기 왼쪽-오른쪽 회전하지 않기 회전하기	스프라이트의 회전 방식을 지정합니다.
x좌표	스프라이트의 x좌표 값입니다.
y좌표	스프라이트의 y좌표 값입니다.
방향	스프라이트의 방향 값을 갖는 변수입니다.

● 방향 보기

스프라이트의 기본 방향은 오른쪽인 $90°$입니다. 방향은 위쪽 $0°$를 기준으로 시계 방향으로 $180°$까지 표현하고, 시계 반대 방향으로 $-180°$까지 표현합니다. 예를 들어 $270°$를 입력하면 $-90°$로 설정됩니다.

'i' 아이콘을 클릭하여 스프라이트 정보를 확인하면 방향과 회전 방식이 나타나며 이 정보를 참고하면 실제 동작을 이해하는 데 도움이 됩니다. 회전 방식에는 세 가지 아이콘이 있으며 왼쪽부터 클릭하여 각각 '회전하기', '왼쪽-오른쪽', '회전하지 않기'로 지정할 수 있습니다. 아이콘별로 클릭하여 어떻게 동작하는지 확인해 보세요.

● 마우스 포인터쪽 보기

마우스 포인터 ▼ 쪽 보기 블록만 사용하기는 쉽지 않습니다. 마우스 포인터로 블록을 클릭해야 하므로 항상 같은 방향 값으로 지정되기 때문입니다. 그러므로 이벤트 블록에서 스페이스 ▼ 키를 눌렀을 때 블록과 연결하고 키를 '스페이스' 등으로 지정한 다음 마우스 포인터를 이동하고 설정한 키를 눌러 실행할 수 있습니다.

STEP#2

01 블록 구성하기

블록들이 모여 있는 [스크립트] 탭에서 파란색으로 표시된 동작 블록 중 맨 위의 10 만큼 움직이기 를 오른쪽 스크립트 영역으로 드래그합니다.

> ▶ 알아두기   스크립트를 확대하려면
> 블록의 글자가 작아 잘 보이지 않으면 스크립트 영역 오른쪽 아래의 돋보기 도구를 클릭하여 확대합니다.

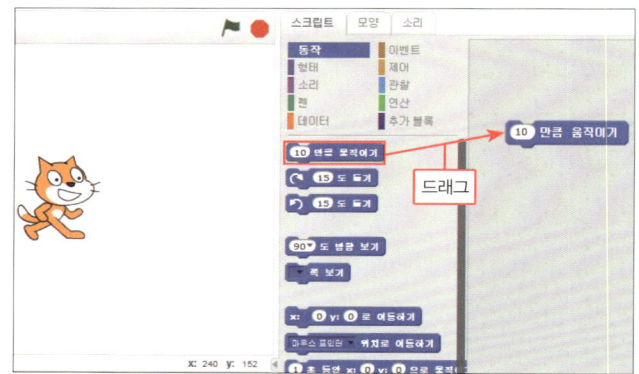

02 블록 실행하기

스크립트 영역의 블록을 클릭하면 무대 위 고양이 스프라이트가 오른쪽으로 이동합니다.

클릭할 때마다 조금씩 오른쪽으로 움직입니다.

03 움직이는 거리 바꾸기

❶ 블록에서 숫자를 클릭하고 '30'을 입력합니다.

❷ 블록을 클릭하면 '30'만큼 고양이가 오른쪽으로 이동합니다.

고양이를 여러 번 클릭하여 오른쪽 끝까지 움직였다면 왼쪽으로 드래그하여 이동합니다.

04 움직이는 방향 바꾸기

❶ 블록의 숫자 앞에 빼기(−) 부호를 입력합니다.

❷ 블록을 클릭하면 '−30'만큼 고양이가 왼쪽으로 이동합니다.

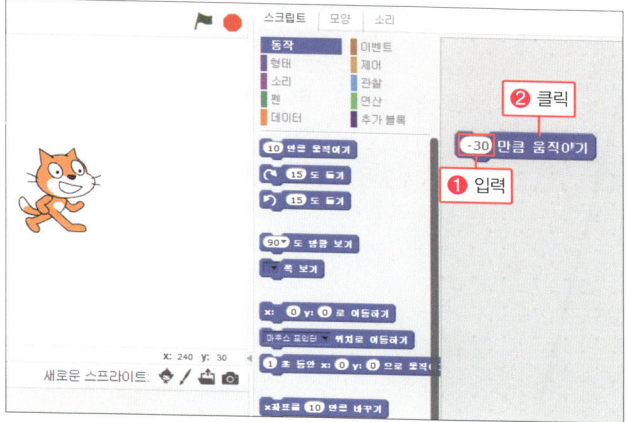

▶ 알아두기 움직임의 단위

고양이 스프라이트가 움직이는 단위는 픽셀(Pixel)입니다.

▶ 알아두기 이동 지점을 확인하려면

스크립트 영역 오른쪽 위에 스프라이트의 위치(좌표)가 표시됩니다.

05 블록 삭제하기

❶ 스크립트 영역의 블록에서 마우스 오른쪽 버튼을 클릭하면 나타
나는 메뉴 중 ❷ **삭제**를 선택하면 블록을 삭제할 수 있습니다.

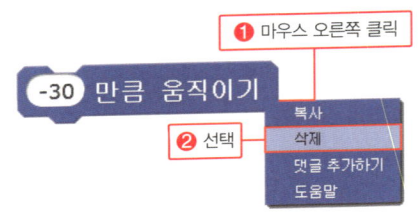

▶ **알아두기** **블록을 설정하려면**

스크립트 영역의 블록에서 마우스 오른쪽 버튼을 클릭하면 나타나는 메뉴 중 **복사**를 선택하여 블록을 복제할 수 있습니다.
댓글 추가하기를 선택하여 댓글을 추가하거나 **도움말**을 선택하여 블록에 관한 도움말을 확인할 수도 있습니다.

💡 혼자 해보기

스크립트 영역의 블록을 삭제한 다음 `15 도 돌기` 블록을 스크립트
영역으로 가져와 같은 방법으로 연습합니다. 숫자에 빼기 부호를 붙여
서 어떻게 동작하는지도 살펴봅니다.

같은 방법으로 다른 블록도 연습해 보세요!

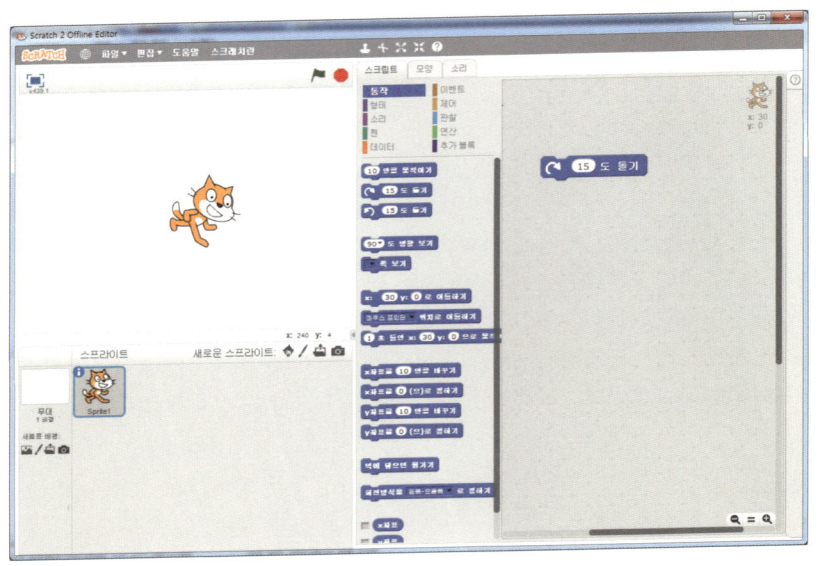

움직임에 소리를 더하려면?

움직임에 소리가 빠지면 재미가 없으므로 소리 블록을 이용하여 움직임에 소리를 더해 보겠습니다. 이전에 배웠던 동작 블록과 함께 사용하여 그럴듯하게 소리를 활용해 보세요.

💡 코딩 순서

블록들이 결합되면 하나의 모둠(묶음)으로 설정되어 실행 시 위에서부터 차례대로 블록 내용이 실행됩니다. 여기서는 움직인 다음 설정한 소리가 납니다. 소리 블록은 소리를 재생하고, 악기를 연주하는 등 소리와 관련된 블록으로 구성되어 있습니다.

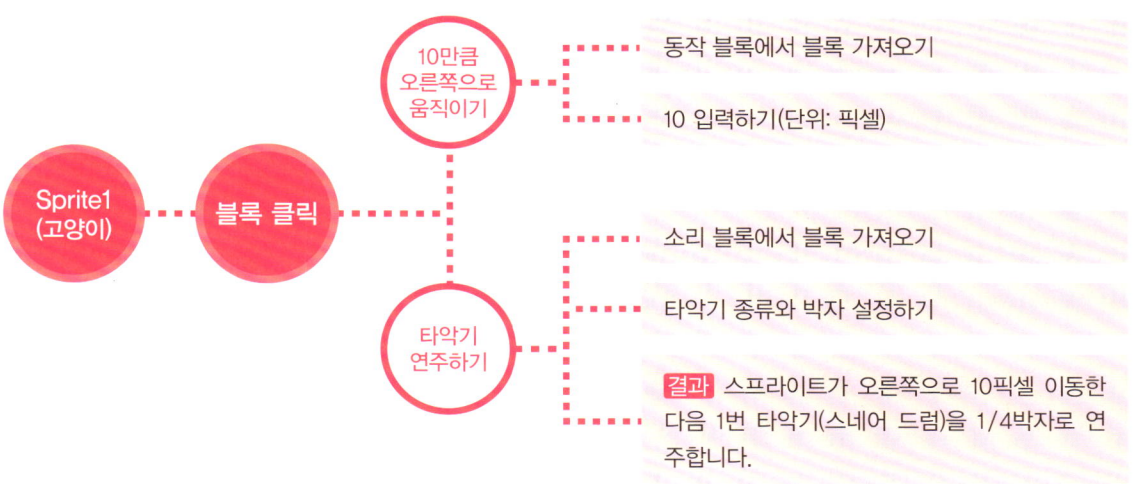

💡 블록 미리 보기

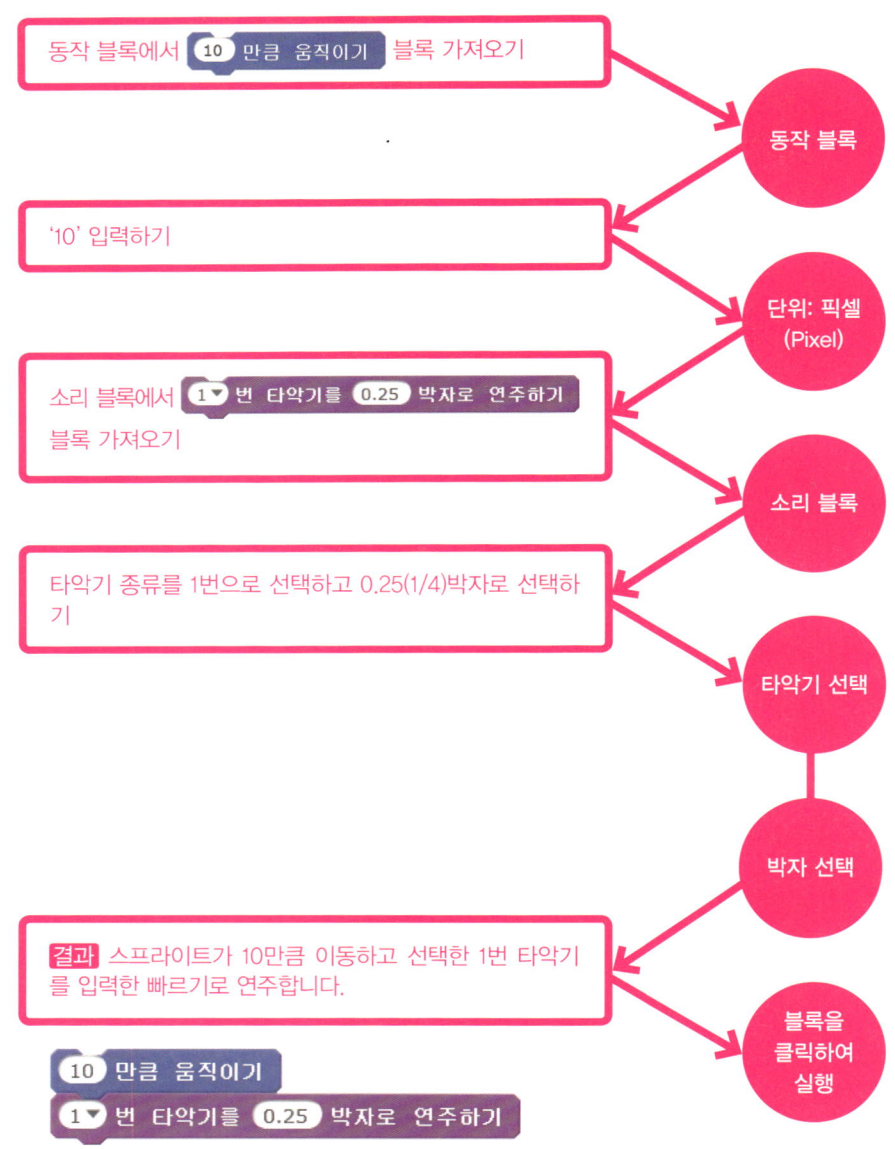

동작 블록에서 `10 만큼 움직이기` 블록 가져오기 → 동작 블록

'10' 입력하기 → 단위: 픽셀 (Pixel)

소리 블록에서 `1▼ 번 타악기를 0.25 박자로 연주하기` 블록 가져오기 → 소리 블록

타악기 종류를 1번으로 선택하고 0.25(1/4)박자로 선택하기 → 타악기 선택

→ 박자 선택

결과 스프라이트가 10만큼 이동하고 선택한 1번 타악기를 입력한 빠르기로 연주합니다. → 블록을 클릭하여 실행

`10 만큼 움직이기`
`1▼ 번 타악기를 0.25 박자로 연주하기`

● 선택할 수 있는 타악기 종류

드럼, 심벌, 탬버린 등 18종류의 타악기를 선택할 수 있습니다. 하나씩
바꿔가면서 어떤 소리가 나는지 들어 보세요.

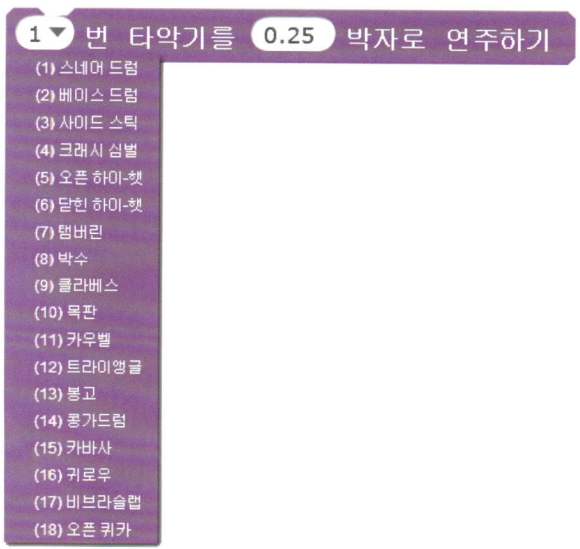

💡 블록 알아두기

소리 블록은 소리를 재생하고 악기를 연주하는 등 소리와 관련된 블록
으로 구성되어 있습니다.

블록	설명
야옹 ▼ 재 생하기 야옹 녹음…	소리를 재생합니다. 기본적으로 소리 블록에 등록된 소리는 '야옹'입니다.
야옹 ▼ 끝까지 재생하기	소리를 끝까지 재생한 다음 블록을 실행합니다.
모든 소리 끄기	모든 소리를 끕니다.

블록	설명
1 ▼ 번 타악기를 0.25 박자로 연주하기 (1) 스네어 드럼 (2) 베이스 드럼 (3) 사이드 스틱 (4) 크래시 심벌 (5) 오픈 하이-햇 (6) 닫힌 하이-햇 (7) 탬버린 (8) 박수 (9) 클라베스 (10) 목판 (11) 카우벨 (12) 트라이앵글 (13) 봉고 (14) 콩가드럼 (15) 카바사 (16) 귀로우 (17) 비브라슬랩 (18) 오픈 퀴카	18가지 타악기 중에서 선택한 타악기를 설정한 박자로 연주합니다.
0.25 박자 쉬기	설정한 박자만큼 쉽니다(쉼표 역할).
60 ▼ 번 음을 0.5 박자로 연주하기 Eb (63)	선택한 음을 설정한 박자로 연주합니다.
1 ▼ 번 악기로 정하기 (1) 피아노 (2) 전자 피아노 (3) 오르간 (4) 기타 (5) 전자 기타 (6) 베이스 (7) 피치카토 (8) 첼로 (9) 트럼본 (10) 클라리넷 (11) 색소폰 (12) 플룻 (13) 나무 플루트 (14) 바순 (15) 합창단 (16) 비브라폰 (17) 뮤직 박스 (18) 스틸 드럼 (19) 마림바 (20) 신스 리드 (21) 신스 패드	21가지 악기 중에서 선택합니다.
음량을 -10 만큼 바꾸기	음량을 설정한 값만큼 바꿉니다.
음량을 100 % (으)로 정하기	음량을 % 단위로 설정합니다.

블록	설명
빠르기를 20 만큼 바꾸기	빠르기를 설정한 값만큼 변경합니다.
빠르기를 60 BPM 으로 정하기	빠르기를 설정한 값만큼 바꿉니다. 60BPM(Beats Per Minute) 기준으로 분당 60비트가 연주되는 빠르기로 설정합니다.
음량	설정된 음량을 갖는 변수입니다.
박자	설정된 박자를 갖는 변수입니다.

● 소리 재생하기

기본 소리는 기본 스프라이트인 고양이의 야옹 소리로, [소리] 탭에서 확인할 수 있습니다. 소리 저장소에서 다른 소리를 가져오거나 '새로운 소리 기록하기' 아이콘을 클릭한 다음 마이크를 이용하여 녹음할 수도 있습니다.

● 빠르기(Tempo)

빠르기는 악기의 연주 속도로, 보통 분당 비트수인 BPM(Beats Per Minute)으로 나타냅니다. 기본적으로 60BPM의 빠르기를 가지며 빠르기 범위는 보통 30~280BPM으로 설정하고 빠르기 최저 값은 20BPM입니다.

01 동작 실행하기

[스크립트] 탭에서 파란색 동작 블록 중
`10 만큼 움직이기` 를 오른쪽으로 드래그
하여 스크립트 영역으로 이동합니다.

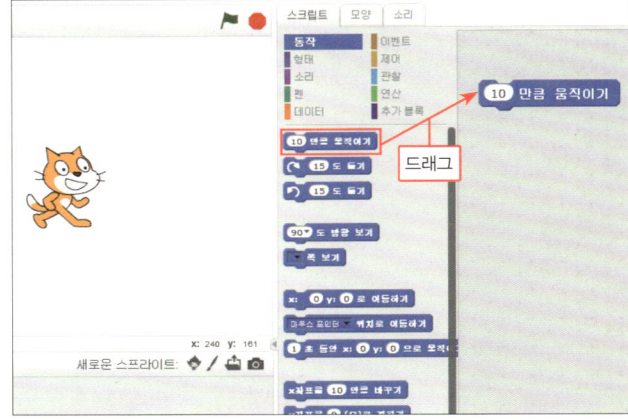

02 소리 적용하기

❶ [스크립트] 탭에서 자주색 소리 블록을 선택합니다.

❷ `1▼ 번 타악기를 0.25 박자로 연주하기` 블록을 스크립트
영역의 파란색 동작 블록 아래로 드래그하여 붙여 넣습니다.

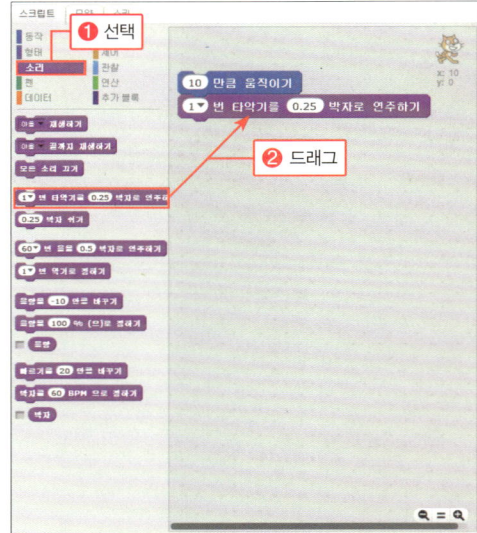

03 소리 듣기

❶ 스크립트 영역의 연결된 블록을 클릭하여 결과를 확인해 보세요. 고양이가 오른쪽으로 10만큼 이동하면서 1번 타악기(스네어 드럼)를 0.25박자(1/4박자)로 연주합니다.

❷ 소리 블록의 '1'을 클릭하면 18가지 타악기를 확인할 수 있습니다.

❸ 여러 가지 타악기를 선택하여 소리의 변화를 확인해 보면서 박자도 바꿔 봅니다.

움직임과 소리를 결합한 재미있는 아이디어가 떠오르나요?

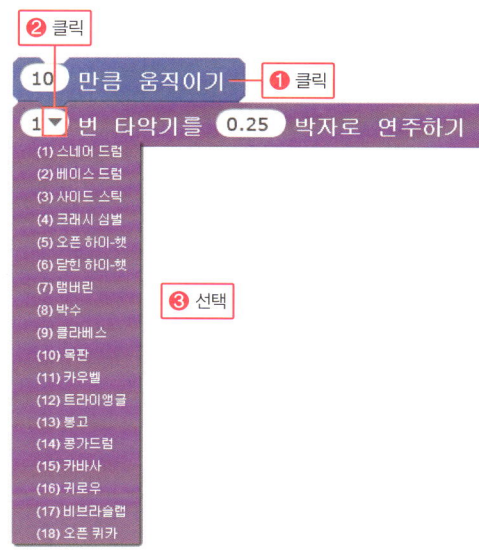

🔎 혼자 해보기 1

스크립트 영역의 자주색 소리 블록을 선택하고 마우스 오른쪽 버튼을 클릭하여 **삭제**를 선택해서 삭제합니다. 같은 방법으로 연습해 봅니다.

스크립트 영역에서 소리 블록의 `60 ▾ 번 음을 0.5 박자로 연주하기` 를 스크립트 영역의 동작 블록 아래에 붙여 넣습니다. '60'을 다른 숫자로 바꾸고 블록을 클릭하여 결과를 확인해 보세요.

🔎 혼자 해보기 2

이번에는 악기를 바꾸어 봅니다. 소리 블록 가운데의 `1 ▾ 번 악기로 정하기` 를 스크립트 영역의 동작 블록과 소리 블록 사이에 추가합니다.

음을 바꾸어 연주해 봅니다. 오른쪽으로 10만큼 움직이고 정해진 악기로 음을 연주합니다.

스프라이트의 동작을 만들려면?

스크래치에서는 작은 생각(아이디어)들이 모여 재미있는 움직임을 완성합니다. 스프라이트를 반복해서 조금씩 다른 움직임을 적용하면 재미있는 동작을 만들 수 있습니다.

STEP#1

코딩 순서

스프라이트가 오른쪽으로 이동한 다음 선택한 음의 소리를 내고 왼쪽으로 춤을 추듯 이동하여 제자리로 돌아옵니다.

스프라이트를 오른쪽 또는 왼쪽으로 움직이게 한 후 반대 방향인 제자리로 돌아오도록 만들면 마치 춤을 추는 듯하게 보입니다.

Sprite1 (고양이) ┄ 블록 클릭

'10'만큼 움직이기
- 동작 블록에서 블록 가져오기
- '10' 입력하기(단위: 픽셀)
- **결과** 스프라이트가 오른쪽으로 10픽셀만큼 이동

선택 음 연주하기
- 소리 블록에서 블록 가져오기
- 음정을 선택하고 박자 설정하기
- **결과** 60번 음을 0.5박자로 연주(소리내기)

'−10'만큼 움직이기
- 동작 블록에서 블록 가져오기
- 움직이는 방향 바꾸기(오른쪽 → 왼쪽)
- **결과** 스프라이트가 왼쪽으로 10픽셀 이동

💡 블록 미리 보기

동작 블록에서 `10 만큼 움직이기` 블록 가져오기 → 동작 블록

'10' 입력하기 → 단위: 픽셀 (Pixel)

소리 블록에서 `60 ▼ 번 음을 0.5 박자로 연주하기` 블록 가져오기 → 소리 블록

'60'번 음을 선택하고, '0.5(1/2)'박자 입력하기 → 음정 선택

박자 선택

동작 블록에서 `10 만큼 움직이기` 블록 가져오기 → 동작 블록

'-10' 입력하기 → 방향 전환 (오른쪽 → 왼쪽)

결과 스프라이트가 오른쪽으로 10만큼 움직이고 해당 소리가 재생된 다음 왼쪽으로 10만큼 움직여 제자리로 돌아옵니다. → 블록을 클릭하여 실행

`10 만큼 움직이기`
`60 ▼ 번 음을 0.5 박자로 연주하기`
`-10 만큼 움직이기`

● 음정 선택

음 번호를 클릭하면 음정을 선택할 수 있는 건반이 나타납니다. 어떤 소리가 들리는지 건반을 누르면서 확인해 보세요.

STEP#2

01 동작 실행하기

[스크립트] 탭의 파란색 동작 블록 중 `10 만큼 움직이기` 를 드래그하여 스크립트 영역으로 이동합니다.

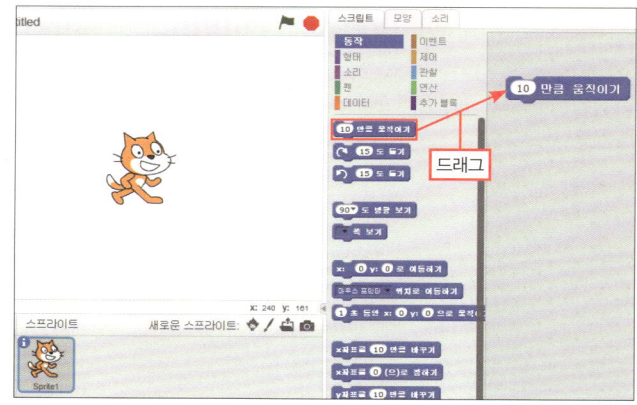

02 소리 적용하기

자주색 소리 블록 중에서 `60 ▼ 번 음을 0.5 박자로 연주하기` 를 드래그하여 스크립트 영역의 파란색 동작 블록 아래에 붙여 넣습니다.

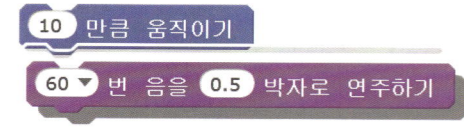

03 동작 추가하기

파란색 동작 블록 중에서 (10) 만큼 움직이기 블록을 다시
드래그하여 자주색 소리 블록 아래에 붙여 넣습니다.
'동작 – 소리 – 동작' 블록 순서로 쌓습니다.

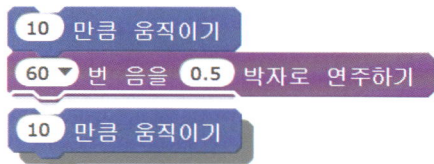

▶ **알아두기** 동작 블록을 반대로 움직이려면

스프라이트의 움직임을 반대로 적용하기 위해서는 스크립트 영역에서 아래
쪽 동작 블록의 거리를 반대 방향(–10)으로 바꿔야 합니다. 빼기(–) 부호
는 오른쪽 방향(x축)의 반대이며 '10'은 오른쪽으로 10픽셀만큼 움직이고,
'–10'은 왼쪽 방향으로 10픽셀만큼 움직입니다.

04 춤추는 동작 확인하기

스크립트 영역의 블록 모음을 클릭하여
무대 위의 고양이가 어떻게 움직이는지
확인해 보세요.

고양이가 오른쪽으로 움직인 다음 소리
가 나고 그 뒤에 다시 왼쪽으로 움직입
니다.

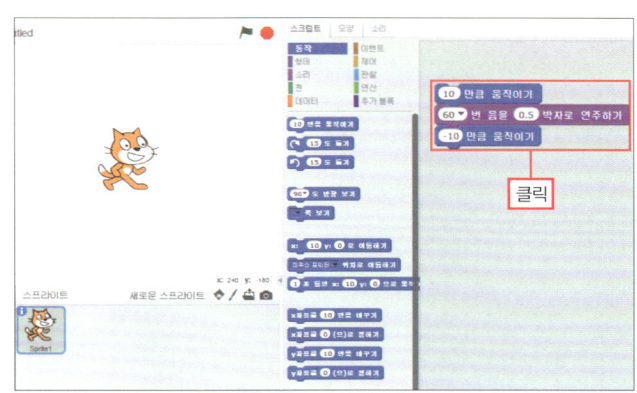

🔵 혼자 해보기

스크립트 영역의 동작 블록을 다른 블록으로 바꿔 보세요. 첫 번째 동작
블록을 [⟲ 15 도 돌기] 로 바꾸고 세 번째 동작 블록을 [⟳ 15 도 돌기]
로 바꿔 결과를 확인해 보세요.

회전 각도도 다르게 설정하여 결과를 확인해 보세요. 첫 번째과 세 번째
동작 블록이 반대되므로 같은 값을 설정하면 제자리로 돌아옵니다.

반복 동작을 실행시키려면?

스프라이트를 소리와 함께 계속해서 춤추도록 만들어 봅니다. 스프라이트의 반복 효과는 스크래치에서 가장 중요한 제어 블록을 통해 실행할 수 있습니다.

제어는 상황에 따라 다르게 만드는 것으로 길을 걷다 갈림길을 만나는 것과 같습니다. 어떤 상황에서는 오른쪽 길로 가고 어떤 상황에서는 왼쪽 길로 가는 선택지를 만들어 주는 것으로, 여기서는 반복 동작에 대해 살펴봅니다.

STEP#1

코딩 순서

동일한 내용으로 반복되는 것을 반복하기 블록으로 간단하게 표현할 수 있습니다. 공통으로 반복 적용되는 부분을 묶어서 간단히 표현하는 방법을 생각해 봅니다.

'−10'만큼 움직이기
- 동작 블록에서 블록 가져오기
- 움직이는 방향 바꾸기(오른쪽 → 왼쪽)
- **결과** 스프라이트가 왼쪽으로 10픽셀 이동

선택 음 연주하기
- 소리 블록에서 블록 가져오기
- 음정을 선택하고 박자 설정하기
- **결과** 57번 음을 0.5박자로 연주하기(소리내기)

실행 내용
- 제어 블록에서 블록 가져오기
- 반복 횟수를 '10'으로 입력하기
- **결과** 위의 내용 10번 반복

같은 내용으로 반복하는 것은 `10 번 반복하기` 블록으로 편리하게 실행할 수 있기 때문에 공통으로 적용되는 부분을 묶어서 간단하게 표현하는 방법을 생각해 봅니다.

💡 블록 미리 보기

동작 블록에서 `10 만큼 움직이기` 블록 가져오기 → **동작 블록**

'10' 입력하기 → **이동거리 입력 (단위: 픽셀)**

소리 블록에서 `60 ▼ 번 음을 0.5 박자로 연주하기` 블록 가져오기 → **소리 블록**

60번 음을 선택하고, '0.5(1/2)' 박자 입력하기

· 음정 선택
· 박자 선택

동작 블록에서 10 만큼 움직이기 블록 가져오기

동작 블록

'-10' 입력하기

방향 전환
(오른쪽 →
왼쪽)

소리 블록에서 60 ▼ 번 음을 0.5 박자로 연주하기
블록 가져오기

소리 블록

60번 음을 선택하고, '0.5(1/2)' 박자 입력하기

· 음정 선택
· 박자 선택

제어 블록에서 10 번 반복하기 블록을 가져와 기존
블록 감싸기

제어 블록

'10' 입력하기

반복 횟수
입력

결과 반복하기 블록을 10번 반복

블록을
클릭하여
실행

먼저  블록을 가져오고 그 안의 블록을 순서대로 가져오거나 반복 실행하려는 블록을 가져온 다음

블록을 감싸도 좋습니다.

💡 블록 알아두기

제어 블록은 조건에 따라 실행하거나 실행되지 않을 수 있고, 복제 등을
실행하는 블록으로 구성되어 있습니다.

블록	설명
1 초 기다리기	설정한 초 단위 시간만큼 기다린 다음 블록을 재생합니다.
10 번 반복하기	내부 블록을 설정한 반복 횟수에 따라 반복합니다.
무한 반복하기	내부 블록을 계속해서 반복합니다.
만약 라면	설정한 조건에 따라 내부 블록을 실행합니다.
만약 라면 아니면	설정한 조건에 따라 내부 블록을 실행하고, 해당 조건이 아니라면 [아니면] 내부 블록을 실행합니다.
까지 기다리기	조건에 맞는 상황까지 다음 블록을 실행하지 않고 기다립니다.

블록	설명
까지 반복하기	조건이 참인 경우까지 계속해서 반복합니다.
모두 멈추기 모두 이 스크립트 스프라이트에 있는 다른 스크립트	설정한 대상의 실행 중인 스크립트를 멈춥니다.
복제되었을 때	블록이 복제되었을 때 하는 일을 이 블록에 연결하여 구성합니다.
나 자신 복제하기 나 자신 Sprite1	선택된 스프라이트를 복제합니다.
이 복제본 삭제하기	복제된 스프라이트를 삭제합니다.

STEP#2

01 춤추는 고양이 만들기

이전 과정에서 만든 블록을 가지고 춤추는 고양이를 만들어 보겠습니다. 새롭게 시작한다면 다음의 블록을 참고하여 만들어 보세요.

02 반복해서 춤추기 1

고양이 춤을 10번 반복하기 위해 [스크립트] 탭에서 '제어'를 선택하고  블록을 블록 모음 왼쪽에 연결하면 흰색 선(가이드라인)이 나타나면서 블록 모음을 감쌉니다.

03 반복해서 춤추기 2

블록 모음을 클릭하여 무대 위 고양이가
어떻게 변하는지 확인해 봅니다.

고양이가 여러 번 반복해서 왔다갔다 움
직이며 춤추는 것처럼 보이나요?

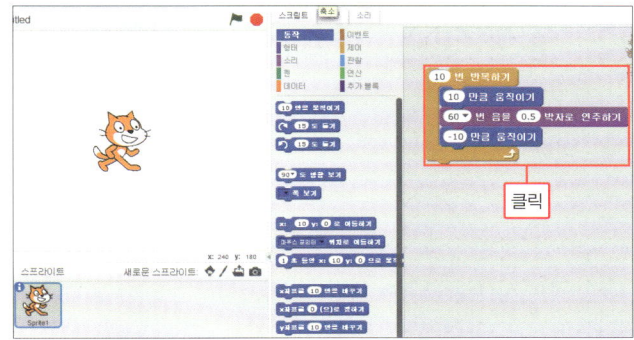

04 반복 횟수 바꾸기

첫 번째 반복 블록의 숫자를 '5'로 바꿔 결과를 확인해
봅니다. 10번 반복하여 춤을 추던 고양이가 짧게 5번
춤을 춥니다.

입력

```
5 번 반복하기
    10 만큼 움직이기
    60 ▼ 번 음을 0.5 박자로 연주하기
    -10 만큼 움직이기
```

05 소리 추가하여 확인하기

❶ 자주색 소리 블록 중에서 60 ▼ 번 음을 0.5 박자로 연주하기
를 동작 블록 아래쪽에 붙여 넣습니다.

❷ '60'번 음을 '57'번으로 바꿔 달라진 소리를 들어 봅니다.

```
10 번 반복하기
    10 만큼 움직이기
    60 ▼ 번 음을 0.5 박자로 연주하기
    -10 만큼 움직이기
    57 ▼ 번 음을 0.5 박자로 연주하기
```
❷ 선택   ❶ 추가

혼자 해보기

제어 블록 중  를 이용하여 고양이가 쉬지 않고 춤추게 해 보세요.

말풍선을 사용하려면?

만화처럼 고양이가 말풍선을 이용하여 말할 수 있도록 만들어 봅니다.
이전 장에서 배운 블록에서 형태 블록에 말하기 블록을 추가하여 고양
이가 말하는 장면을 연출해서 재미를 더합니다.

STEP#1

 코딩 순서

이전 장에서 배웠던 블록에서 형태 블록의 말하기 블록을 추가하여 말
풍선을 이용하여 말하는 장면을 구성해 봅니다.

Sprite1
(고양이) ─── 블록 클릭

말하기
- 형태 블록에서 블록 가져오기
- '안녕!'과 '5(초)' 입력하기
- 결과 '안녕!'을 말풍선으로 5초 동안 보이기

'10'만큼
움직이기
- 동작 블록에서 블록 가져오기
- '10' 입력하기(단위: 픽셀)
- 결과 스프라이트가 오른쪽으로 10픽셀 이동

선택 음
연주하기
- 소리 블록에서 블록 가져오기
- 음정을 선택하고 박자 설정하기
- 결과 60번 음을 0.5박자로 연주하기(소리내기)

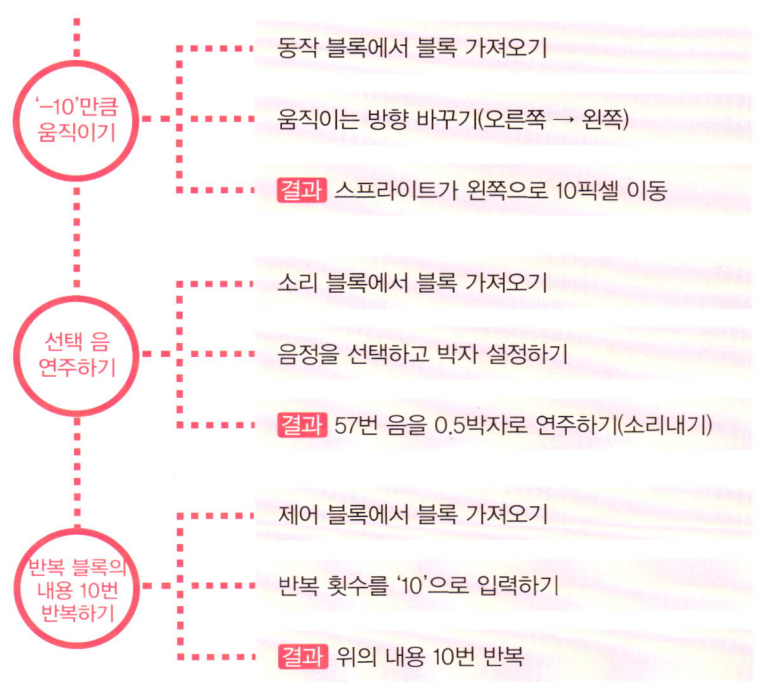

'−10'만큼 움직이기
- 동작 블록에서 블록 가져오기
- 움직이는 방향 바꾸기(오른쪽 → 왼쪽)
- **결과** 스프라이트가 왼쪽으로 10픽셀 이동

선택 음 연주하기
- 소리 블록에서 블록 가져오기
- 음정을 선택하고 박자 설정하기
- **결과** 57번 음을 0.5박자로 연주하기(소리내기)

반복 블록의 내용 10번 반복하기
- 제어 블록에서 블록 가져오기
- 반복 횟수를 '10'으로 입력하기
- **결과** 위의 내용 10번 반복

💡 블록 미리 보기

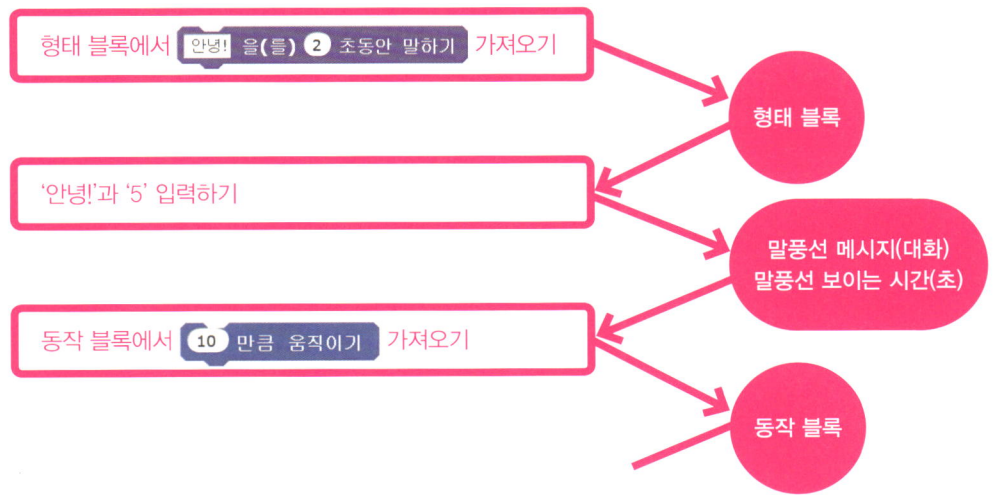

형태 블록에서 [안녕! 을(를) 2 초동안 말하기] 가져오기 → 형태 블록

'안녕!'과 '5' 입력하기 → 말풍선 메시지(대화) 말풍선 보이는 시간(초)

동작 블록에서 [10 만큼 움직이기] 가져오기 → 동작 블록

'10' 입력하기

이동거리
입력(단위:
픽셀)

소리 블록에서 60▼ 번 음을 0.5 박자로 연주하기 가져오기

소리 블록

'60'번 음을 선택하고 '0.5(1/2)'박자 입력하기

· 음정 선택
· 박자 선택

동작 블록에서 10 만큼 움직이기 가져오기

동작 블록

'−10' 입력하기

방향 전환
(오른쪽 →
왼쪽)

소리 블록에서 60▼ 번 음을 0.5 박자로 연주하기 가져오기

소리 블록

'60'번 음을 선택하고 '0.5(1/2)'박자 입력하기

· 음정 선택
· 박자 선택

제어 블록에서 10 번 반복하기 를 가져와 기존 블록 감싸기

제어 블록

'10' 입력하기

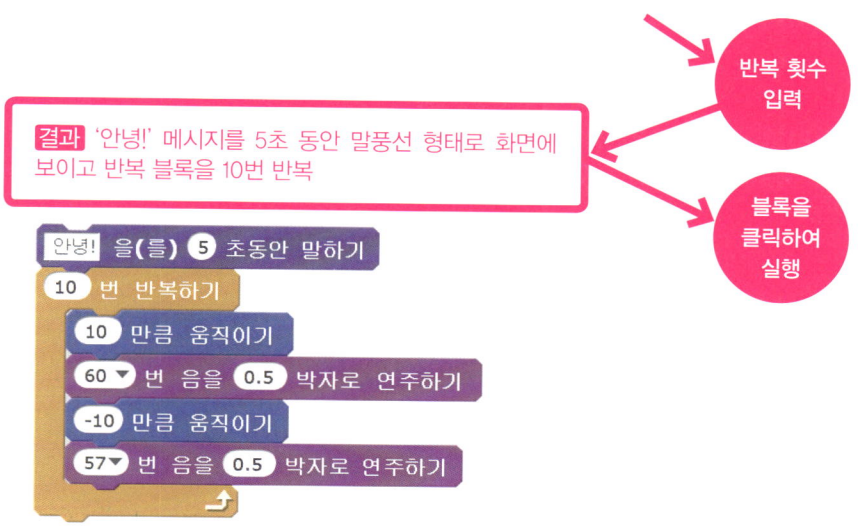

반복 횟수
입력

블록을
클릭하여
실행

결과 '안녕!' 메시지를 5초 동안 말풍선 형태로 화면에 보이고 반복 블록을 10번 반복

💡 블록 알아두기

형태 블록은 스프라이트에 효과를 주거나 크기 조절 등 화면에 나타나는 특징을 조절합니다.

블록	설명
Hello! 말하기	입력한 글자를 말풍선으로 설정한 초 단위 시간 동안 나타냅니다.
Hello! 을(를) 2 초동안 말하기	입력한 글자를 말풍선으로 나타냅니다.
Hmm... 을(를) 2 초동안 생각하기	입력한 글자를 말풍선에 설정한 초 단위 시간 동안 나타냅니다.
Hmm... 생각하기	입력한 글자를 말풍선으로 나타냅니다.
보이기	스프라이트를 무대에 나타냅니다.
숨기기	스프라이트를 무대에서 숨깁니다.

블록	설명
모양을 모양2 ▼ (으)로 바꾸기 　　　모양1 　　　모양2	스프라이트 모양을 선택한 모양으로 바꿉니다.
다음 모양으로 바꾸기	스프라이트를 다음 모양으로 바꿉니다.
배경을 배경1 ▼ (으)로 바꾸기	배경을 선택한 배경으로 바꿉니다.
색깔 ▼ 효과를 25 만큼 바꾸기 　색깔 　어안 렌즈 　소용돌이 　픽셀화 　모자이크 　밝기 　반투명	스프라이트나 배경에 선택한 효과를 설정한 값만큼 적용합니다.
색깔 ▼ 효과를 0 (으)로 정하기	스프라이트나 배경에 선택한 효과를 설정한 값으로 적용합니다.
그래픽 효과 지우기	스프라이트나 배경에 적용한 그래픽 효과를 없앱니다.
크기를 10 만큼 바꾸기	스프라이트 크기를 설정한 크기만큼 변경합니다. 현재 보이는 크기 비율(%)을 기준으로 변경합니다.
크기를 100 % 로 정하기	스프라이트 크기를 비율(%)로 변경합니다. 이때 100%는 원래 크기입니다.
맨 앞으로 순서 바꾸기	여러 개의 스프라이트가 겹쳤을 때 보이는 순서를 맨 앞으로 설정하여 가리지 않게 나타냅니다.
1 번째로 물러나기	여러 개의 스프라이트가 겹쳤을 때 나타내는 순서를 설정합니다.
모양 #	스프라이트 모양의 순서를 나타냅니다.
배경 이름	현재 배경 이름을 나타냅니다.
크기	스프라이트의 현재 크기 값을 나타냅니다.

01 말하는 고양이 만들기

보라색 형태 블록 중에서  를 스크립트 영역으로 드래그합니다.

02 말하는 고양이 확인하기

스크립트 영역의 형태 블록을 클릭하여 말풍선을 이용해 말하는 고양이를 확인해 보세요. 만화처럼 'Hello!'라는 말풍선이 나타납니다.

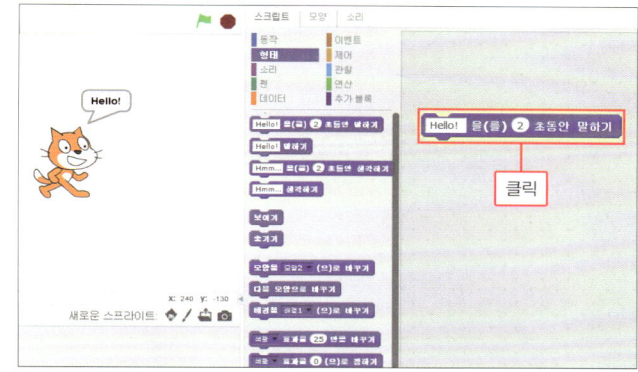

03 말풍선과 시간 조절하기

고양이의 말풍선 내용과 말풍선이 나타나는 시간을 조절할 수 있습니다.

❶ 'Hello!'를 지우고 '안녕!'을 입력하여 말풍선 내용을 바꿉니다.

❷ 시간은 '5초'로 수정합니다.

❸ 블록을 클릭하여 결과를 확인합니다.

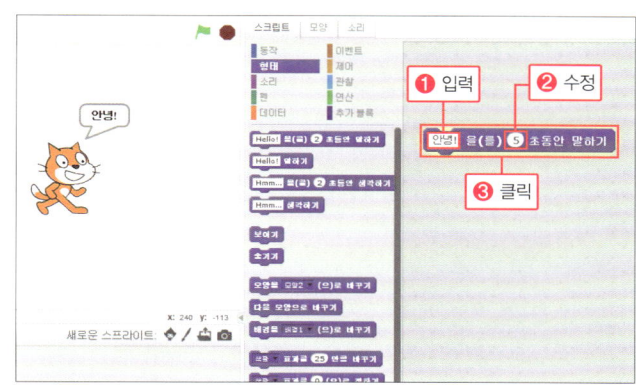

04 반복해서 춤추기 블록과 연결하기

이전 과정에서 만든 반복해서 춤추기 블록을 아래쪽에
추가하여 결과를 확인합니다.

5초 동안 '안녕!'이라는 말풍선을 보여준 다음 피아노
소리와 함께 10번 반복해서 춤을 춥니다.

추가

> ▶ **알아두기 블록 모음을 이동하거나 분리하려면**
>
> 여러 개의 블록으로 구성된 블록 모음을 이동할 때는 블록 모음에서 가장 위쪽의 블록을 선택하여 드래그합니다.
> 블록 모음을 분리할 때는 분리하려는 블록을 선택한 다음 스크립트 영역의 다른 공간으로 이동시키면 위쪽 블록과 분리
> 됩니다.

🔵 혼자 해보기

형태 블록 중에서 Hmm... 을(를) 2 초동안 생각하기 를 이용하여 '춤춰 볼
까?'을(를) '5초'동안 생각하기로 바꿔서 고양이가 말풍선을 이용해 생
각한 다음 춤추게 해 보세요.

블록을 한번에 실행하려면?

달리기 시합을 할 때 화약총이나 호루라기를 이용하여 출발 신호를 알리
듯이 스크래치에서도 프로젝트 시작을 알리는 '▶'을 이용할 수 있습니다.
이벤트 블록을 이용하여 스크래치로 만든 이야기나 게임 등의 출발 신호
를 만들어 봅니다.

STEP #1

 코딩 순서

지금까지 배운 동작 블록, 형태 블록, 소리 블록, 제어 블록 등 자주 사
용하는 블록을 구성하여 스크래치를 실행할 수 있도록 시작 버튼을 만
들어 봅니다.

그래픽 효과 주기
- 형태 블록에서 블록 가져오기
- 색깔 효과를 선택하고 '20' 입력하기
- **결과** 스프라이트 색깔 변경

'10'만큼 움직이기
- 동작 블록에서 블록 가져오기
- '10' 입력하기(단위: 픽셀)
- **결과** 스프라이트가 오른쪽으로 10픽셀 이동

선택 음 연주하기
- 소리 블록에서 블록 가져오기
- 음정을 선택하고 박자 설정하기
- **결과** 60번 음을 0.5박자로 연주하기(소리내기)

'−10'만큼 움직이기
- 동작 블록에서 블록 가져오기
- 움직이는 방향 바꾸기(오른쪽 → 왼쪽)
- **결과** 스프라이트가 왼쪽으로 10픽셀 이동

선택 음 연주하기
- 소리 블록에서 블록 가져오기
- 음정을 선택하고 박자 설정하기
- **결과** 57번 음을 0.5박자로 연주(소리내기)

반복 블록의 내용 10번 반복하기
- 제어 블록에서 블록 가져오기
- 반복 횟수를 10번으로 입력하기
- **결과** 위의 내용 10번 반복

이전 과정에서 만든 블록에 이벤트 블록의 스크래치 실행 버튼과 형태 블록의 효과 블록을 추가하여 예제를 구성합니다.

이벤트 블록에서 [클릭했을 때] 블록 가져오기

스크래치 실행 버튼

형태 블록에서 [안녕! 을(를) 2 초동안 말하기] 블록 가져오기

형태 블록

[**을(를) **초동안 말하기] 블록에 '안녕!'과 '2' 입력하기

· 말풍선 메시지(대화)
· 말풍선 보이는 시간(초)

형태 블록에서 [색깔 효과를 25 만큼 바꾸기] 블록 가져오기

형태 블록

[** 효과를 **만큼 바꾸기] 블록에서 색깔 효과를 선택하고 '20' 입력하기

· 그래픽 효과(색깔)
· 200가지 색상 값 범위 내 선택

동작 블록에서 [10 만큼 움직이기] 블록 가져오기

동작 블록

[**만큼 움직이기] 블록에 '–10' 입력하기

이동거리 입력
(단위: 픽셀)

소리 블록에서 [60 번 음을 0.5 박자로 연주하기] 블록 가져오기

소리 블록

[**번 음을 **박자로 연주하기] 블록에서 '60번' 음을 선택하고, '0.5(1/2)' 박자 입력하기

· 음정 선택
· 박자 선택

동작 블록에서 10 만큼 움직이기 블록 가져오기

동작 블록

[**만큼 움직이기] 블록에 '-10' 입력하기

방향 전환(오른쪽 → 왼쪽)

소리 블록에서 60 ▼ 번 음을 0.5 박자로 연주하기 블록 가져오기

소리 블록

[**번 음을 **박자로 연주하기] 블록에서 '60번' 음을 선택하고 '0.5(1/2)'박자 입력하기

· 음정 선택
· 박자 선택

제어 블록에서 10 번 반복하기 블록을 가져와 기존 블록 감싸기

제어 블록

[**번 반복하기] 블록에 '10' 입력하기

반복 횟수 입력

클릭했을 때
안녕! 을(를) 2 초동안 말하기
10 번 반복하기
  색깔 ▾ 효과를 20 만큼 바꾸기
  10 만큼 움직이기
  60 ▾ 번 음을 0.5 박자로 연주하기
  -10 만큼 움직이기
  57 ▾ 번 음을 0.5 박자로 연주하기

● 모양 / 배경

모양은 스프라이트를 구성하는 1개 이상의 이미지로 [모양] 탭에서 찾을 수 있습니다. 보통 스프라이트를 움직이는 부분 동작 등으로 구성되거나 버튼 또는 버튼을 눌렀을 때의 모양을 나눠 보여줄 때 사용합니다. 또한 배경처럼 무대를 여러 개로 표현할 때도 사용합니다.

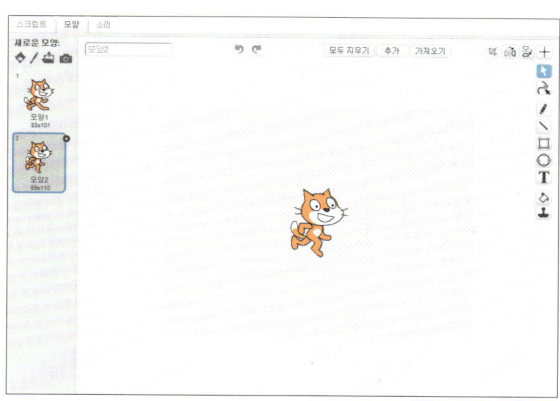

● 그래픽 효과

형태 블록의  블록에서 '색깔'을 클릭하면
색깔, 어안렌즈, 소용돌이, 픽셀화, 모자이크, 밝기, 반투명의 일곱 가
지 효과를 적용할 수 있습니다.

▶ 원래 배경

01 색깔(Color)

색(Hue)을 바꾸며 값은 1~200을 사용할 수 있습니다.
색깔 효과의 색깔은 모두 200가지이며 입력 값으로 범위
내 색상을 설정합니다.

▲ 색깔 효과 100만큼 바꾸기

02 어안렌즈(Fisheye)

광각렌즈로 보는 듯한 효과를 나타내며, 값은 −100~
100을 사용할 수 있습니다. 물고기 눈처럼 화면 가운데
를 볼록하게 왜곡합니다.

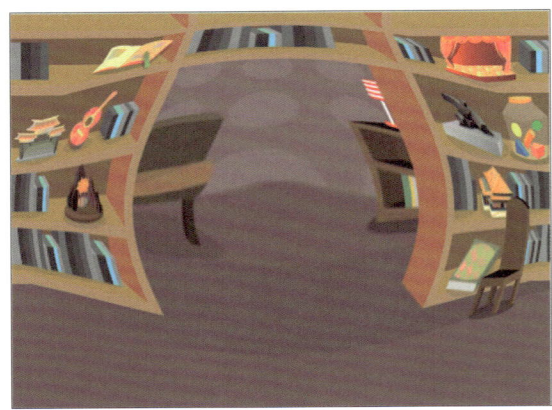

▲ 어안렌즈 효과 100만큼 바꾸기

03 소용돌이(Whirl)

스프라이트 중심점 주변을 비트는 방식으로 왜곡 효과를 적용합니다. 양수(+)는 시계 방향으로, 음수(−)는 시계 반대 방향으로 소용돌이 회전 방향을 설정할 수 있습니다.

▲ 소용돌이 효과 100만큼 바꾸기

04 픽셀화(Pixelate)

사각형 픽셀 모양처럼 화면을 왜곡합니다. 원래 픽셀 값을 입력한 값으로 묶어 하나의 픽셀로 처리합니다. 예를 들어, 픽셀화 값을 '100'으로 설정하면 원래 픽셀 크기에서 100개를 합친 크기의 픽셀을 하나처럼 나타냅니다. 따라서 값이 크면 그래픽은 단순한 모양으로 바뀝니다.

▲ 픽셀화 효과 100만큼 바꾸기

05 모자이크(Mosaic)

배경이나 스프라이트 모양을 입력 값으로 작게 나눠서 모자이크 형태로 화면을 구성합니다.

▲ 모자이크 효과 100만큼 바꾸기

06 밝기

−100~100 값으로 밝기를 설정합니다. 원래 밝기는 0이며 100으로 설정하면 하얗게 나타나고 −100으로 설정하면 검게 나타납니다.

▲ 밝기 효과 50만큼 바꾸기

07 반투명

0~100 값으로 투명도를 조절합니다. 원래의 투명도는
0이며 100으로 설정하면 개체가 화면에서 보이지 않습
니다.

▲ 반투명 효과 50만큼 바꾸기

● **색깔 효과 바꾸기와 정하기**

그래픽 효과를 적용하는 블록에는 [색깔 ▼ 효과를 25 만큼 바꾸기] 와
[색깔 ▼ 효과를 10 (으)로 정하기] 두 가지가 있습니다.

색깔 효과를 예로 들면 [색깔 ▼ 효과를 25 만큼 바꾸기] 는 설정
된 값에서 입력한 값만큼을 계산하여 효과 값으로 설정하고,
[색깔 ▼ 효과를 10 (으)로 정하기] 는 입력한 값으로 효과 값을 설정합니다.
또한, 상대 값(기준 값에 대하여 상대적으로 계산한 값)과 절대 값으로
나눌 수 있습니다.

💡 블록 알아두기

이벤트 블록에는 스크래치를 시작하거나 여러 이벤트를 구성하는 블록
이 있습니다.

블록	설명
클릭했을 때	'🏴' 아이콘을 클릭했을 때 블록 아래의 스크립트를 실행합니다. 일반적으로 스크래치를 처음 실행할 때 사용합니다.
스페이스 키를 눌렀을 때 / 위쪽 화살표 / 아래쪽 화살표 / 오른쪽 화살표 / 왼쪽 화살표 / 스페이스 / a / b / c / d / e / f / g / h / i / j / k / l / m / n / o / p / q / r	화살표, 스페이스, 문자 키 등을 눌렀을 때 블록 아래의 스크립트를 실행합니다.
이 스프라이트를 클릭했을 때	해당 스크립트를 클릭했을 때 블록 아래의 스크립트를 실행합니다.
배경이 배경1 (으)로 바뀌었을 때	다른 배경으로 변경하면 블록 아래의 스크립트를 실행합니다.
음량 > 10 일 때 / 음량 / 타이머 / 비디오 동작	음량, 타이머, 비디오 동작 등이 설정한 값 이상일 때 블록 아래의 스크립트를 실행합니다.
message1 을(를) 받았을 때 / message1 / 새 메시지...	설정한 메시지를 받았을 때 블록 아래의 스크립트를 실행합니다. 여기서 새로운 메시지를 설정할 수 있습니다.
message1 방송하기	설정한 메시지를 방송합니다.
message1 방송하고 기다리기	설정한 메시지를 방송한 다음 해당 메시지를 받았을 때 블록에 정의한 스크립트를 모두 수행할 때까지 기다렸다가 블록 아래의 스크립트를 실행합니다.

01 깃발 색깔 변경 준비하기

이벤트 블록의 첫 번째  를 스크립트 영역으로

드래그합니다.

02 프로젝트 구성하기

'⚑' 아이콘을 클릭했을 때 시작되는 프로젝트를 구성합니다.

[스크립트] 탭의 '형태'를 선택하고 Hello! 을(를) 2 초동안 말하기
블록을 드래그하여 제어 블록 아래에 붙여 넣습니다.

03 프로젝트 시작하기

스크립트 영역의  블록을 클

릭하여 Hello! 을(를) 2 초동안 말하기 를

실행합니다.

무대 오른쪽 위의 '⚑' 아이콘을 클릭해도
실행할 수 있습니다.

> ▶ 알아두기 블록 실행을 멈추려면
>
> 블록 실행을 멈추기 위해서는 무대 오른쪽 위의 빨간색 '●' 아이콘을 클릭합니다.

04 고양이를 춤추게 하기

❶ ` Hello! 을(를) 2 초동안 말하기 ` 블록을 삭제하고 이전 프로젝트의 블록을 연결하여 🏳을 신호로 고양이를 춤추게 합니다.

❷ ` 🏳 클릭했을 때 ` 블록을 클릭하면 아이콘이 밝아지면서 ` 안녕! 을(를) 2 초동안 말하기 ` 가 시작되고 블록으로 만든 프로젝트가 시작됩니다.

```
🏳 클릭했을 때          ❷ 클릭  ❶ 삭제 후 추가
안녕! 을(를) 2 초동안 말하기
10 번 반복하기
    10 만큼 움직이기
    60 ▼ 번 음을 0.5 박자로 연주하기
    -10 만큼 움직이기
    57 ▼ 번 음을 0.5 박자로 연주하기
```

05 고양이 색상 바꾸기

여러 가지 효과를 적용하기 위해 고양이 색을 바꿉니다.

❶ 형태 블록에서 ` 색깔 ▼ 효과를 25 만큼 바꾸기 ` 를 스크립트 영역의 ` 안녕! 을(를) 2 초동안 말하기 ` 블록 아래에 붙여 넣습니다.

❷ 색깔 효과를 '20'으로 수정하여 색상을 바꿉니다.

❸ 제어 블록을 클릭하여 고양이의 색상 변화를 살펴봅니다.

```
🏳 클릭했을 때          ❸ 클릭
안녕! 을(를) 2 초동안 말하기
10  색깔 ▼ 효과를 20 만큼 바꾸기
    10 만큼 움직이기        ❷ 수정  ❶ 추가
    60 ▼ 번 음을 0.5 박자로 연주하기
    -10 만큼 움직이기
    57 ▼ 번 음을 0.5 박자로 연주하기
```

▶ **알아두기** **스크래치에서 이용할 수 있는 색상**

스크래치에서 제공하는 색상은 모두 200가지입니다. 여기서는 색깔 효과를 20씩 바꿔 고양이 색상이 계속 바뀌다가 10번의 반복 이후 마지막에는 원래의 색상으로 되돌아옵니다.

06 블록 순서 바꾸기

좀 더 다양한 효과를 나타내기 위해 블록 모음에서 블록 순서를 바꿉니다. 블록 순서를 한 번에 바꾸기는 힘들기 때문에 다음의 과정을 따라하세요.

❶ `10 번 반복하기` 블록 모음을 아래로 드래그하여 이동하면 위쪽의 기존 블록과 분리됩니다.

❷ `색깔▼ 효과를 20 만큼 바꾸기` 블록을 여백으로 드래그하여 분리한 다음 `안녕! 을(를) 2 초동안 말하기` 아래에 `10 번 반복하기` 블록 모음을 붙여 넣습니다.

❸ 이어서 `색깔▼ 효과를 20 만큼 바꾸기` 블록을 `10 번 반복하기` 블록 모음 안쪽 첫 번째에 붙여 넣습니다.

07 고양이 색상 확인하기

'🏴' 아이콘을 클릭해서 **05**번 과정과 비교하여 고양이 색상이 어떻게 달라지는지 확인해 보세요.

고양이가 반복해서 10번 춤추는 동안 색상이 달라집니다.

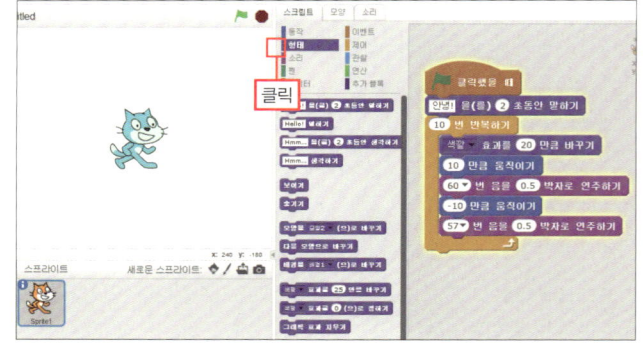

🖱 혼자 해보기

형태 블록의 `색깔▼ 효과를 25 만큼 바꾸기` 에서 다른 효과를 지정하여 스프라이트나 배경에 어떤 효과가 나타나는지 살펴보세요.

무대를 꾸미려면?

백지 상태의 무대 배경을 바꾸기만 해도 스프라이트에 흥미로운 이야기를 만들 수 있습니다. 무대 배경으로는 스크래치에서 기본으로 제공하는 이미지를 가져올 수 있고, 직접 만들거나 다른 프로그램에서 만든 이미지를 적용할 수도 있습니다.

STEP#1

 코딩 순서

현장감을 위해 무대의 배경을 적용하여 스프라이트 프로젝트의 완성도를 높이도록 구성해 봅니다.

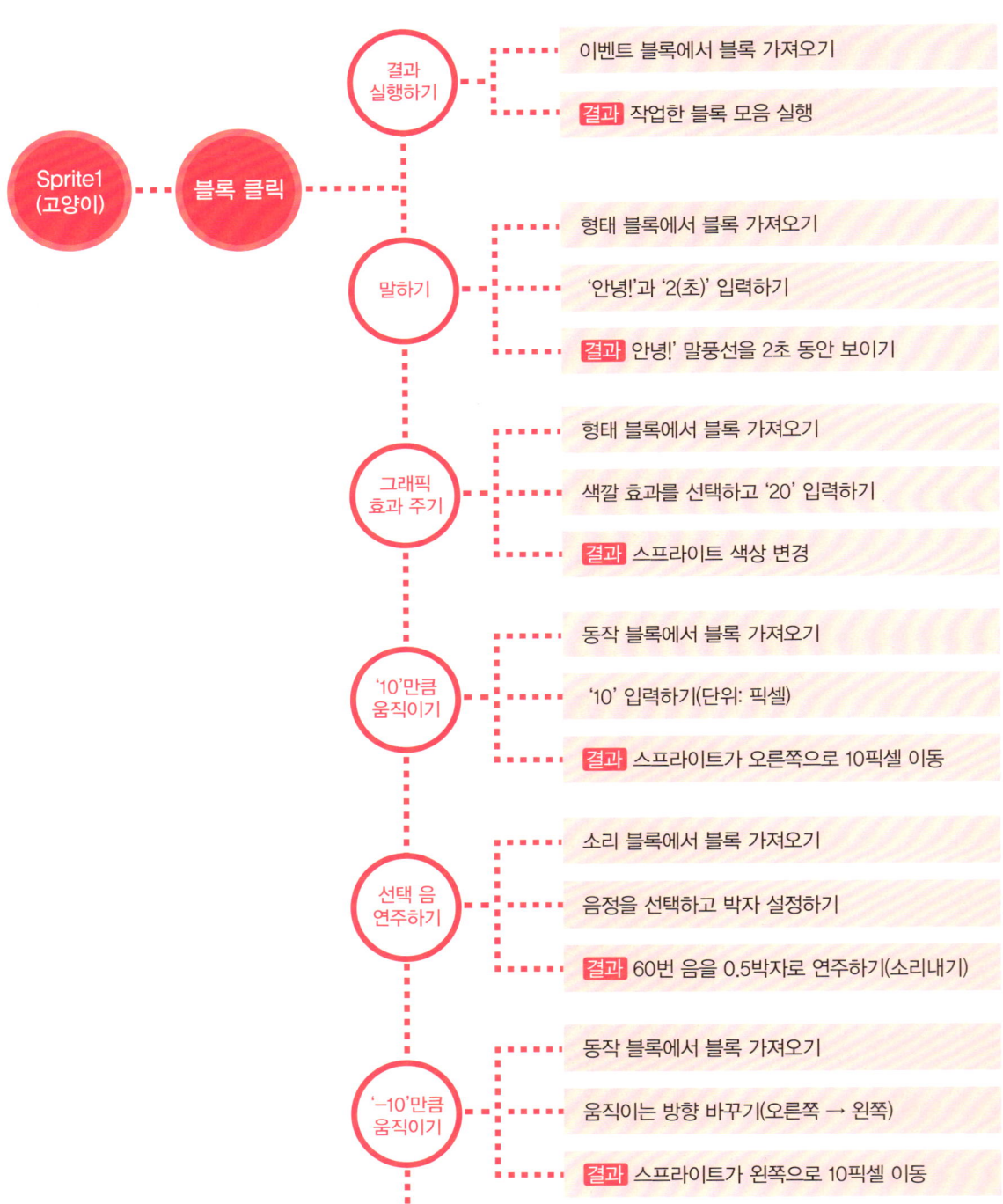

Sprite1
(고양이)

블록 클릭

결과
실행하기
- 이벤트 블록에서 블록 가져오기
- **결과** 작업한 블록 모음 실행

말하기
- 형태 블록에서 블록 가져오기
- '안녕!'과 '2(초)' 입력하기
- **결과** 안녕!' 말풍선을 2초 동안 보이기

그래픽
효과 주기
- 형태 블록에서 블록 가져오기
- 색깔 효과를 선택하고 '20' 입력하기
- **결과** 스프라이트 색상 변경

'10'만큼
움직이기
- 동작 블록에서 블록 가져오기
- '10' 입력하기(단위: 픽셀)
- **결과** 스프라이트가 오른쪽으로 10픽셀 이동

선택 음
연주하기
- 소리 블록에서 블록 가져오기
- 음정을 선택하고 박자 설정하기
- **결과** 60번 음을 0.5박자로 연주하기(소리내기)

'−10'만큼
움직이기
- 동작 블록에서 블록 가져오기
- 움직이는 방향 바꾸기(오른쪽 → 왼쪽)
- **결과** 스프라이트가 왼쪽으로 10픽셀 이동

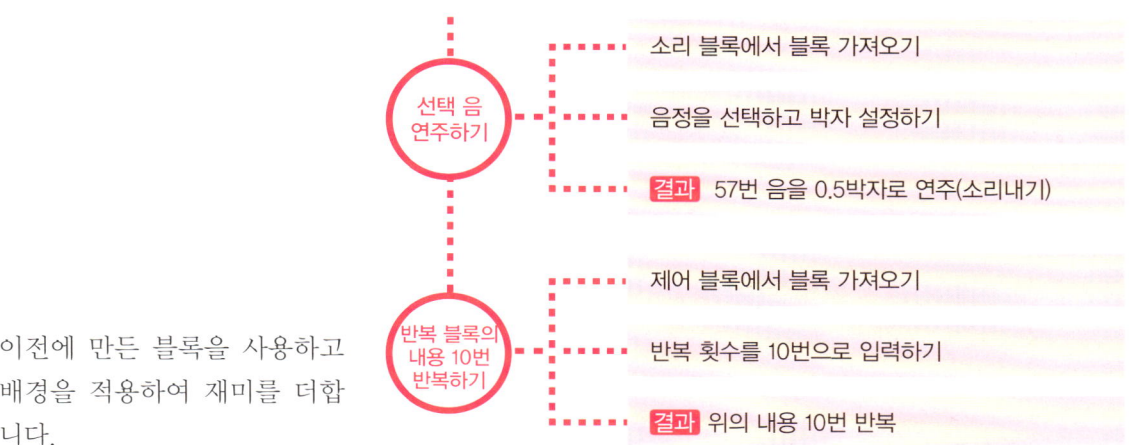

선택 음 연주하기
- 소리 블록에서 블록 가져오기
- 음정을 선택하고 박자 설정하기
- 결과 57번 음을 0.5박자로 연주(소리내기)

반복 블록의 내용 10번 반복하기
- 제어 블록에서 블록 가져오기
- 반복 횟수를 10번으로 입력하기
- 결과 위의 내용 10번 반복

이전에 만든 블록을 사용하고 배경을 적용하여 재미를 더합니다.

💡 블록 미리 보기

배경 저장소에서 배경(spotlight−stage) 가져오기 → 배경 저장소

이벤트 블록에서 클릭했을 때 가져오기 → 스크래치 실행 버튼

형태 블록에서 Hello! 을(를) 2 초동안 말하기 가져오기 → 형태 블록

'안녕!'과 '2' 입력하기 → · 말풍선 메시지(대화) · 말풍선 보이는 시간(초)

형태 블록에서 색깔 ▼ 효과를 25 만큼 바꾸기 가져오기

	형태 블록
'색깔' 효과를 선택하고 '20' 입력하기	
	· 그래픽 효과(색깔) · 200가지 색상 중 선택
동작 블록에서 10 만큼 움직이기 가져오기	
	동작 블록
'10' 입력하기	
	이동거리 입력(단위: 픽셀)
소리 블록에서 60 ▼ 번 음을 0.5 박자로 연주하기 가져오기	
	소리 블록
'60번' 음을 선택하고 '0.5(1/2)' 박자 입력하기	
	· 음정 선택 · 박자 선택
동작 블록에서 10 만큼 움직이기 가져오기	
	동작 블록
'-10' 입력하기	
	방향 전환(오른쪽 → 왼쪽)
소리 블록에서 60 ▼ 번 음을 0.5 박자로 연주하기 가져오기	
	소리 블록

'60'번 음을 선택하고 '0.5(1/2)'박자 입력하기

· 음정 선택
· 박자 선택

제어 블록에서 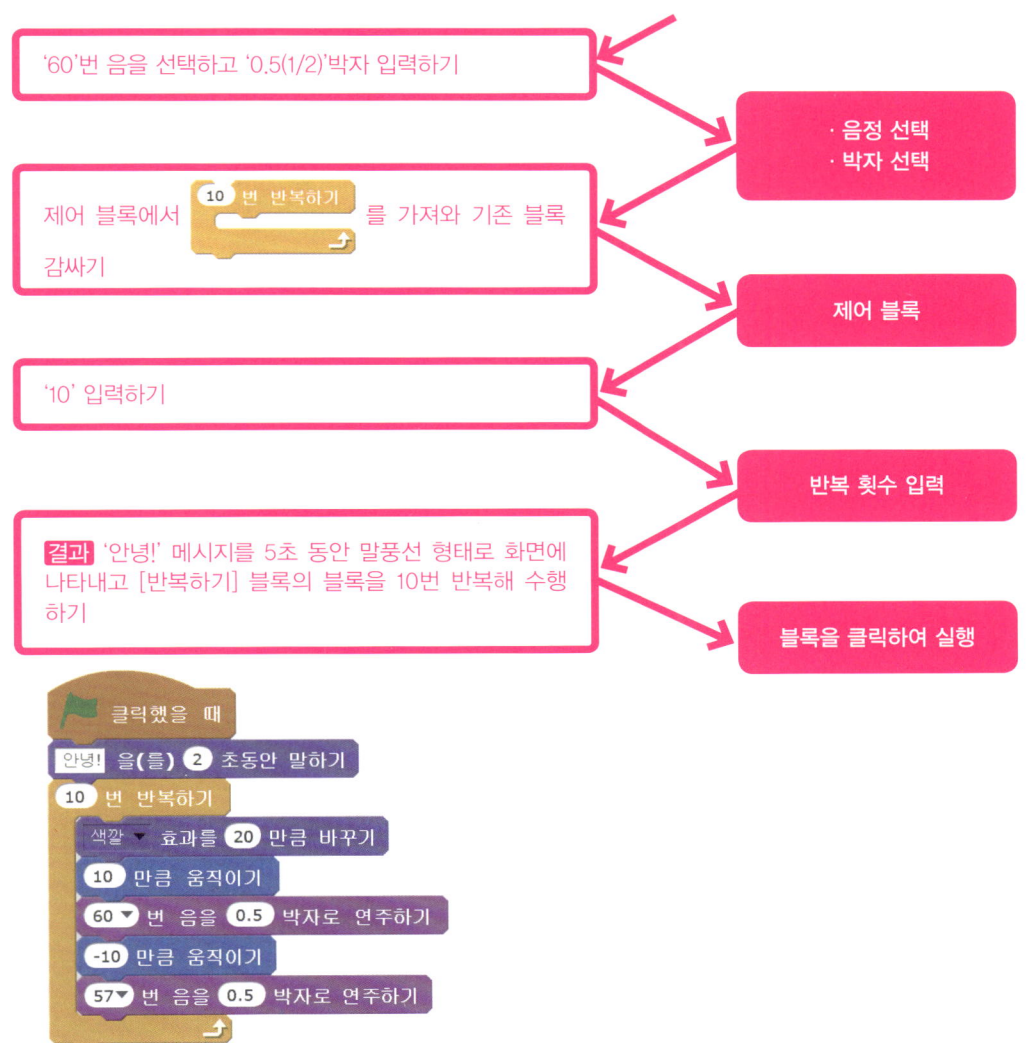 10 번 반복하기 를 가져와 기존 블록 감싸기

제어 블록

'10' 입력하기

반복 횟수 입력

결과 '안녕!' 메시지를 5초 동안 말풍선 형태로 화면에 나타내고 [반복하기] 블록의 블록을 10번 반복해 수행하기

블록을 클릭하여 실행

🏳 클릭했을 때
안녕! 을(를) 2 초동안 말하기
10 번 반복하기
　색깔 ▼ 효과를 20 만큼 바꾸기
　10 만큼 움직이기
　60 ▼ 번 음을 0.5 박자로 연주하기
　-10 만큼 움직이기
　57▼ 번 음을 0.5 박자로 연주하기

● 배경 파일 업로드하기

원하는 이미지 파일을 무대 배경으로 사용하기 위해서는 먼저 무대 아래의 스프라이트 영역에서 '무대'를 선택합니다. 오른쪽 위의 [배경] 탭을 선택한 다음 새로운 배경 항목의 '배경 파일 업로드하기' 아이콘(📁)을 클릭합니다. 탐색기에서 찾는 위치를 배경으로 설정하려는 이미지 파일이 위치한 폴더로 지정하고 이미지를 선택한 다음 〈열기〉 버튼을 클릭하면 무대와 [배경] 탭에 업로드된 이미지를 확인할 수 있습니다.

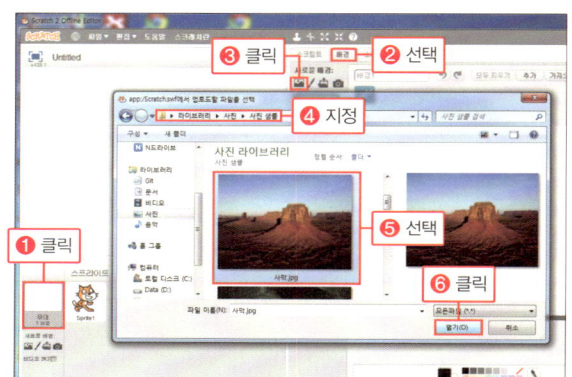 

🔆 블록 알아두기

관찰 블록은 스크립트 상황을 판단하는 역할을 합니다. 참(True)과 거짓(False) 값을 블록의 결과 값으로 돌려주며 보통 제어 블록과 함께 연결하여 사용합니다.

블록	설명
 ▼ 에 닿았는가? 마우스 포인터 ▼ 에 닿았는가? 　마우스 포인터 　벽	스프라이트가 마우스 포인터나 벽 등 설정한 대상과 닿았는지 관찰합니다.
색에 닿았는가?	설정한 색에 닿았는지를 관찰합니다.

블록	설명
색이 색에 닿았는가?	설정한 두 개의 색이 서로 닿았는지 관찰합니다.
▼ 까지 거리 마우스 포인터 ▼ 까지 거리 마우스 포인터	해당 스프라이트와 마우스 포인터 등 설정한 대상과 떨어진 거리 값을 계산하여 돌려주며 일종의 변수 역할을 합니다.
What's your name? 묻고 기다리기	설정한 문장을 말풍선으로 묻고 사용자 입력 값을 기다립니다.
스페이스 ▼ 키를 눌렀는가? 위쪽 화살표 아래쪽 화살표 오른쪽 화살표 왼쪽 화살표 스페이스 a b	화살표, 스페이스, 문자 키 등을 눌렀는지 관찰합니다.
마우스를 클릭했는가?	무대 위를 클릭했는지 관찰합니다.
마우스의 x좌표	마우스 포인터의 x좌표를 설정합니다.
마우스의 y좌표	마우스 포인터의 y좌표를 설정합니다.
비디오 동작 ▼ 에 대한 이 스프라이트 ▼ 에서의 관찰값 동작 방향	현재 스프라이트나 배경에 관한 비디오 동작 또는 방향 값을 관찰합니다.
비디오 켜기 ▼ 끄기 켜기 켜기-좌우반전	컴퓨터와 연결된 비디오를 켜거나 끄고 화면의 좌우를 바꿉니다. 비디오를 켜면 배경으로 나타납니다.
비디오 투명도를 50 % 로 정하기	비디오의 투명도를 설정합니다. 기본 값은 50% 반투명 상태이고 100%이면 투명해져서 보이지 않습니다.
타이머 초기화	타이머를 '0'으로 초기화합니다.
x좌표 ▼ of Sprite1 ▼ x좌표 y좌표 방향 모양# 모양 이름 크기 음량	선택한 스프라이트 속성을 가져옵니다. 선택할 수 있는 속성은 x좌표, y좌표, 방향, 모양 번호, 모양 이름, 크기, 음량의 7가지입니다.

블록	설명
2000년 이후 현재까지 날짜수	2000년 이후 현재까지 날짜수를 가져옵니다.
사용자이름	로그인한 사용자 이름을 나타냅니다.
대답	설정한 문장을 말풍선으로 묻고 사용자 입력 값을 저장합니다.
음량	소리 음량을 설정합니다.
타이머	현재 타이머 값을 갖습니다.
현재 분 ▼ 년 달 일 요일 시 분 초	현재 날짜, 요일, 시간 등을 설정합니다.

● 비디오 적용

관찰 블록을 이용하여 노트북 등에 설치된 웹캠(Webcam)으로 촬영한
비디오 영상을 스크래치 배경으로 사용할 수 있습니다.

▲ 웹캠 영상을 배경으로 적용한 모습

STEP#2

01 배경 저장소에서 배경 선택하기

텅 빈 무대를 꾸미기 위해 배경을 적용해 봅니다.

무대 아래의 무대 목록에서 새로운 배경 항목의 '저장소에서 배경 선택' 아이콘(🖼)을 클릭합니다.

02 배경 저장소 살펴보기

배경 저장소에서 제공하는 주제별 배경 이미지를 살펴보고 원하는 이미지를 더블클릭합니다.

❶ 스크롤바를 아래로 내리면서 다양한 이미지를 살펴봅니다.
❷ 고양이가 춤을 추기에 적당한 배경인 'spotlight-stage' 배경을 더블클릭합니다.

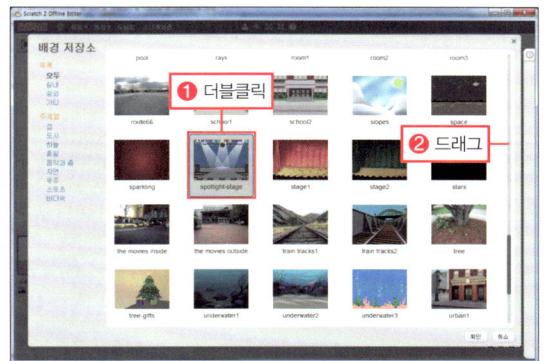

▶ **알아두기** 무대가 아닌 스프라이트에 스크립트를 적용하려면?

스프라이트에 스크립트를 작성할 때는 무대 아래의 스프라이트 영역에서 무대가 아닌 '스프라이트(고양이)'를 선택한 다음 블록을 추가해야만 무대 위에서 춤추는 고양이를 만들 수 있습니다.

03 고양이 위치 조정하기

배경과 스프라이트가 잘 어울리도록 고양이를 무대 위 배경에 알맞게 드래그하여 위치를 조정합니다.

04 스크립트 작성하기

[스크립트] 탭을 선택하고 스크립트 영역에서 이전에 만들었던 춤추는 고양이 스크립트를 가져옵니다.

❶ 해당 블록을 선택합니다. ❷ 마우스 오른쪽 버튼을 클릭하여 ❸ **복사**를 실행하고 ❹ 블록을 이동 또는 수정합니다.

05 고양이를 춤추게 하기

무대 위의 '▶' 아이콘을 클릭하여 정해
진 스텝에 맞춰 춤추는 고양이를 확인합
니다.

🔵 혼자 해보기

배경 저장소의 다른 배경을 무대에 적용해 봅니다.

무대 아래 스프라이트 영역에서 새로운 배경 항목의 '배경 파일 업로드
하기' 아이콘(🖼)을 클릭하여 원하는 이미지나 사진을 배경으로 선택해
보세요.

스프라이트를 추가하려면?

무대 위에 등장 인물(스프라이트)을 추가해 보겠습니다. 이전에 적용한 무대 배경에 등장 인물 스프라이트를 추가하여 고양이가 춤출 때 외롭지 않게 친구를 만들어주세요.

STEP#1

💡 코딩 순서

무대 위의 스프라이트를 추가해 봅니다. 추가하는 스프라이트는 스크래치에서 제공하는 것을 사용할 수 있으며, 또한 내가 직접 만들거나 구한 이미지를 사용할 수 있습니다.

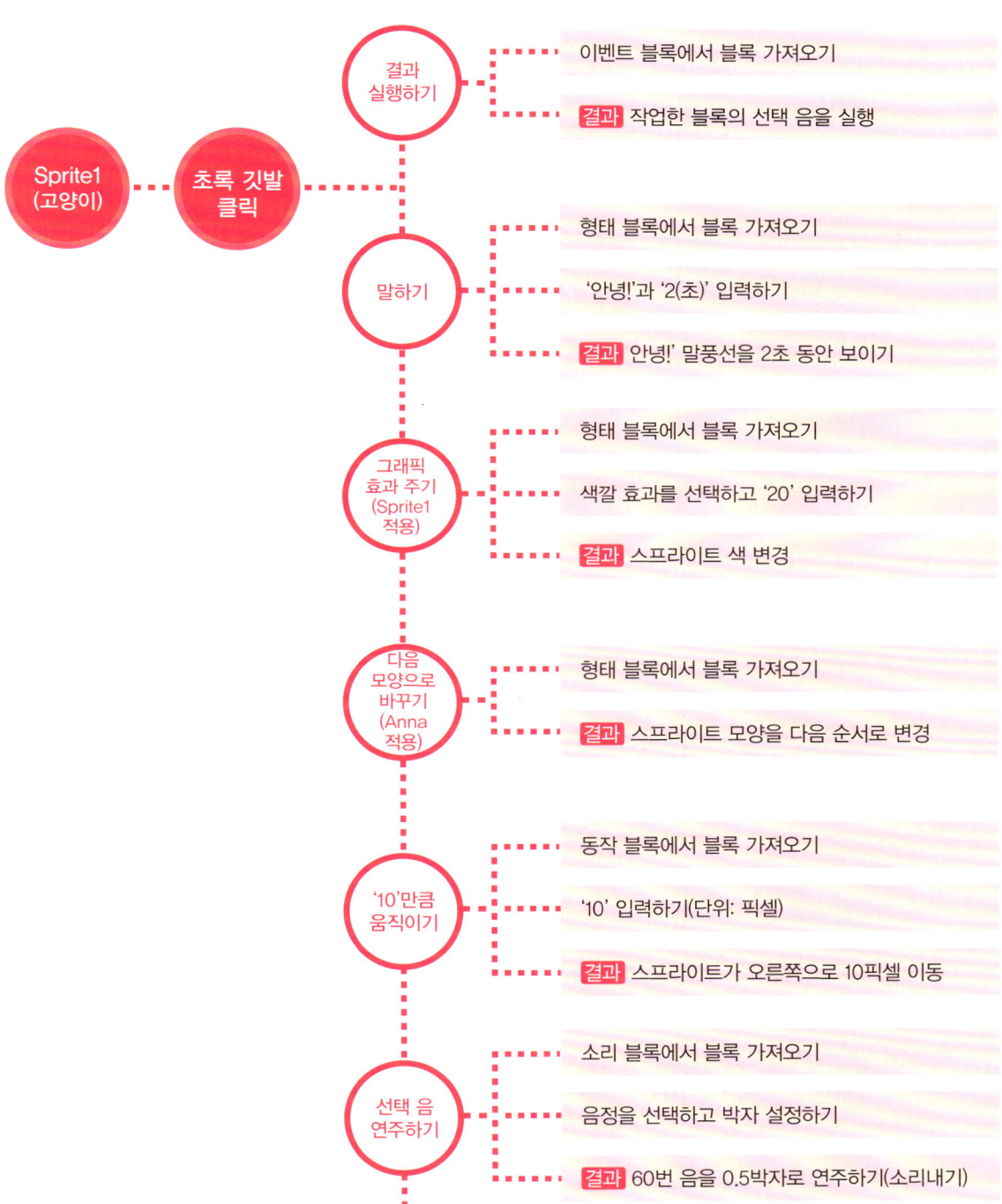

Sprite1
(고양이)

초록 깃발
클릭

결과
실행하기
- 이벤트 블록에서 블록 가져오기
- **결과** 작업한 블록의 선택 음을 실행

말하기
- 형태 블록에서 블록 가져오기
- '안녕!'과 '2(초)' 입력하기
- **결과** 안녕!' 말풍선을 2초 동안 보이기

그래픽
효과 주기
(Sprite1
적용)
- 형태 블록에서 블록 가져오기
- 색깔 효과를 선택하고 '20' 입력하기
- **결과** 스프라이트 색 변경

다음
모양으로
바꾸기
(Anna
적용)
- 형태 블록에서 블록 가져오기
- **결과** 스프라이트 모양을 다음 순서로 변경

'10'만큼
움직이기
- 동작 블록에서 블록 가져오기
- '10' 입력하기(단위: 픽셀)
- **결과** 스프라이트가 오른쪽으로 10픽셀 이동

선택 음
연주하기
- 소리 블록에서 블록 가져오기
- 음정을 선택하고 박자 설정하기
- **결과** 60번 음을 0.5박자로 연주하기(소리내기)

'−10'만큼 움직이기
- 동작 블록에서 블록 가져오기
- 움직이는 방향 바꾸기(오른쪽 → 왼쪽)
- **결과** 스프라이트가 왼쪽으로 10픽셀 이동

선택 음 연주하기
- 소리 블록에서 블록 가져오기
- 음정을 선택하고 박자 설정하기
- **결과** 57번 음을 0.5박자로 연주하기(소리내기)

반복 블록의 내용 10번 반복하기
- 제어 블록에서 블록 가져오기
- 반복 횟수를 10번으로 입력하기
- **결과** 위의 내용 10번 반복

💡 블록 미리 보기

스프라이트 저장소에서 'Anna' 스프라이트 가져오기 → 스프라이트 저장소

클릭했을 때 가져오기 → 스크래치 실행 버튼

형태 블록에서 Hello! 을(를) 2 초동안 말하기 가져오기 → Sprite1(고양이)에 적용

2) '안녕!'과 '2' 입력하기

· 말풍선 메시지(대화)
· 말풍선 보이는 시간(초)

스프라이트 모양을 다음 모양으로 변경하기

Anna(여자아이)에 적용

1) 형태 블록에서 색깔 ▼ 효과를 25 만큼 바꾸기 가져오기

그래픽 효과(색깔)

2) 색깔 효과를 선택하고 '20' 입력하기

200개 색상값 범위 내 선택

1) 동작 블록에서 10 만큼 움직이기 가져오기
2) '10' 입력하기

이동거리 입력(단위: 픽셀)

1) 소리 블록에서 60 ▼ 번 음을 0.5 박자로 연주하기 가져오기
2) '60번' 음을 선택하고 '0.5(1/2)' 박자 입력하기

· 음정 선택
· 박자 선택

1) 동작 블록에서 10 만큼 움직이기 가져오기
2) '−10' 입력하기

방향 전환(오른쪽 → 왼쪽)

1) 소리 블록에서 **60 ▼** 번 음을 **0.5** 박자로 연주하기 가져오기
2) '60번' 음을 선택하고 '0.5(1/2)' 박자 입력하기

· 음정 선택
· 박자 선택

1) 제어 블록에서 **10 번 반복하기** 를 가져와 기존 블록 감싸기
2) '10' 입력하기

반복 횟수 입력

결과 '안녕!' 메시지를 5초 동안 말풍선 형태로 나타내고 반복하기 블록 내 블록을 10번 반복

블록을 클릭하여 실행

▲ Sprite1

▲ Anna

▶ 알아두기

이전 프로젝트에서 고양이(Sprite1) 스프라이트와 새롭게 추가한 어린아이(Anna) 스프라이트를 선택하고 각각 블록을 추가합니다. Sprite1은 이전 장에서 만든 블록을 그대로 사용하고, Anna도 그대로 사용하지만 효과 블록 대신 다음 모양으로 바꾸기 로 바꿔 적용합니다.

● 스프라이트 모양

스프라이트 저장소에서 가져온 Anna 스프라이트를 선택한 다음 [모양] 탭을 선택하면 새로운 모양 항목에 두 개의 서로 다른 이미지가 있습니다. 하나의 스프라이트는 여러 개의 모양으로 구성되는데 이때 각각의 이미지는 인터넷 커뮤니티 사이트에서 흔히 움짤(움직이는 짤방: 인터넷 신조어)이라고 하는 짧은 애니메이션을 구성하는 장면들로 생각할 수 있습니다.

인터넷에서 자주 사용하는 이미지 압축 포맷 중 GIF도 애니메이션 효과를 나타낼 수 있습니다. 움직이는 GIF(Animated GIF) 형식도 이 방식과 같습니다. 이때 각 장면을 프레임(Frame)이라고 하며 스프라이트에서 각각의 모양을 보여주는 방법을 제어하면 애니메이션을 쉽게 만들 수 있습니다.

01 스프라이트 추가하기

이전 과정을 참고하여 무대에 배경을 적용합니다.

새로운 스프라이트를 추가하기 위해 무대 아래의 스프라이트 영역에서 '저장소에서 스프라이트 선택' 아이콘(◈)을 클릭합니다.

02 스프라이트 선택하기

스프라이트 저장소에서 원하는 이미지를 더블클릭합니다. 여기서는 'Anna'를 더블클릭했습니다.

03 스프라이트 이동하기

무대 위 Anna 스프라이트를 그림과 같이 적당한 위
치로 이동합니다.

04 고양이 스프라이트의 스크립트 작성하기

❶ 무대에서 고양이 스프라이트를 더블클릭하
여 선택합니다.

❷ [스크립트] 탭을 선택한 다음 ❸ 이전 프로
   젝트의 스크립트를 가져와 춤추는 고양이
   를 만듭니다.

05 스크립트 복사하기

Anna 스프라이트에 고양이와 같은 스크립트를 적용합니다.

❶ 고양이 스프라이트를 선택한 채 스크립트 영역의 ![클릭했을 때] 블록에서 마우스 오른쪽 버튼을 클릭합니다.

❷ **복사**를 선택합니다.

06 여자아이 스프라이트에 스크립트 붙여 넣기

블록이 복사되어 마우스 포인터를 따라 다니면 무대 아래의 스프라이트 영역에서 'Anna' 스프라이트를 클릭합니다.

07 복제된 스크립트 확인하기

다시 한 번 'Anna' 스프라이트를 클릭하면 스크립트 영역에 고양이와 같은 블록이 복제된 것을 확인할 수 있습니다.

08 고양이와 함께 춤추기

무대 오른쪽 위의 '▶' 아이콘을 클릭하여 고양이와 함께 Anna 스프라이트의 색상이 바뀌면서 춤추는 모습을 확인합니다.

▶ **알아두기** 두 개의 스프라이트를 함께 움직이려면?

스크립트 영역에서 [▶ 클릭했을 때] 블록을 클릭하면 해당 스크립트가 적용된 스프라이트만 춤을 춥니다. 무대 위 스프라이트들이 모두 춤추게 하기 위해서는 무대 위의 '▶' 아이콘을 클릭합니다.

09 스프라이트 동작 바꾸기

고양이는 괜찮지만 사람인 Anna 스프라이트의 색상을 바꾸면 어색하므로 색상 대신 동작을 바꾸겠습니다.

❶ 무대에서 Anna 스프라이트를 더블클릭하여 선택합니다.
❷ [모양] 탭을 선택합니다.
❸ 새로운 모양 항목에서 다른 모양의 스프라이트들을 확인합니다.

10 블록 분리하기

하나의 스프라이트에 두 개의 동작을 적용해 봅니다.

[스크립트] 탭을 선택하고 동작 블록의 `10 만큼 움직이기` 를 여백으로 드래그하여 그림과 같이 블록 모음을 분리합니다.

11 블록 삭제하기

❶ `색깔 ▼ 효과를 20 만큼 바꾸기` 에서 마우스 오른쪽 버튼을 클릭합니다.
❷ **삭제**를 선택하여 블록을 지웁니다.

12 블록 합치기

보라색 '형태'를 선택하고 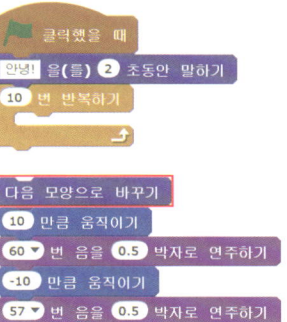 다음 모양으로 바꾸기 블록을 드래그하여 10 만큼 움직이기 블록 위에 붙여 넣습니다.

▶ **알아두기** 다음 모양으로 바꾸기 **블록이란?**
스프라이트에 등록된 다음 모양으로 바꿉니다.

13 스프라이트 모음 수정하기

다음 모양으로 바꾸기 블록 모음을 드래그하여 10 번 반복하기 블록 안에 붙여 넣습니다.

14 스프라이트 변화 확인하기

무대 위 '🏴' 아이콘을 클릭하여 Anna 스프라이트 동작의 변화를 확인합니다.

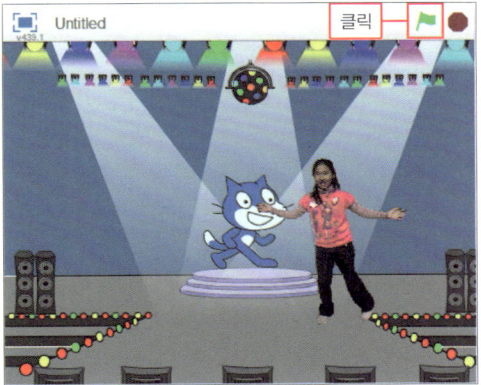

Q 스프라이트 영역에서 고양이 스프라이트를 더블클릭하고
[모양] 탭을 선택하면 하나의 스프라이트에 두 개의 동작
이 등록된 것을 확인할 수 있습니다.

Anna 스프라이트처럼 고양이도 모양을 바꿔 실제로 춤
을 추는 것처럼 연출해 보세요.

A 형태 블록의 다음 모양으로 바꾸기 를 고양이(Sprite1) 스
프라이트의 블록 모음에 추가합니다.

배경 음악을 추가하려면?

스프라이트가 춤을 출 때 들리는 하나의 음은 반복적인 연주라 심심했습니다. 여기에 무대 배경을 추가하고, 스프라이트를 추가하고, 소리까지 추가하면 좀 더 실감나는 파티를 완성할 수 있습니다. 이번에는 배경과 스프라이트에 알맞은 배경 음악을 적용하는 방법에 대해 알아보겠습니다.

STEP#1

 코딩 순서

배경 음악의 재생 시간이 스프라이트가 반복해 움직이는(춤추는) 동작의 시간보다 긴 경우 스프라이트의 움직임을 끝날 때 배경 음악도 함께 종료할 수 있는 방법을 찾아봅니다.

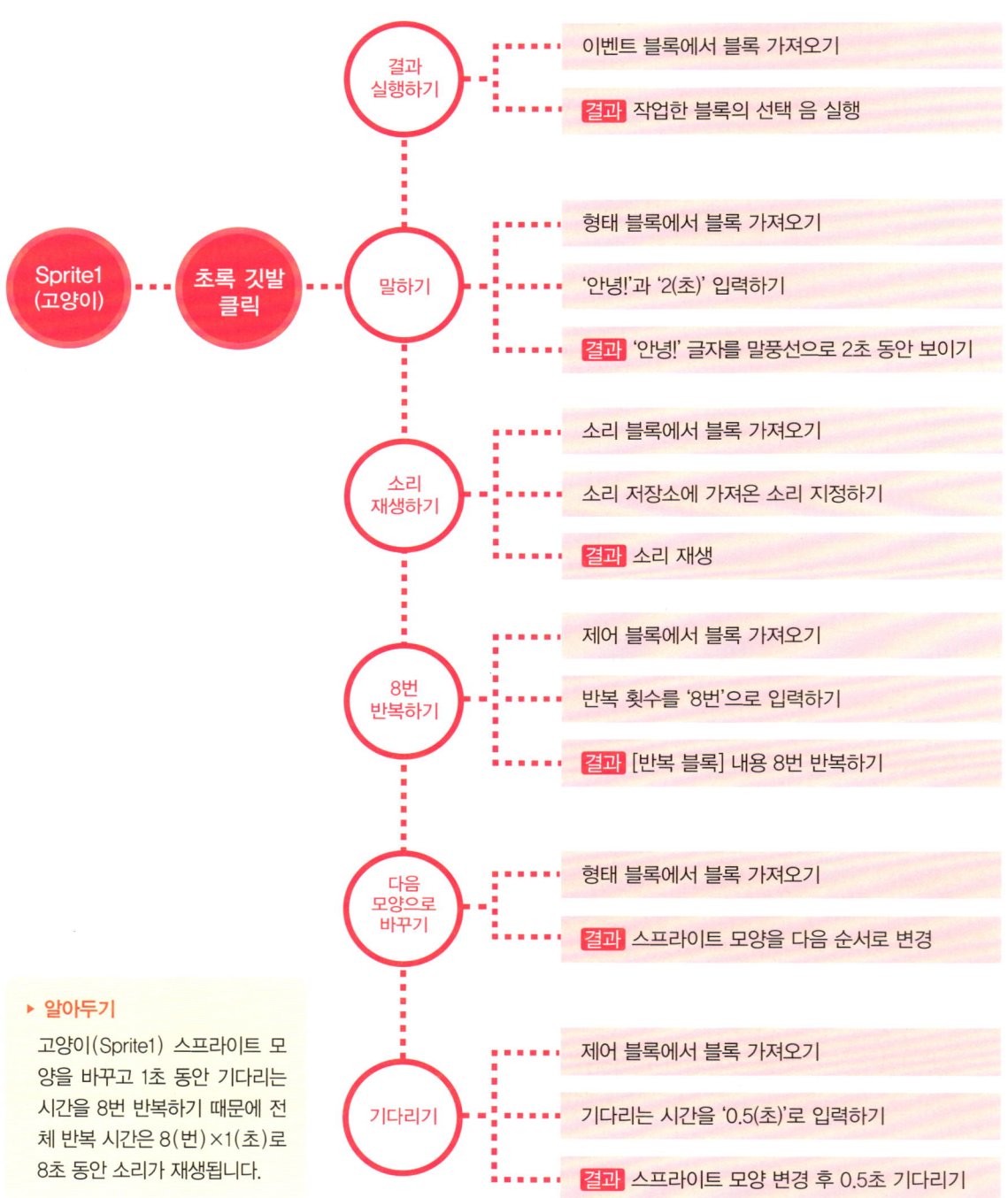

Sprite1
(고양이)

초록 깃발
클릭

결과 실행하기
- 이벤트 블록에서 블록 가져오기
- **결과** 작업한 블록의 선택 음 실행

말하기
- 형태 블록에서 블록 가져오기
- '안녕!'과 '2(초)' 입력하기
- **결과** '안녕!' 글자를 말풍선으로 2초 동안 보이기

소리 재생하기
- 소리 블록에서 블록 가져오기
- 소리 저장소에 가져온 소리 지정하기
- **결과** 소리 재생

8번 반복하기
- 제어 블록에서 블록 가져오기
- 반복 횟수를 '8번'으로 입력하기
- **결과** [반복 블록] 내용 8번 반복하기

다음 모양으로 바꾸기
- 형태 블록에서 블록 가져오기
- **결과** 스프라이트 모양을 다음 순서로 변경

기다리기
- 제어 블록에서 블록 가져오기
- 기다리는 시간을 '0.5(초)'로 입력하기
- **결과** 스프라이트 모양 변경 후 0.5초 기다리기

▶ **알아두기**
고양이(Sprite1) 스프라이트 모양을 바꾸고 1초 동안 기다리는 시간을 8번 반복하기 때문에 전체 반복 시간은 8(번)×1(초)로 8초 동안 소리가 재생됩니다.

🔆 블록 미리 보기

소리 재생 방법을 두 가지로 구분하여 스크립트를 작성합니다. 소리 저장소 또는 외부에서 가져온 소리(파일)와 스프라이트가 반복해 움직이는(춤추는) 동작에서 끝나는 시간이 서로 다르므로 맞춥니다.

● # 연습 1

형태 블록에서 **다음 모양으로 바꾸기** 가져오기

반복 횟수 입력

1) 제어 블록에서 **1 초 기다리기** 가져오기
2) '1(초)' 입력하기

· 반복 블록 안에 넣기
· 대기 시간 입력

결과 : '안녕!' 메시지를 2초 동안 말풍선 형태로 나타내고 반복하기 블록의 블록을 8번 반복

블록을 클릭하여 실행

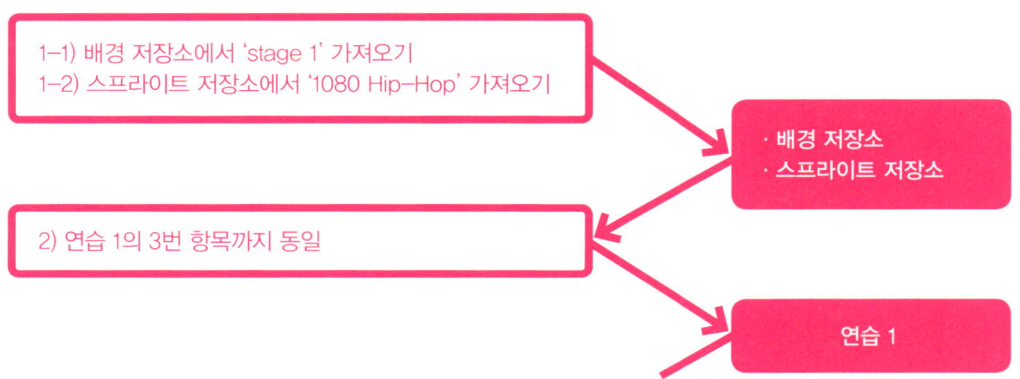

▲ 연습 1 블록

● # 연습 2

1-1) 배경 저장소에서 'stage 1' 가져오기
1-2) 스프라이트 저장소에서 '1080 Hip-Hop' 가져오기

· 배경 저장소
· 스프라이트 저장소

2) 연습 1의 3번 항목까지 동일

연습 1

3-1) 제어 블록에서  블록을 가져와 기존 블록 감싸기

3-2) '20' 입력하기

반복 횟수 입력

4) 형태 블록에서 다음 모양으로 바꾸기 가져오기

블록을 클릭하여 실행

5-1) 제어 블록에서 1 초 기다리기 가져오기

5-2) '1' 입력하기

· 반복 블록 안에 넣기
· 대기 시간 입력

6-1) 형태 블록에서 모양을 0 ▼ (으)로 바꾸기 가져오기

6-2) '1080 stance' 선택하기

· 첫 번째 모양 선택
· 춤춘 후 보이는 모양 선택

7-1) 제어 블록에서 모두 ▼ 멈추기 가져오기

7-2) '모두' 선택하기

소리 재생 멈추기

8-1) 소리 재생 블록의 선택 음 구성하기

8-2) 이벤트 블록에서 클릭했을 때 블록 가져오기

8-3) 재생 블록에서 무한 반복하기 가져오기

8-4) 소리 블록에서 dance celebrate ▼ 끝까지 재생하기 가져오기

8-5) 'dance celebrate' 선택하기

· 소리 재생 블록 선택 음
· 소리 재생 무한 반복

▶ **알아두기**

소리 저장소에서 가져온 소리 재생 시간보다 춤추는 시간을 좀 더 늘려 춤춘 다음에 소리가 멈추도록 블록을 구성합니다.
소리 재생은 ⬛ 모두 ▼ 멈추기 ⬛ 블록이 실행될 때까지 무한 반복합니다.

● **소리 재생하기와 끝까지 재생하기**

`dance celebrate ▼ 재생하기` 블록은 소리가 재생되면 다음 블록을 실행합니다. `dance celebrate ▼ 끝까지 재생하기` 블록은 소리 재생이 모두 끝난 후 다음 블록을 실행합니다.

먼저 이야기 흐름에 따라 소리를 배경음으로 사용할 것인지, 모두 재생한 다음 블록을 실행할 것인지 생각해야 합니다. 소리 재생이 끝나고 다음 블록을 실행하는 방법을 '동기화'라고 하며, 반대를 '비동기화'라고 합니다.

● `클릭했을 때` **블록 여러 개 추가하기**

`클릭했을 때` 블록은 스크래치 실행을 시작하는 시작 버튼처럼 사용합니다. `클릭했을 때` 블록 아래에 다른 블록을 연결하면 차례대로 블록이 실행됩니다.

여기서는 다음 순서로서 블록을 실행하는 것이 아니라 처음부터 소리가 재생되어야 하기 때문에 `클릭했을 때` 블록을 추가하여 두 개의 블록 선택 음이 동시에 시작되도록 구성했습니다. 이렇게 블록 선택 음을 나

누면 블록 용도에 따라 구분하여 묶을 수 있어 재사용하거나 관리하기
편리합니다.

STEP#2

01 이야기(시나리오) 만들기

이전 프로젝트를 복습하며 모양을 바꾸면서 춤을 추는 스크
립트를 구성합니다.

02 소리 듣기

❶ [소리] 탭을 선택하여 소리를 편집하는 소
리 편집기를 나타냅니다.

❷ 기본음은 고양이 스프라이트에 따라 '야옹'
소리로 설정되어 있습니다. 소리 파형 아래
쪽의 '재생' 아이콘(▶)을 클릭하여 소리를
듣습니다.

▶ **알아두기** **스크래치에서 제공하는 소리 파일**

스크래치에서는 무대나 스프라이트에 이용할 수 있는 다양한 소리 파일을 제공합니다.

03 소리 삭제하기

❶ 새로운 소리 항목의 기본음에서 마우스 오른쪽 버튼을 클릭합니다.

❷ **삭제**를 선택하여 소리를 지웁니다.

04 소리 추가하기

새로운 소리 항목의 '저장소에서 소리 선택' 아이콘 (🔊)을 클릭합니다.

05 소리 선택하기

소리 저장소에서 스프라이트가 춤출 때 배경 음악을 선택합니다.

❶ '음악'을 선택합니다.

❷ 'dance celebrate'를 더블클릭합니다.

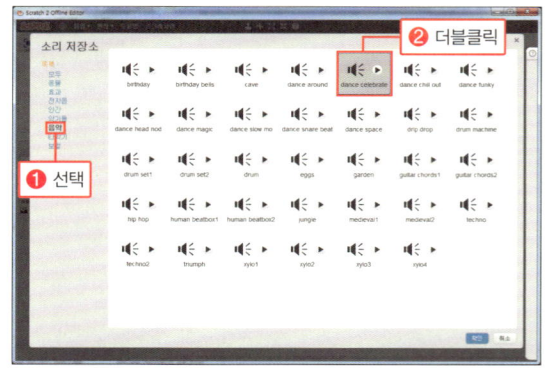

06 소리 확인하기

불러들인 소리 파형이 나타납니다.

'재생' 아이콘(▶)을 클릭하여 소리를 듣습니다.

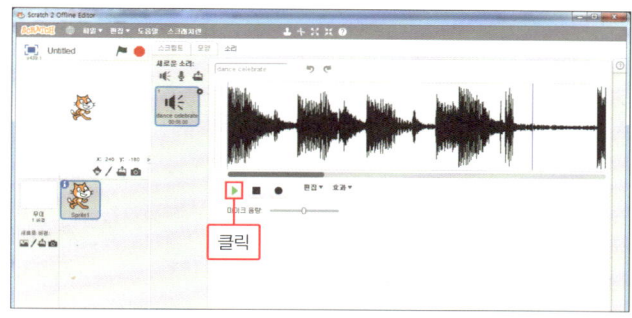

클릭

07 고양이를 춤추게 하기

소리에 맞춰 고양이가 춤추도록 스크립트를 구성합니다.

❶ [스크립트] 탭의 소리 블록에서 [dance celebrate ▼ 끝까지 재생하기] 를 형태 블록 아래에 붙여 넣습니다.

❷ 소리 재생 시간을 8초로 설정하기 위해 소리가 8번 반복되도록 제어 블록의 반복 횟수를 '8'로 입력합니다.

❸ 기존 블록(형태, 동작, 소리)을 삭제합니다.

❹ 제어 블록 안에 [다음 모양으로 바꾸기] 와 [1 초 기다리기] 블록을 연결합니다.

08 소리에 맞춰 춤추는 고양이 확인하기

❶ 블록을 클릭해 봅니다. 고양이의 모양이 바뀌는 시간을 1초로 설정하면 소리보다 늦게 움직이므로 재생 시간을 조절해야 합니다.

❷ 0.5초마다 모양을 바꾸는 동작을 16번 반복하기 위해 제어 블록의 반복 횟수를 '16'으로 수정합니다.

❸ 제어 블록의 기다리기 초를 '0.5'로 수정합니다.

❹ 여기에 배경을 추가합니다.

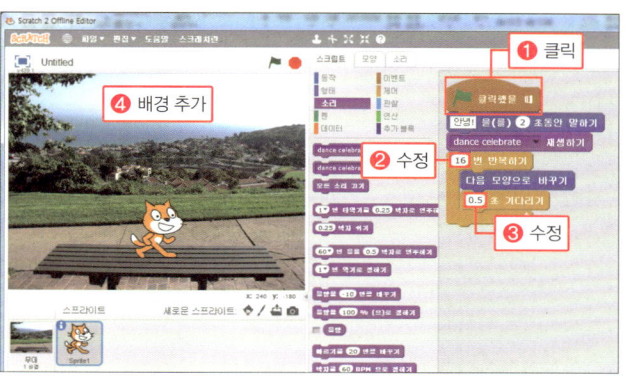

09 소리 멈추기

이번에는 고양이 대신 춤추는 소년 스프라이트로 새로운 프로젝트를 만들어 봅니다.

❶ 무대 배경을 변경하고 ❷ 스프라이트 영역에서 고양이를 삭제합니다.

❸ '저장소에서 스프라이트 선택' 아이콘(◈)을 클릭합니다.

❹ 스프라이트 저장소에서 '1080 Hip-Hop'을 더블클릭하여 불러옵니다.

❺ [모양] 탭을 선택하면 스프라이트의 여러 가지 춤 동작을 확인할 수 있습니다.

10 스크립트 추가하기

[스크립트] 탭을 선택합니다.

블록을 두 개의 모음으로 나눠(병렬) 왼쪽은 춤 동작이 0.5초 간격으로 20번 바뀌도록 설정하고, 오른쪽은 소리가 계속해서 재생되도록 구성합니다.

```
클릭했을 때
안녕! 을(를) 2 초동안 말하기
20 번 반복하기
  다음 모양으로 바꾸기
  0.5 초 기다리기
모양을 1080 stance ▼ (으)로 바꾸기
모두 ▼ 멈추기
```

```
클릭했을 때
무한 반복하기
  dance celebrate ▼ 끝까지 재생하기
```

▶ 알아두기   스크립트 구성의 핵심

왼쪽 블록 모음을 20번 반복한 다음 춤추는 소년의 첫 번째 동작(스프라이트)으로 바꾸고 동작을 멈추는 것입니다. 이때 반복되는 소리도 함께 멈춥니다.

▶ 알아두기   스프라이트 동작보다 소리 재생 시간이 길 때 소리를 멈추려면?

이전 프로젝트의 춤추는 고양이처럼 소리 길이와 고양이 동작을 간단하게 맞출 수 있지만, 소리 재생 시간이 길 때는 하나의 블록만으로 완성할 수 없습니다. 이때 블록을 병렬로 처리하여 소리는 소리대로 음악을 연주하고, 스프라이트(고양이)는 동작(춤)하다가 끝내면 모두 종료할 수 있습니다.

혼자 해보기

Q 소리를 반복하지 않고 한 번만 재생한 다음 춤을 멈추려면 어떻게 해야 할지 생각해 보세요.

A 제어 블록의 [무한 반복하기] 안에 소리 블록의 [dance celebrate ▼ 재생하기]

대신 [dance celebrate ▼ 끝까지 재생하기] 블록을 사용하면 소리가 모두 재생될 때까지 다음 스크립트의 실행을 늦출 수 있습니다.

소리가 모두 재생된 다음 스프라이트 모양을 원래대로 변경하고 제어 블록의 [모두 ▼ 멈추기] 를 붙여 넣습니다.

107

프로젝트를 저장하고 공유하려면?

지금까지 만든 여러 개의 프로젝트를 저장하거나 웹에 공유하는 방법을 살펴보겠습니다. 직접 만든 프로젝트와 함께 다른 친구들이 만든 프로젝트를 살펴보면서 다양한 생각을 나누며 실력을 쌓아 보세요.

STEP#1

 살펴볼 내용

- ▶ 스크래치 프로젝트를 내 컴퓨터에 저장하기
- ▶ 스크래치 프로젝트를 스크래치 웹사이트에 저장하기
- ▶ 스크래치 웹사이트에서 프로젝트 공유하기

STEP#2

01 오프라인 에디터에서 저장하기

프로젝트를 마친 상태에서 오프라인 에디터에 저장하기 위해 메뉴의 [파일]−저장하기를 실행합니다.

여기서는 이전 프로젝트가 실행된 상태에서 **저장하기** 메뉴를 실행했습니다.

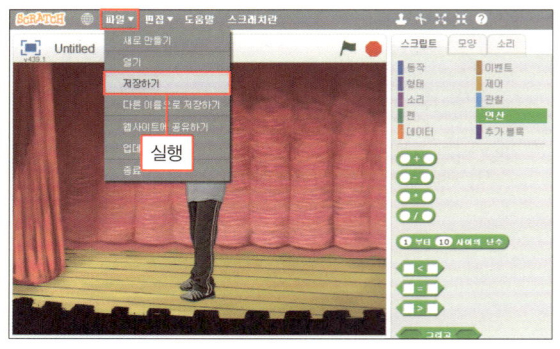

02 프로젝트 저장하기

❶ 프로젝트 저장 대화상자에서 파일의 저장 위치를 지정합니다.

❷ 파일 이름을 입력한 다음 ❸ 파일 형식을 '모든 파일'로 지정하고 ❹ 〈저장〉 버튼을 클릭합니다.

> ▶ 알아두기   스크래치 파일 확장자
> 스크래치 파일의 기본 확장자는 '.sb2'입니다.

03 오프라인 에디터에서 공유하기

오프라인 에디터에서 직접 스크래치 웹 사이트 '내 작업실'에 프로젝트를 공유할 수 있습니다.

메뉴에서 [파일]-웹사이트에 공유하기를 실행합니다.

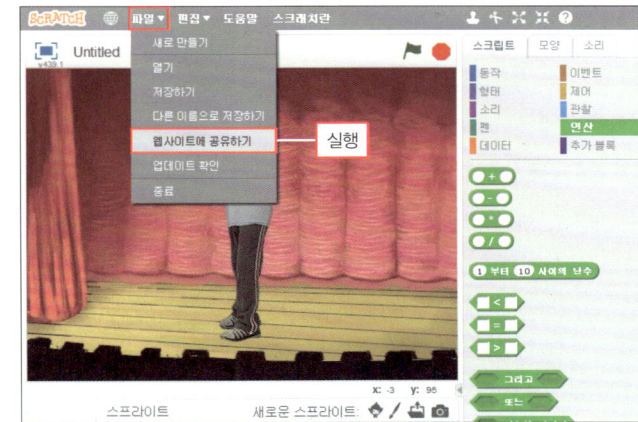

04 스크래치 계정 정보 입력하기

스크래치 웹사이트에서 공유하기 창에 프로젝트 이름을 입력하고 스크래치 웹사이트의 로그인 정보인 계정과 비밀번호를 입력한 다음 〈확인〉 버튼을 클릭하면 자동으로 업로드됩니다.

05 오프라인 에디터에서 공유하기

이번에는 온라인 에디터에서 간편하게
저장합니다.

❶ 먼저 로그인한 다음 ❷ 무대 위에 프로젝트
 이름을 입력합니다.
❸ 메뉴에서 [파일] – 저장하기를 실행합니다.

06 프로젝트 확인하기

프로젝트가 온라인에 저장되었는지 확
인하기 위해 스크래치 화면 오른쪽 위의
로그인 정보를 선택하고 내 작업실을 선
택합니다.

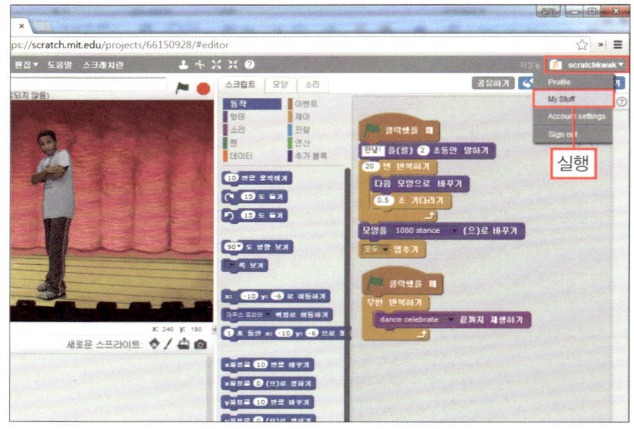

07 프로젝트 공유하기

스크래치 웹사이트에서 내가 만든 프로젝트를 여러 사람들과 공유하기 위해 먼저 공유되지 않은 프로젝트 이름을 클릭합니다.

▶ **알아두기**   **스크래치 파일 확장자**

내 작업실에서 전체 프로젝트 및 공유되거나 공유되지 않은 프로젝트들을 확인할 수 있습니다.

08 공유 정보 입력하기

❶ 간단하게 사용설명서와 기록 및 기여자 등의 정보를 입력합니다.
❷ 화면 오른쪽 위 〈공유〉 버튼을 클릭합니다.

🕐 혼자 해보기

지금까지의 동작을 응용하여 프로젝트를 완성하고 내 프로젝트를 스크래치 웹사이트에 업로드하여 여러 사람과 공유해 보세요.

111

Part 03

스크래치 응용편

간단한 문자
애니메이션을 만들려면?

보통 애니메이션이라고 하면 동영상을 떠올리는데요. 동영상은 정지된 이미지를 연속해서 보여주는 것으로, 영화관이나 텔레비전에서는 1초 동안 정지된 이미지가 24장~30장쯤이 연속적으로 보이도록 하여 멈춰 있지 않고 움직인다는 느낌을 갖게 됩니다. 이러한 방법을 스톱 이미지 애니메이션(Stop Image Animation)이라고 하며 유튜브(Youtube. com)에서 검색하면 여러 가지 흥미로운 동영상을 찾을 수 있습니다.

지금까지 스크래치의 기초 동작을 익혔다면 이제부터 애니메이션 활용에 관해 살펴보겠습니다.

STEP #1

 실행 미리 보기

스프라이트는 여러 개의 모양을 가질 수 있듯이 무대도 여러 개의 배경을 포함할 수 있습니다. 모양이나 배경을 일정한 시간 간격으로 연속적으로 보여주는 형태가 애니메이션의 기본입니다.

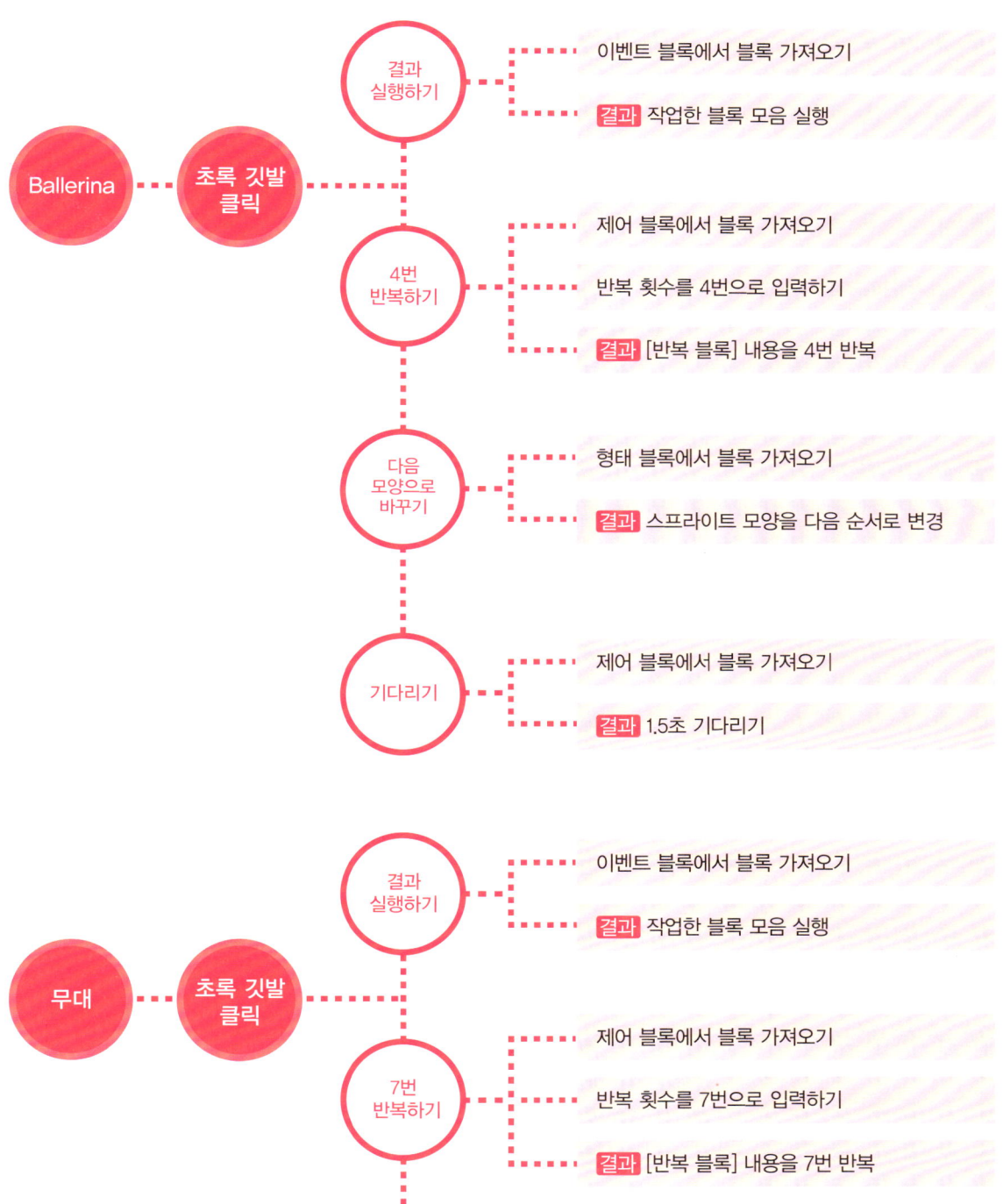

Ballerina ····· 초록 깃발 클릭

결과 실행하기
- 이벤트 블록에서 블록 가져오기
- 결과 작업한 블록 모음 실행

4번 반복하기
- 제어 블록에서 블록 가져오기
- 반복 횟수를 4번으로 입력하기
- 결과 [반복 블록] 내용을 4번 반복

다음 모양으로 바꾸기
- 형태 블록에서 블록 가져오기
- 결과 스프라이트 모양을 다음 순서로 변경

기다리기
- 제어 블록에서 블록 가져오기
- 결과 1.5초 기다리기

무대 ····· 초록 깃발 클릭

결과 실행하기
- 이벤트 블록에서 블록 가져오기
- 결과 작업한 블록 모음 실행

7번 반복하기
- 제어 블록에서 블록 가져오기
- 반복 횟수를 7번으로 입력하기
- 결과 [반복 블록] 내용을 7번 반복

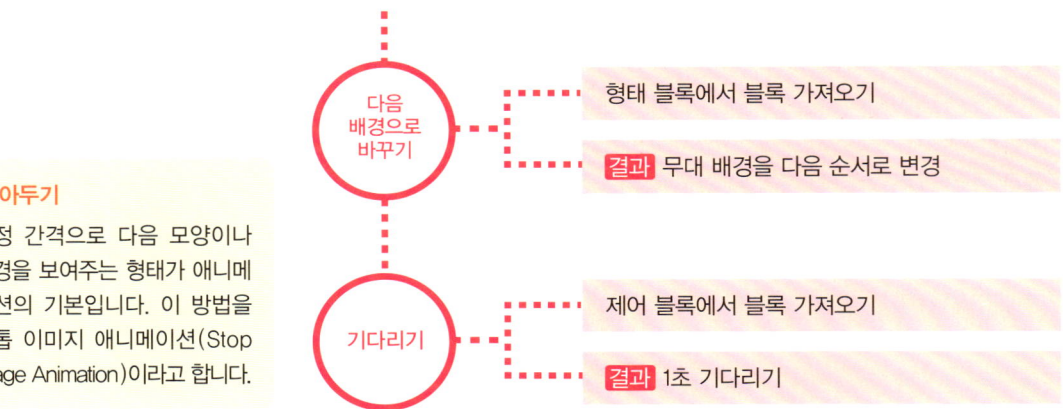

💡 블록 미리 보기

무대도 스프라이트처럼 블록을 추가하여 제어할 수 있습니다. 그러나 스프라이트와 다르게 무대 특성상 사용할 수 있는 블록의 수는 적습니다. 동작 블록이나 펜 블록은 대부분 스프라이트를 대상으로 합니다.

스프라이트 적용 블록

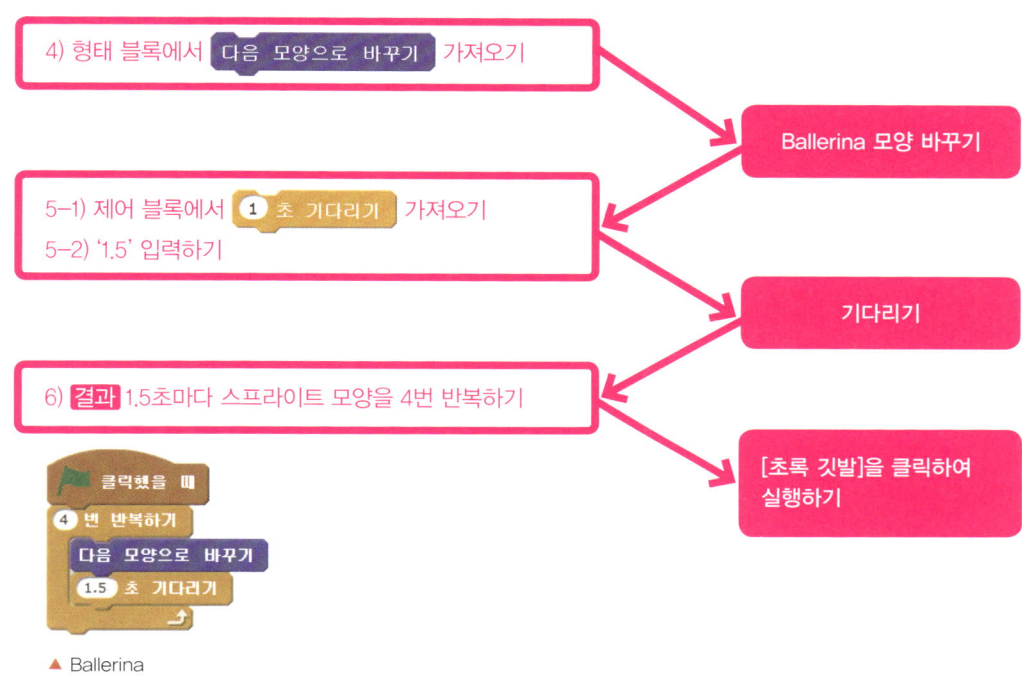

4) 형태 블록에서 다음 모양으로 바꾸기 가져오기

→ Ballerina 모양 바꾸기

5-1) 제어 블록에서 1 초 기다리기 가져오기
5-2) '1.5' 입력하기

→ 기다리기

6) 결과 1.5초마다 스프라이트 모양을 4번 반복하기

→ [초록 깃발]을 클릭하여 실행하기

클릭했을 때
4 번 반복하기
다음 모양으로 바꾸기
1.5 초 기다리기

▲ Ballerina

무대 적용 블록

1) 배경 편집기를 이용하여 직접 무대 만들기

→ 새로운 배경 제작

2) 이벤트 블록에서 클릭했을 때 가져오기

→ 스크래치 실행 버튼

3-1) 제어 블록에서 10 번 반복하기 를 가져와 기존 블록 감싸기
3-2) '7' 입력하기

→ 반복 횟수 입력

4) 형태 블록에서 [다음 배경으로 바꾸기] 가져오기

배경 바꾸기

5-1) 제어 블록에서 [1 초 기다리기] 가져오기
5-2) '1' 입력하기

기다리기

6) 결과 1초마다 배경을 7번 반복해 바꾸기

[초록 깃발]을 클릭하여 실행하기

▲ 무대

● 스톱 이미지 애니메이션(Stop Image Animation)

스톱 이미지 애니메이션은 정지하고 있는 물체를 1프레임마다 조금씩 이동하여 카메라로 촬영해서 마치 계속 움직이는 것처럼 보여주는 영화 촬영 기술, 기법입니다. 정지, 동작 영상을 필요한 순간에 필요한 시간 만큼 정지시킨 상태 화면 또는 그 기법을 말합니다.

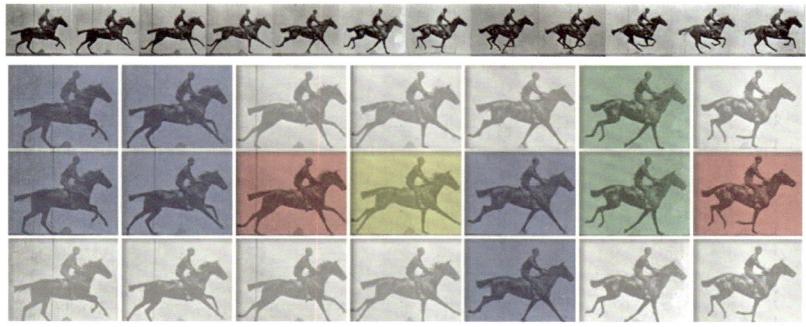

▲ 출처: http://www.google.com/doodles/eadweard- j- muybridges- 182nd- birthday

다음 사이트에서 간단한 프로그램을 이용하여 정지된 이미지로 움직이는 동영상처럼 구현한 애니메이션을 볼 수 있습니다.
http://goo.gl/aZzgv

다른 애니메이션이 궁금하면 유튜브에서 'stop image animation'을 검색해 보세요.
https://goo.gl/7fzq63

● 비트맵 이미지와 벡터 이미지

비트맵(Bitmap)은 사진처럼 픽셀(화소)이 모여서 이미지를 구성하는 방식으로, 확대하면 픽셀 경계선이 보여 이미지가 깨끗하지 않은 단점이 있습니다. 래스터 그래픽스(Raster Graphics) 또는 점 방식이라고도 합니다. 비트맵 이미지를 이용하는 대표적인 그래픽 프로그램은 포토샵입니다.

벡터(Vector)는 수학적 공식에 의해 이미지를 처리하는 방식으로 확대하더라도 이미지 손실이 거의 없을 뿐만 아니라 비트맵보다 저장 용량이 작아 장점이 많습니다. 벡터 이미지를 이용하는 대표적인 그래픽 프로그램은 일러스트레이터가 있습니다.

▲ 비트맵 이미지

▲ 벡터 이미지

01 글자 애니메이션 만들기

❶ [파일]−새로 만들기를 실행하여 새 프로젝
트를 시작합니다.

❷ 무대에서 애니메이션을 만들기 위해 스프
라이트 영역 '무대'를 선택합니다.

❸ [배경] 탭을 선택하여 배경 편집 화면으로
이동합니다.

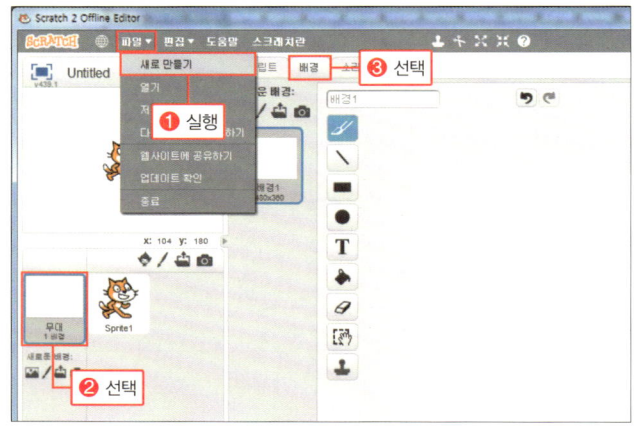

02 벡터 모드로 변환하기

벡터 모드에서 배경을 만들기 위해 〈벡
터로 변환하기〉 버튼을 클릭합니다.

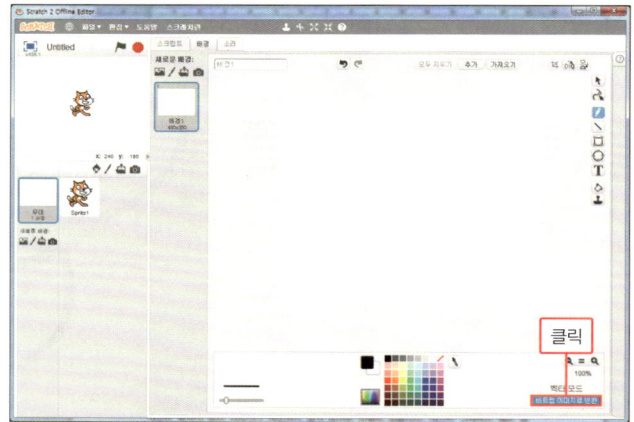

▶ **알아두기** 비트맵/벡터 이미지로 변환하려면?

스크래치 화면 오른쪽 아래에 비트맵 모드로 편집할 수 있는 상태임을 나타내는 '비트맵 모드' 또는 '벡터 모드'로 변환
하기 위한 〈벡터로 변환하기〉 버튼을 클릭하여 전환할 수 있습니다.

03 텍스트 배경 만들기

'HELLO!!'를 각각의 배경에 한 글자씩
입력해 보겠습니다.

❶ '텍스트' 도구(T)를 선택합니다.
❷ 배경 왼쪽 위를 클릭하고 ❸ 'H'를 입력합
니다.

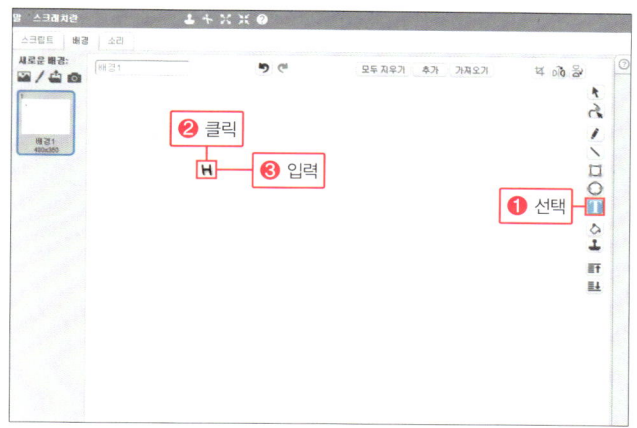

04 텍스트 스타일 설정하기

텍스트에는 6가지 영문 폰트를 설정할
수 있습니다.

❶ 폰트를 'Scratch'로 설정합니다.
❷ '선택하기' 도구(↖)를 선택합니다.
❸ 글자를 선택합니다.
❹ 조절점을 이용하여 글자 크기, 위치 등을 변
경할 수 있습니다. 오른쪽 아래 조절점을 드
래그하여 글자를 확대합니다.
❺ 선 아래쪽 슬라이더를 오른쪽으로 약간 드
래그하여 굵게 조정합니다.

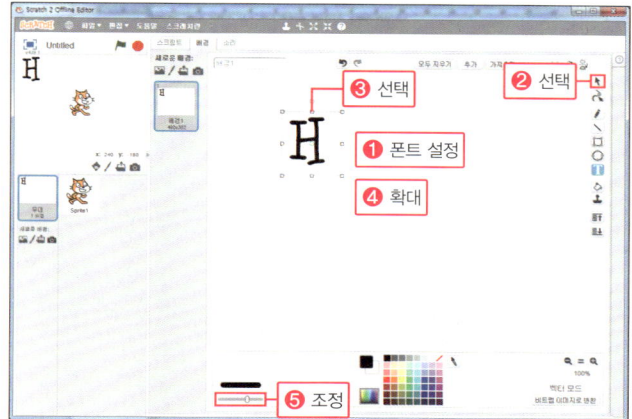

▶ **알아두기** **글자 색과 굵기를 조절하려면?**

[배경] 탭 아래쪽의 색상 팔레트를 선택하여 글자 색을 바꿀 수 있으며, 선 아래의 슬라이더를 드래그하여 굵기를 조절할
수도 있습니다. 아쉽지만 스크래치에서는 한글을 사용할 수 없기 때문에 영문으로 입력합니다.

05 배경 복제하기

❶ [배경] 탭의 '배경1'에서 마우스 오른쪽 버튼을 클릭한 다음 ❷ **복사**를 선택합니다.

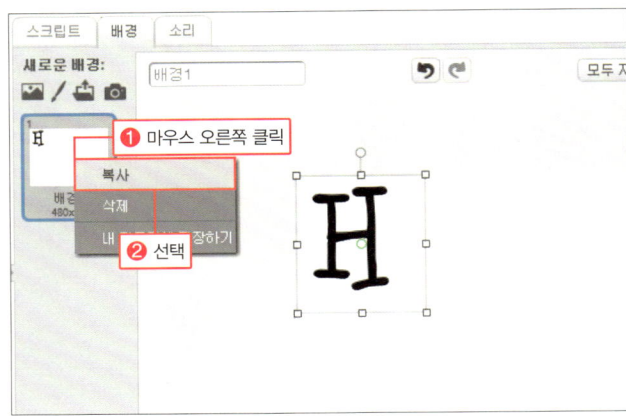

06 추가된 배경 텍스트 수정하기

두 번째 배경에는 두 번째 글자인 'E'를 입력합니다.

❶ '선택하기' 도구( )가 선택된 상태에서 복제된 'H' 글자를 더블클릭합니다.

❷ 'E'를 입력합니다.

07 텍스트 추가하기

05~06번과 같은 방법으로 그림과 같이 7개의 배경에 'HELLO!!' 글자를 각각 입력합니다.

08 텍스트 애니메이션 실행하기

❶ [스크립트] 탭을 선택합니다.

❷ 텍스트 애니메이션을 적용하기 위해 그림과 같이 블록을 구성합니다.

❸ 무대에서 '🚩' 아이콘을 클릭하여 결과를 확인해 보세요. 배경이 바뀌는 시간을 조절하면서 달라지는 결과도 살펴보세요.

09 스프라이트 삭제하기

❶ 스프라이트 영역에서 고양이를 선택합니다.

❷ 마우스 오른쪽 버튼을 클릭하고 ❸ **삭제**를 실행하여 지웁니다.

❹ 다른 스프라이트를 불러오기 위해 '저장소에서 스프라이트를 선택' 아이콘(◆)을 클릭합니다.

10 스프라이트 애니메이션 만들기

스프라이트 저장소에서 'Ballerina'를 더블클릭합니다.

11 스프라이트 모양 확인하기

[모양] 탭을 선택하면 발레리나 스프라이트의 다양한 동작들을 확인할 수 있습니다.

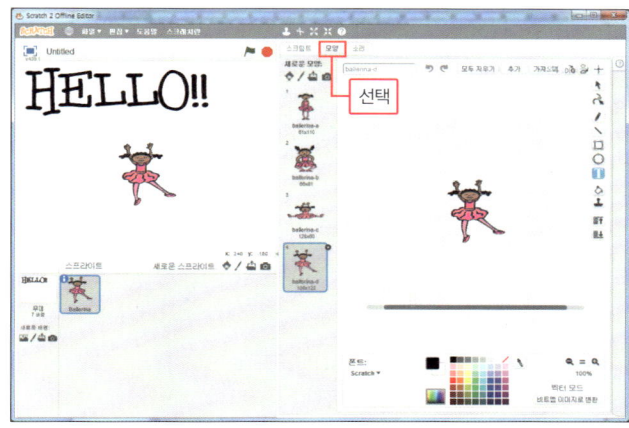

12 스프라이트와 배경을 함께 움직이기

배경처럼 발레리나에도 스크립트를 적용하여 애니메이션으로 구성합니다.

❶ 스프라이트 영역에서 '무대'를 선택합니다.
❷ [스크립트] 탭을 선택합니다.
❸ 블록 모음에서 마우스 오른쪽 버튼을 클릭하고 ❹ 복사를 선택합니다.

13 스프라이트와 배경을 함께 움직이기

① 마우스 포인터에 블록이 따라다니면 스프라이트 영역의 'Ballerina'를 더블클릭합니다.

② 스크립트 영역에서 반복하기 블록을 '4'번으로 수정하고 기다리기 블록을 '1.5'초로 수정합니다.

③ '▶' 아이콘을 클릭하여 배경과 스프라이트 애니메이션을 실행합니다. 'HELLO!!' 문자와 함께 발레리나의 애니메이션을 확인할 수 있습니다.

혼자 해보기

스프라이트를 직접 디자인해 보고 여러 가지 동작을 추가한 다음 연결해서 재미있는 애니메이션을 만들어 보세요.

좌표에 따라 이동하려면?

스프라이트에 자유로운 움직임을 적용하기 위해서는 먼저 화면 중심(기준점)과 너비, 높이를 알아야 합니다. 이것을 '좌표'라고 합니다.

좌표에 따라 스프라이트 정확한 위치를 찾을 수 있고 스프라이트를 자유롭게 이동시킬 수 있습니다. 쉽고 간단하게 좌표를 살펴보겠습니다.

STEP#1

💡 실행 미리 보기

무대에서 스프라이트가 움직이는 공간은 가로(x축)와 세로(y축)를 갖는 좌표계로 표현할 수 있습니다. 무대의 중앙(가운데)이 좌표계의 중심인 (0,0) 입니다. 좌표계를 이해하고 스프라이트를 자유자재로 움직일 수 있도록 학습합니다.

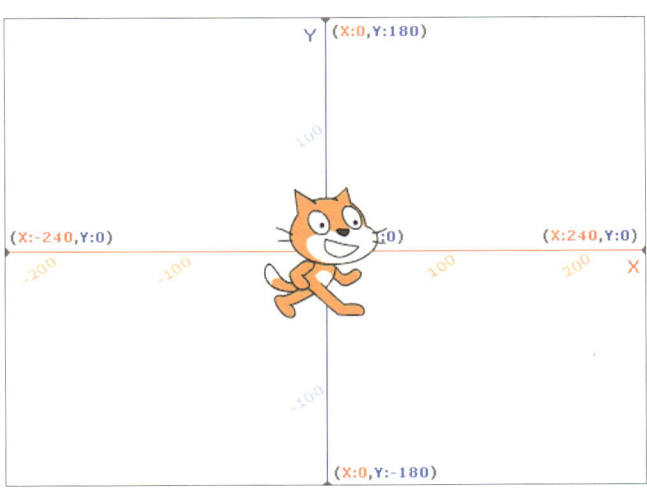

위쪽으로
이동

↑ 키 누르기(클릭)

결과 스프라이트를 위쪽으로 10만큼 이동

Sprite1 ···· 키보드

아래쪽으로
이동

↓ 키 누르기(클릭)

결과 스프라이트를 아래쪽으로 10만큼 이동

왼쪽으로
이동

← 키 누르기(클릭)

결과 스프라이트를 왼쪽으로 10만큼 이동

오른쪽으로
이동

→ 키 누르기(클릭)

결과 스프라이트를 오른쪽으로 10만큼 이동

💡 블록 미리 보기

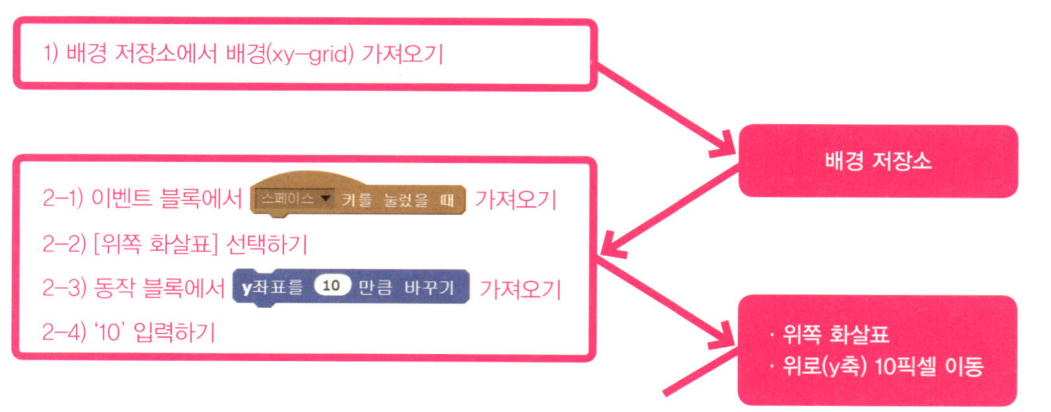

1) 배경 저장소에서 배경(xy-grid) 가져오기

배경 저장소

2-1) 이벤트 블록에서 스페이스 ▼ 키를 눌렀을 때 가져오기
2-2) [위쪽 화살표] 선택하기
2-3) 동작 블록에서 y좌표를 10 만큼 바꾸기 가져오기
2-4) '10' 입력하기

· 위쪽 화살표
· 위로(y축) 10픽셀 이동

3-1) 이벤트 블록에서 `스페이스 ▼ 키를 눌렀을 때` 가져오기

3-2) [아래쪽 화살표] 선택하기

3-3) 동작 블록에서 `y좌표를 10 만큼 바꾸기` 가져오기

3-4) '-10' 입력하기

· 아래쪽 화살표
· 아래로(y축) 10픽셀 이동

4-1) 이벤트 블록에서 `스페이스 ▼ 키를 눌렀을 때` 가져오기

4-2) [왼쪽 화살표] 선택하기

4-3) 동작 블록에서 `x좌표를 10 만큼 바꾸기` 가져오기

4-4) '-10' 입력하기

· 왼쪽 화살표
· 왼쪽(x축) 10픽셀 이동

5-1) 이벤트 블록에서 `스페이스 ▼ 키를 눌렀을 때` 가져오기

5-2) [오른쪽 화살표] 선택하기

5-3) 동작 블록에서 `x좌표를 10 만큼 바꾸기` 가져오기

5-4) '10' 입력하기

· 아래쪽 화살표
· 아래로(y축) 10픽셀 이동

6) 결과 키보드의 방향키를 눌러 스프라이트 움직이기

배경 저장소

`위쪽 화살표 ▼ 키를 눌렀을 때`
`y좌표를 10 만큼 바꾸기`

`아래쪽 화살표 ▼ 키를 눌렀을 때`
`y좌표를 -10 만큼 바꾸기`

`왼쪽 화살표 ▼ 키를 눌렀을 때`
`x좌표를 -10 만큼 바꾸기`

`오른쪽 화살표 ▼ 키를 눌렀을 때`
`x좌표를 10 만큼 바꾸기`

● 좌표

무대의 중심점(0,0)은 가운데로, 좌표(0,0)와 같습니다. 가로 방향을 X축, 세로 방향을 Y축이라고 합니다. 중심점(또는 원점)에서 가로 방향 왼쪽은 X축 음의 영역으로 −240(픽셀)까지 표현하며, 오른쪽은 X축 양의 영역으로 240(픽셀)까지 표현할 수 있습니다. 또한 세로 방향 위쪽은 Y축 양의 영역으로 180(픽셀)까지 표현하며, 아래쪽은 Y축 음의 영역으로 −180(픽셀)까지 표현할 수 있습니다. 따라서 무대 영역은 가로 480픽셀, 세로 360픽셀의 평면입니다.

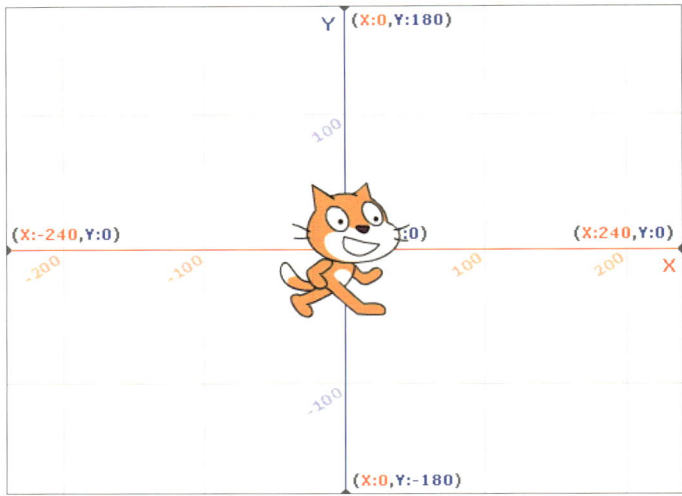

● 스프라이트 중심점

스프라이트는 가운데가 중심입니다. 고양이 스프라이트처럼 좌표(0,0)에서 무대 중심에 스프라이트의 중심이 일치합니다.

스프라이트 중심점을 변경하기 위해서는 모양 영역 오른쪽 끝에 있는 '모양 중심 설정하기' 아이콘을 클릭하여 중심점을 변경할 수 있습니다. 아이콘(田)을 클릭한 다음 중심점을 클릭하면 해당 위치로 중심점을 변경할 수 있습니다.

스프라이트의 중심점을 옮기는 경우는 아날로그 시계에서 시침이나 분침, 초침 등을 스프라이트로 표현할 때가 대표적입니다.

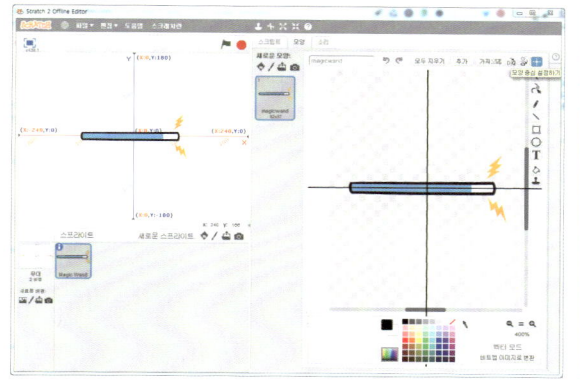

▲ 중심점 이동 전

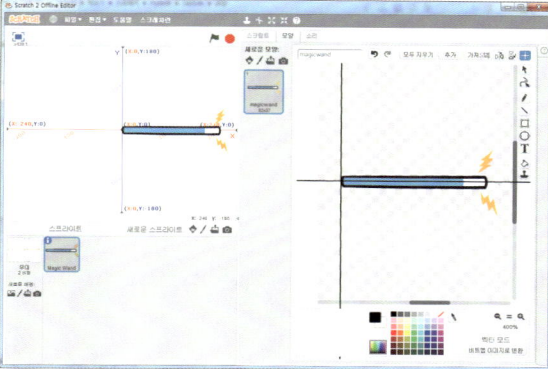

▲ 중심점 이동 후

● 좌표 바꾸기와 정하기

좌표 위치를 변경하는 블록에는 x좌표를 10 만큼 바꾸기 와 y좌표를 0 (으)로 정하기 가 있습니다.

x좌표를 10 만큼 바꾸기 는 기본 값을 기준으로 입력한 값만큼 계산하여 상대적인 위치를 설정하고, y좌표를 0 (으)로 정하기 는 입력한 값으로 절대적인 위치를 설정합니다.

01 배경 바꾸기

좌표를 이용해 스프라이트를 이동하겠습니다.

스프라이트 영역에서 '무대'를 선택하고 '저장소에서 배경 선택' 아이콘(🖼)을 클릭합니다.

❶ 배경 저장소의 '기타'를 선택합니다.

❷ 'xy−grid' 배경을 더블클릭합니다.

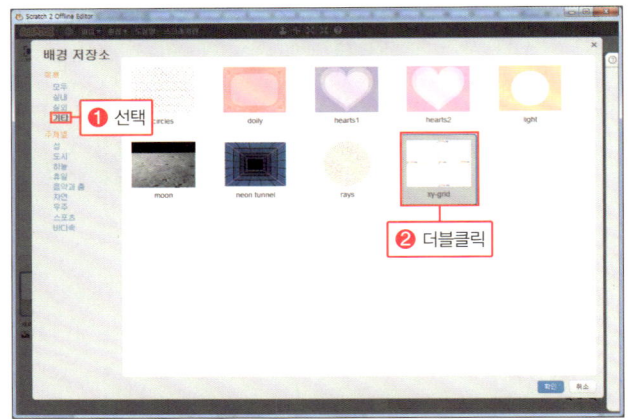

02 스프라이트 이동하기

고양이를 이동시킵니다.

❶ [스크립트] 탭을 선택하고 ❷ 이벤트 블록을 선택합니다.

❸ 스페이스 ▼ 키를 눌렀을 때 블록을 스크립트 영역으로 드래그합니다.

❹ Y축(위쪽)으로 이동하기 위해 '스페이스'를 클릭하고 ❺ 위쪽 화살표를 선택합니다.

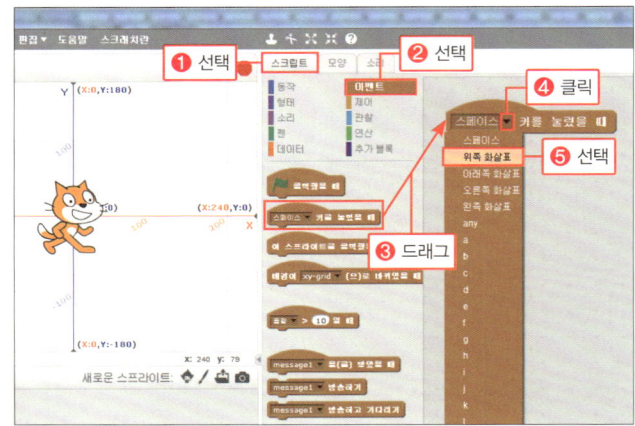

무대 배경은 교차되는 두 개의 축인 가로를 나타내는 X축과 세로를 나타내는 Y축, 그리고 두 축이 만나는 원점(기준점, 중심)으로 구성됩니다.

스프라이트의 위치는 x좌표와 y좌표를 이용하여 괄호 안에 나타내며 원점의 좌표는(0, 0)입니다. 원점을 기준으로 X축 왼쪽은 음수(-) 영역이고, 오른쪽은 양수(+) 영역입니다. 또한 Y축 위쪽은 양수 영역이고 아래쪽은 음수 영역입니다.

가로 길이는 -240부터 240까지 나타내어 '480'이고, 세로 길이는 그림에서 -180부터 180까지 나타내어 '360'입니다.

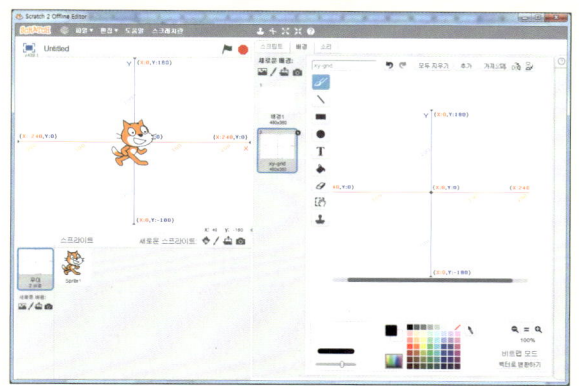
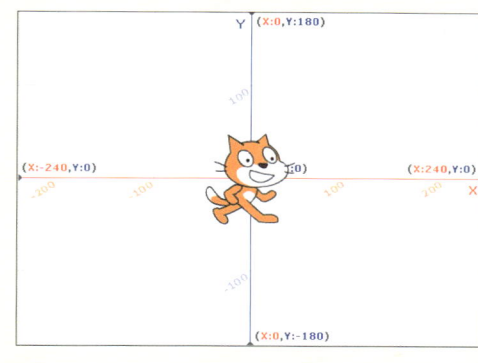

길이를 나타내는 단위가 필요하지만, 하나의 단위만을 사용할 때는 불필요합니다. 스크래치는 화면에서 길이를 나타내는 단위로 '픽셀(Pixel)'을 이용합니다.

스프라이트 영역의 고양이에서 마우스 오른쪽 버튼을 클릭하고 **Info**를 선택하면 상세 정보를 확인할 수 있습니다. 이때 스프라이트 상세 정보에서 'x: 0   y: 0'을 눈여겨봐야 합니다. 배경과 마찬가지로 스프라이트도 기준점이 있습니다. 여기서 기준점은 고양이 스프라이트 가운데가 그 중심이자 기준점입니다.

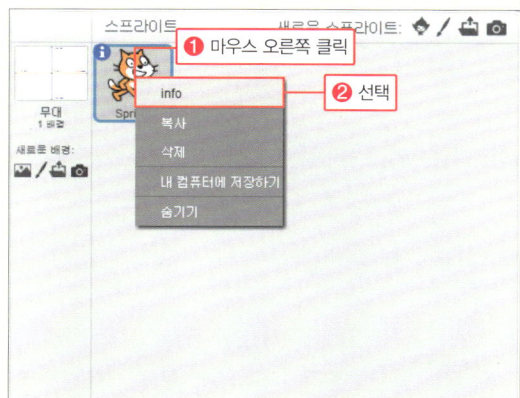

03 좌표에서 스프라이트 이동 확인하기

❶ 동작 블록의 `y좌표를 10 만큼 바꾸기` 를 드래그하여 이벤트 블록 아래에 붙여
넣습니다.

❷ X축과 Y축으로 각각 이동하는 스크립트를 구성하기 위해 블록을 네 번 복제합니다.

❸ 아래쪽 두 개의 블록 모음은 동작 블록을 각각 분리하여 삭제한 다음 동작 블록
의 `x좌표를 10 만큼 바꾸기` 블록을 붙여 넣습니다.

❹ 그림과 같이 각각 방향키와 좌표 값을 수정합니다.

❺ 방향키를 눌러 스프라이트의 이동을 관찰합니다. 이때 아래쪽과 왼쪽으로 이동
하기 위해서는 음수(−) 값을 적용해야 한다는 것을 꼭 기억하세요!

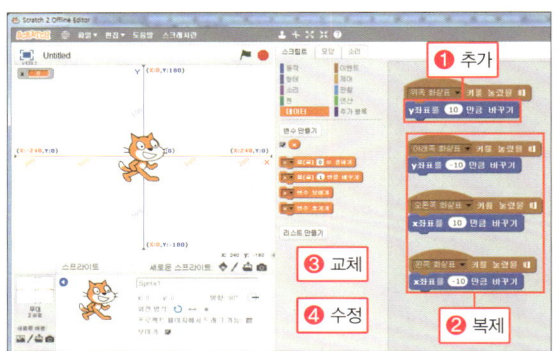

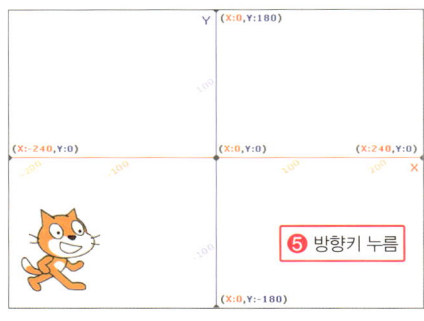

🌐 혼자 해보기

Q 화살표(방향키) 대신 글자를 눌러 스프라이트를 이동하도록 구성해
보세요.

A 이벤트 블록에서 `스페이스 키를 눌렀을 때` 의 키를 다른 키로 바꿔
보세요.

여기서는 키보드 왼쪽의 문자 키들로 설정했습니다. 키보드를 눌렀을
때 이동 거리도 각각 변경해 보세요.

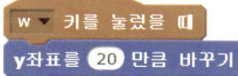

스프라이트에 다양한 효과를 연출하려면?

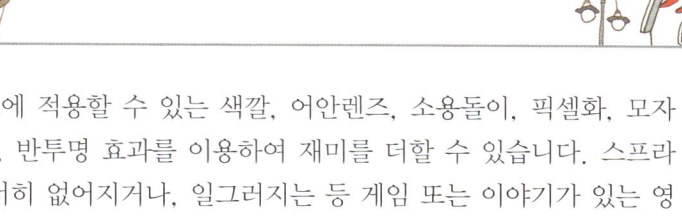

스프라이트에 적용할 수 있는 색깔, 어안렌즈, 소용돌이, 픽셀화, 모자이크, 밝기, 반투명 효과를 이용하여 재미를 더할 수 있습니다. 스프라이트가 서서히 없어지거나, 일그러지는 등 게임 또는 이야기가 있는 영상을 만들 때 유용하게 사용할 수 있습니다. 여기서는 스프라이트를 복제하고 복제된 스프라이트에 다양한 효과를 연출해 봅니다.

STEP#1

 실행 미리 보기

스프라이트를 복제하고 복제된 스프라이트에 대하여 위치, 색깔 효과, 반투명 효과 등을 적용하는 방법을 학습합니다.

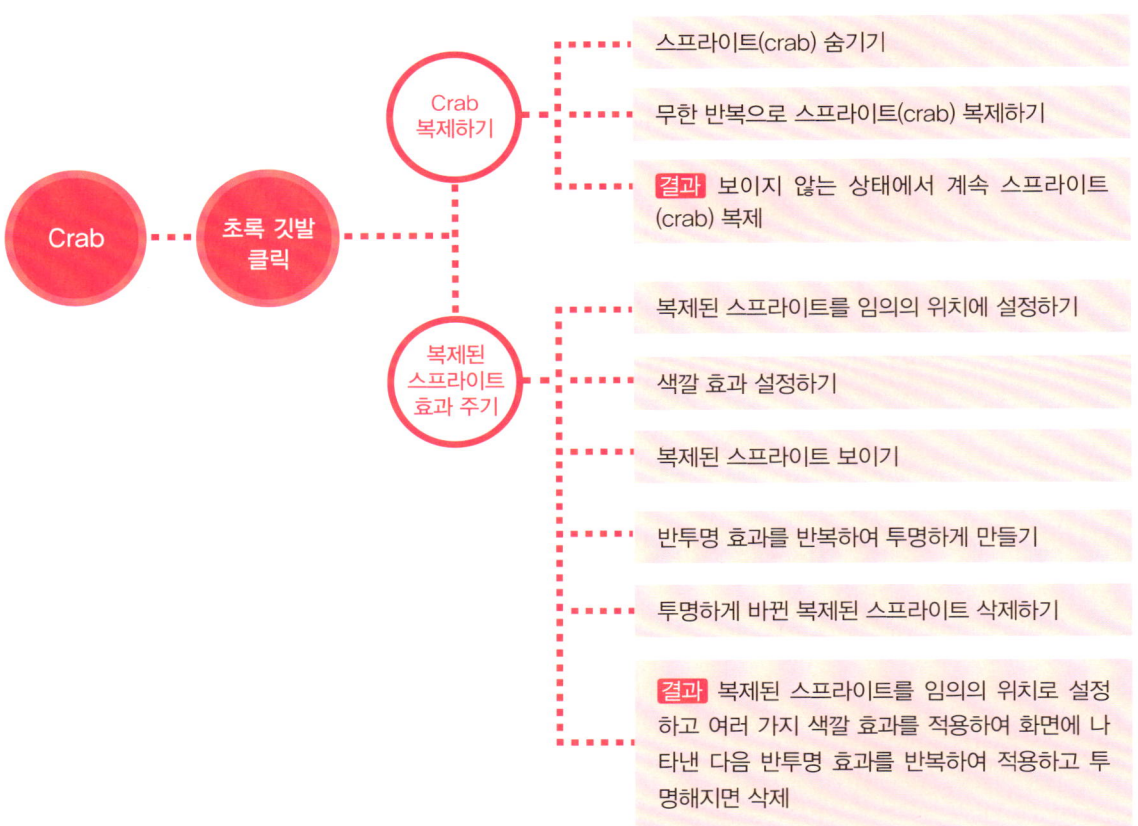

🔆 블록 미리 보기

스프라이트(crab) 숨기기

무한 반복으로 스프라이트(crab) 복제하기

결과 보이지 않는 상태에서 계속 스프라이트 (crab) 복제

복제된 스프라이트를 임의의 위치에 설정하기

색깔 효과 설정하기

복제된 스프라이트 보이기

반투명 효과를 반복하여 투명하게 만들기

투명하게 바뀐 복제된 스프라이트 삭제하기

결과 복제된 스프라이트를 임의의 위치로 설정하고 여러 가지 색깔 효과를 적용하여 화면에 나타낸 다음 반투명 효과를 반복하여 적용하고 투명해지면 삭제

Crab → 초록 깃발 클릭 → Crab 복제하기 / 복제된 스프라이트 효과 주기

| 실행 및 초기 설정 | 초록 깃발을 클릭하여 시작하기 | · 스크립트 시작
· 이벤트 블록 |
| | 스프라이트 숨기기 | 형태 블록 |

| 반복 복제 | 나 자신(스프라이트)을 무한 반복하여 복제하기 | · 복제
· 제어 블록 |

복제 되었을 때	1) 복제본을 임의의 위치로 이동하기 2) 난수 값을 이용하여 색깔 효과 설정하기 3) 스트라이프 나타내기	· 게임 시작 · 동작 블록 · 연산 블록 · 형태 블록
	1) 다음을 10번 반복하기 2) 반투명 효과를 10만큼 바꾸기	· 제어 블록 · 형태 블록
	이 복제본을 삭제하기	제어 블록

블록 알아두기

연산 블록은 주로 숫자와 문자를 계산하거나 연결할 때 사용합니다. 숫자는 더하기, 빼기, 곱하기, 나누기 등 사칙연산과 값의 판단 그리고 임의의 숫자를 만드는 난수를 만들 수 있습니다. 문자의 경우 문자를 연결하거나 순서를 설정할 때 사용합니다.

블록	설명
( ) + ( )	입력한 두 개의 값을 더합니다.
( ) - ( )	입력한 두 개의 값을 뺍니다.
( ) * ( )	입력한 두 개의 값을 곱합니다.
( ) / ( )	입력한 두 개의 값을 나눕니다.
1 부터 10 사이의 난수	입력한 두 개의 값 사이에서 임의의 수를 만듭니다.
[ ] < [ ]	입력한 두 개의 값 중 오른쪽 값이 큰지 판단합니다.
[ ] = [ ]	입력한 두 개의 값이 같은지 비교합니다.
[ ] > [ ]	입력한 두 개의 값 중 왼쪽 값이 큰지 판단합니다.
그리고	비교하는 두 연산의 값이 모두 참인지 판단합니다.
또는	비교하는 두 연산의 값 중 1개 이상이 참인지 판단합니다.
가(이) 아니다	비교하는 연산의 결과를 반대 값으로 돌려줍니다. 연산이 참(True)라면 거짓(False)으로, 거짓이라면 참으로 결과를 만듭니다.
hello 와 world 결합하기	두 개의 문자열을 연결합니다.
1 번째 글자 (world)	문자열의 해당 순번 문자를 돌려줍니다.

블록	설명
world 의 길이	문자열 개수를 결과 값으로 돌려줍니다.
○ 나누기 ○ 의 나머지	두 개의 값을 나눠 나머지 값을 돌려줍니다.
○ 반올림	소수점 이하 값을 반올림합니다.
제곱근 ▼ (9) 절대값 바닥 함수 천장 함수 제곱근 sin cos tan asin acos atan ln log e ^ 10 ^	입력한 숫자 값을 선택한 연산자로 계산합니다.

● 데이터 블록

'변수'는 하나의 값만을 저장하고 '리스트'는 여러 개의 값을 저장할 때
사용할 수 있습니다.

데이터 블록의 변수 만들기 버튼을 클릭하여 변수 이름을 설정하거나
리스트 만들기 버튼을 클릭하여 리스트를 만들 수 있습니다.

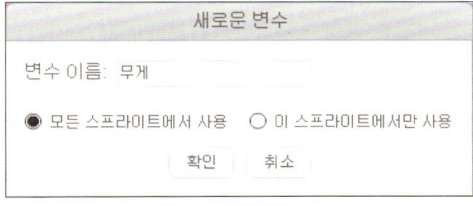

01 배경과 스프라이트 준비하기

원하는 무대 배경과 스프라이트를 준비
합니다. 여기서는 무대 배경을 'under
water3', 스프라이트를 'Crab'으로 선
택했습니다.

02 스크립트 작성하기

스프라이트가 보이지 않는 상태에서 반복 복제합니다.

❶ Crab 스프라이트를 선택한 채 먼저 이벤트 블록의  를 스크립
트 영역으로 드래그합니다.

❷ 형태 블록에서 숨기기 를 드래그하여 붙여 넣습니다.

❸ 제어 블록에서 무한 반복하기 를 붙여 넣고 그 안에 나 자신 ▼ 복제하기 블록

을 붙여 넣습니다.

▶ **알아두기** **스프라이트를 숨겼다가 나타내려면?**

처음부터 스프라이트가 나타나면 복제된 스프라이트가 위치를 설정할 때 준비 단계가 그대로 보이므로 부자연스럽습니다.
그러므로 처음에는 스프라이트가 보이지 않는 것이 자연스럽습니다. 이때 제어 블록의 복제하기에서 '나 자신'은 현재 스
프라이트인 'Crab'입니다.

03 복제되는 스프라이트 위치 설정하기

복제될 때마다 임의의 좌표를 설정합니다.

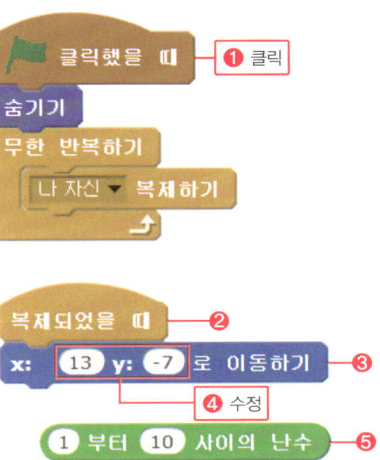

❶ 클릭했을 때 블록을 클릭하면 무대에서 스프라이트가 복제되어도 안 보입니다.

❷ 복제된 스프라이트 위치를 정하기 위해 제어 블록의 복제되었을 때 를 스크립트 영역의 여백으로 드래그합니다.

❸ 동작 블록에서 x: -21 y: -138 로 이동하기 를 붙여 넣습니다.

❹ 좌표 값을 'x: 13, y: 7'로 수정합니다.

❺ 연산 블록에서 1 부터 10 사이의 난수 를 스크립트 영역 여백으로 드래그합니다.

▶ **알아두기** **복제 과정 만들기와 좌표와 난수 살펴보기**

복제 이후 과정을 만들기 위해서는 개별적으로 제어 블록의 복제되었을 때 를 스크립트 영역으로 드래그하고 아래쪽에 해당 내용의 블록을 구성합니다.

x, y좌표는 화면 가운데(0,0)를 중심으로 하며 x는 −240~+240, y는 −180~+180 값을 갖습니다.

난수는 1~10 중에서 값을 결정하며 이때 어떤 숫자가 선택될지 모릅니다.

04 동작에 좌표 추가하기

게는 바다 밑을 기어 다니기 때문에 좌표를 추가합니다.

❶ x좌표인 '−240~240' 사이 값을 가지므로 연산 블록의 수치를 다음과 같이 수정합니다.

❷ 동작 블록의 x:에 맞춰 드래그하여 연결합니다.

❸ y좌표는 '−180~50' 사이의 값을 가지므로 연산 블록에서 1 부터 10 사이의 난수 을 다시 한 번 불러옵니다.

❹ 난수를 다음과 같이 수정합니다.

❺ y:에 맞춰 드래그하여 연결합니다.

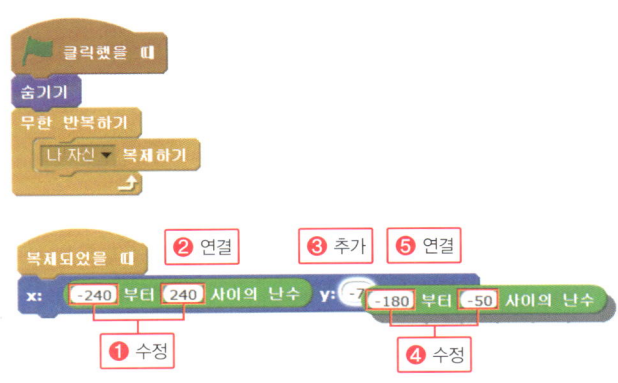

141

05 스프라이트에 효과 주기

복제된 스프라이트에 색상 효과를 적용
합니다.

❶ 형태 블록에서 `색깔▼ 효과를 10 (으)로 정하기`
을 붙여 넣습니다.

❷ **04**번과 같은 방법으로 값을 '1'부터 '100'
사이의 난수 값을 갖도록 설정합니다.

❸ 형태 블록에서 `보이기` 를 추가하여 무대에
스프라이트를 나타냅니다.

06 스프라이트 숨기기

복제된 스프라이트는 시간이 지나면 사
라지게 합니다.

❶ 제어 블록에서 `10 번 반복하기` 를 기존 블
록 아래에 붙여 넣습니다.

❷ 형태 블록에서 `색깔▼ 효과를 25 만큼 바꾸기`
를 추가합니다.

❸ 효과를 '반투명'으로 변경하고 값을 '10'으
로 수정합니다.

❹ 투명하게 복제된 스프라이트는 제어 블록의
`이 복제본 삭제하기` 를 추가하여 없앱니다.

▶ **알아두기** **반투명 효과의 투명도**

반투명 효과의 값이 100이면 화면에서 보이지 않으며 스프라이트가 투명해집니다. 10씩 10번 반복하면 반투명 효과 값이
100이므로 화면에서 보이지 않습니다.

07 결과 확인하기

'🏳' 아이콘을 클릭하여 프로젝트 결과를 확인합니다.
색깔 효과와 반투명 효과가 적용되어 복제된 스프라
이트가 나타났다가 사라집니다.

혼자 해보기

Q 스프라이트 위치 값과 효과를 바꾸
면서 연습해 보세요.

A 형태 블록의 `색깔 ▼ 효과를 10 (으)로 정하기`
를 관찰 블록의 `마우스의 x좌표`로 바
꾸고 결과를 확인해 보세요. 무대에
서 마우스 포인터를 x축 방향으로 이
동하면 일정한 색으로 복제됩니다.

마우스 포인터를 가로 방향으로 이
동하면 스프라이트 색이 달라집니
다. 이것은 마우스 포인터의 x좌표
를 순간적으로 읽어 위치 값대로 색
상 값을 나타내기 때문입니다. 일정
하면서도 임의의 효과가 나타나면
프로그래밍이 더욱 재미있어집니다.

143

키보드를이용하여 스프라이트를 제어하려면?

게임이나 애니메이션에서 스프라이트를 움직일 때 키보드를 이용하는 경우가 많습니다. 스크래치에서 적용할 수 있는 효과는 모두 7가지로, a부터 g까지의 알파벳 키를 이용할 수 있습니다. 키보드를 이용하여 스프라이트에 효과를 적용하거나 배경을 바꿔보겠습니다. 이때 배경은 좌우 방향키를 이용하여 변경하고 스프라이트의 방향까지 바꿔봅니다.

STEP#1

 실행 미리 보기

키보드의 특정한 키가 눌려졌을 때 눌려진 키 값에 따라 여러 가지 효과와 위치를 적용하는 방법을 살펴봅니다. 사용자의 행동에 대한 약속을 만들어서 다양한 상황을 만들어 보도록 합니다.

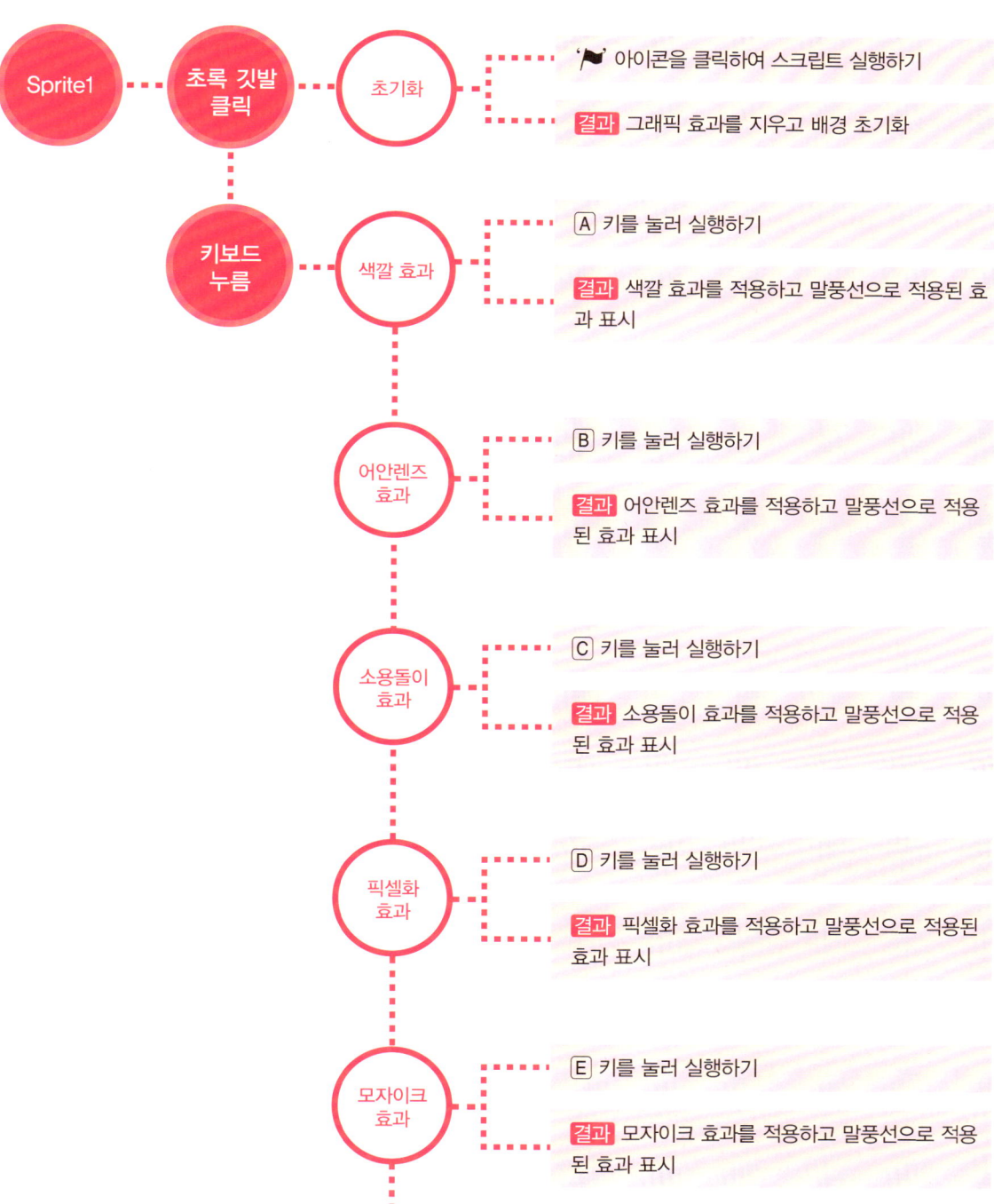

Sprite1 → 초록 깃발 클릭 → 초기화
- '🏴' 아이콘을 클릭하여 스크립트 실행하기
- **결과** 그래픽 효과를 지우고 배경 초기화

키보드 누름 → 색깔 효과
- A 키를 눌러 실행하기
- **결과** 색깔 효과를 적용하고 말풍선으로 적용된 효과 표시

어안렌즈 효과
- B 키를 눌러 실행하기
- **결과** 어안렌즈 효과를 적용하고 말풍선으로 적용된 효과 표시

소용돌이 효과
- C 키를 눌러 실행하기
- **결과** 소용돌이 효과를 적용하고 말풍선으로 적용된 효과 표시

픽셀화 효과
- D 키를 눌러 실행하기
- **결과** 픽셀화 효과를 적용하고 말풍선으로 적용된 효과 표시

모자이크 효과
- E 키를 눌러 실행하기
- **결과** 모자이크 효과를 적용하고 말풍선으로 적용된 효과 표시

밝기 효과

F 키를 눌러 실행하기

결과 밝기 효과를 적용하고 말풍선으로 적용된 효과 표시

반투명 효과

G 키를 눌러 실행하기

결과 반투명 효과를 적용하고 말풍선으로 적용된 효과 표시

왼쪽 이동

← 키를 눌러 실행하기

결과 이전 배경으로 바꾸고 스프라이트 왼쪽 정렬

오른쪽 이동

→ 키를 눌러 실행하기

결과 다음 배경으로 바꾸고 스프라이트 오른쪽 정렬

💡 블록 미리 보기

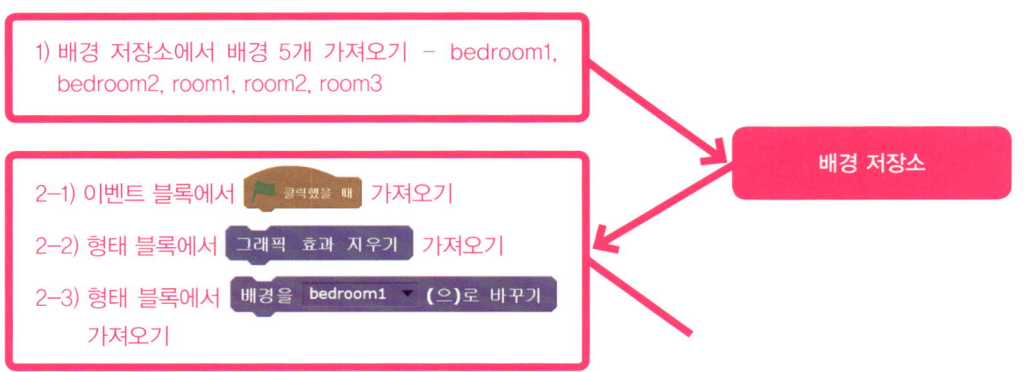

1) 배경 저장소에서 배경 5개 가져오기 – bedroom1, bedroom2, room1, room2, room3

배경 저장소

2-1) 이벤트 블록에서 🚩 클릭했을 때 가져오기

2-2) 형태 블록에서 그래픽 효과 지우기 가져오기

2-3) 형태 블록에서 배경을 bedroom1 ▼ (으)로 바꾸기 가져오기

초기화

3-1) 이벤트 블록에서 [스페이스 키를 눌렀을 때]를 가져오고 'a'로 지정하기
3-2) 형태 블록에서 [색깔 효과를 25 만큼 바꾸기]를 가져오고 효과를 '10'만큼 바꾸기
3-3) 형태 블록에서 [Hello! 을(를) 2 초동안 말하기]를 가져오고 '0.5'초로 설정하기

· Ⓐ 키 누름
· 색깔 효과 적용

4-1) 이벤트 블록에서 [스페이스 키를 눌렀을 때]를 가져오고 'b'로 지정하기
4-2) 형태 블록에서 [색깔 효과를 25 만큼 바꾸기]를 가져오고 '어안 렌즈'로 지정한 다음 효과를 '10'만큼 바꾸기
4-3) 형태 블록에서 [Hello! 을(를) 2 초동안 말하기]를 가져오고 '어안렌즈'를 입력한 다음 '0.5'초로 설정하기

· Ⓑ 키 누름
· 어안렌즈 효과 적용

5-1) 이벤트 블록에서 [스페이스 키를 눌렀을 때]를 가져오고 'c'로 지정하기
5-2) 형태 블록에서 [색깔 효과를 25 만큼 바꾸기]를 가져오고 '소용돌이'로 지정한 다음 효과를 '10'만큼 바꾸기
5-3) 형태 블록에서 [Hello! 을(를) 2 초동안 말하기]를 가져오고 '소용돌이'를 입력한 다음 '0.5'초로 설정하기

· Ⓒ 키 누름
· 소용돌이 효과 적용

6-1) 이벤트 블록에서 [스페이스 키를 눌렀을 때]를 가져오고 'd'로 지정하기
6-2) 형태 블록에서 [색깔 효과를 25 만큼 바꾸기]를 가져오고 '픽셀화'를 지정한 다음 효과를 '10'만큼 바꾸기
6-3) 형태 블록에서 [Hello! 을(를) 2 초동안 말하기]를 가져오고 '픽셀화'를 입력한 다음 '0.5'초로 설정하기

· Ⓓ 키 누름
· 픽셀화 효과 적용

7-1) 이벤트 블록에서 [스페이스 키를 눌렀을 때]를 가져오고 'e'로 지정하기
7-2) 형태 블록에서 [색깔 효과를 25 만큼 바꾸기]를 가져오고 '모자이크'로 지정한 다음 효과를 '10'만큼 바꾸기
7-3) 형태 블록에서 [Hello! 을(를) 2 초동안 말하기]를 가져오고 '모자이크'를 입력한 다음 '0.5'초로 설정하기

8–1) 이벤트 블록에서 [스페이스▼ 키를 눌렀을 때]를 가져오고 'f'로 지정하기

8–2) 형태 블록에서 [색깔▼ 효과를 25 만큼 바꾸기]를 가져오고 '밝기'로 지정한 다음 효과를 '10'만큼 바꾸기

8–3) 형태 블록에서 [Hello! 을(를) 2 초동안 말하기]를 가져오고 '밝기'를 입력한 다음 '0.5'초로 설정하기

- E 키 누름
- 모자이크 효과 적용

9–1) 이벤트 블록에서 [스페이스▼ 키를 눌렀을 때]를 가져오고 'g'로 지정하기

9–2) 형태 블록에서 [Hello! 을(를) 2 초동안 말하기]를 가져오고 '반투명' 효과로 지정한 다음 효과를 '10'만큼 바꾸기

9–3) 형태 블록에서 [색깔▼ 효과를 25 만큼 바꾸기]를 가져오고 '반투명'을 입력한 다음 '0.5'초로 설정하기

- F 키 누름
- 밝기 효과 적용

10–1) 이벤트 블록에서 [스페이스▼ 키를 눌렀을 때]를 가져오고 '왼쪽 화살표'로 지정하기

10–2) 형태 블록에서 [배경을 backdrop1▼ (으)로 바꾸기]를 가져오고 '이전 저장소'로 바꾸기

10–3) 동작 블록에서 [90▼ 도 방향 보기]를 가져오고 '–90'도로 설정하기

- G 키 누름
- 반투명 효과 적용

11–1) 이벤트 블록에서 [스페이스▼ 키를 눌렀을 때]를 가져오고 '오른쪽 화살표'로 지정하기

11–2) 형태 블록에서 [배경을 backdrop1▼ (으)로 바꾸기]를 가져오고 '다음 배경으로 바꾸기'로 바꾸기

11–3) 동작 블록에서 [90▼ 도 방향 보기]를 가져오기

- ← 키 누름
- 왼쪽(x축) 10픽셀 이동

12) 결과 키보드 방향키를 눌러 스프라이트 동작

- → 키 누름
- 오른쪽(x축) 10픽셀 이동

키보드 방향키 누름

클릭했을 때
그래픽 효과 지우기
배경을 bedroom1 ▼ (으)로 바꾸기

a ▼ 키를 눌렀을 때
색깔 ▼ 효과를 10 만큼 바꾸기
색깔 을(를) 0.5 초동안 말하기

b ▼ 키를 눌렀을 때
어안 렌즈 ▼ 효과를 10 만큼 바꾸기
어안렌즈 을(를) 0.5 초동안 말하기

c ▼ 키를 눌렀을 때
소용돌이 ▼ 효과를 10 만큼 바꾸기
소용돌이 을(를) 0.5 초동안 말하기

d ▼ 키를 눌렀을 때
픽셀화 ▼ 효과를 10 만큼 바꾸기
픽셀화 을(를) 0.5 초동안 말하기

e ▼ 키를 눌렀을 때
모자이크 ▼ 효과를 10 만큼 바꾸기
모자이크 을(를) 0.5 초동안 말하기

f ▼ 키를 눌렀을 때
밝기 ▼ 효과를 10 만큼 바꾸기
밝기 을(를) 0.5 초동안 말하기

g ▼ 키를 눌렀을 때
반투명 ▼ 효과를 10 만큼 바꾸기
반투명 을(를) 0.5 초동안 말하기

왼쪽 화살표 ▼ 키를 눌렀을 때
배경을 이전 저장소 ▼ (으)로 바꾸기
-90 ▼ 도 방향 보기

오른쪽 화살표 ▼ 키를 눌렀을 때
배경을 다음 배경으로 바꾸기 ▼ (으)로 바꾸기
90 ▼ 도 방향 보기

▶ **알아두기**

구성하는 블록 수가 많아지고 블록 구성에 어느 정도 익숙해졌기 때문에 블록 가져오기와 입력 값 선택을 하나로 설명합니다.

STEP#2

01 여러 개의 배경 가져오기

배경을 불러오기 위해 먼저 무대 아래의 '저장소에서 배경 선택' 아이콘(🖼)을 클릭합니다.

❶ 배경 저장소에서 '실내'를 선택합니다.

❷ Shift 키를 누른 상태에서 'bedroom1', 'bedroom2', 'room1', 'room2', 'room3' 배경을 선택합니다.

❸ 〈확인〉 버튼을 클릭합니다.

02 스프라이트 배치하기

배경에 맞춰 스프라이트를 자연스럽게
배치합니다.

❶ 빈 무대를 삭제합니다.
❷ 고양이 스프라이트를 배경 아래쪽으로 드래
그하여 이동합니다.

03 초기화 스크립트 만들기

'▶' 아이콘을 클릭하면 적용한 효과를 초기화하기 위해 '무
대'가 선택된 상태에서 [스크립트] 탭을 선택합니다.

❶ 이벤트 블록에서 클릭했을 때 를 스크립트 영역으로 드래그합니다.
❷ 형태 블록에서 그래픽 효과 지우기 와 배경을 bedroom1 (으)로 바꾸기
 를 붙여 넣습니다.
❸ 배경을 'bedroom1'로 지정합니다.

> ▶ **알아두기** 그래픽 효과를 모두 지우려면?
> 그래픽 효과 지우기 블록은 적용한 효과를 초기화합니다. 여기서는 첫 번째 배경으로 초기화합니다.

04 키보드 이벤트로 효과 적용하기

❶ 이벤트 블록에서 스페이스 키를 눌렀을 때 를 스크립트 영역의
 여백으로 드래그합니다.
❷ 형태 블록에서 색깔 효과를 25 만큼 바꾸기 와 Hello! 을(를) 2 초동안 말하기
 를 붙여 넣습니다.
❸ 스페이스 키를 'a'로 바꾸고, 색깔 효과를 '10'으로 수정합니다.
 'Hello!'를 효과 이름인 '색깔'로 입력하고 '0.5'초로 수정합니다.

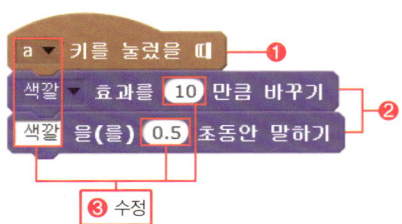

05 이벤트 복제하기

적용할 수 있는 7가지 이벤트 효과를 간편하게 추가합니다.

❶ a ▼ 키를 눌렀을 때 블록에서 마우스 오른쪽 버튼을 클릭하고 ❷ **복사**를 선택합니다. ❸ 여백을 선택하여 복제하고 같은 방법으로 여러 번 복제합니다.

❹ 키보드에서 누르는 키와 효과 이름, 말풍선 내용을 각각 수정합니다.

06 방향키를 이용하여 배경 바꾸기

이번에는 방향키를 눌러 무대 배경을 바꿉니다.

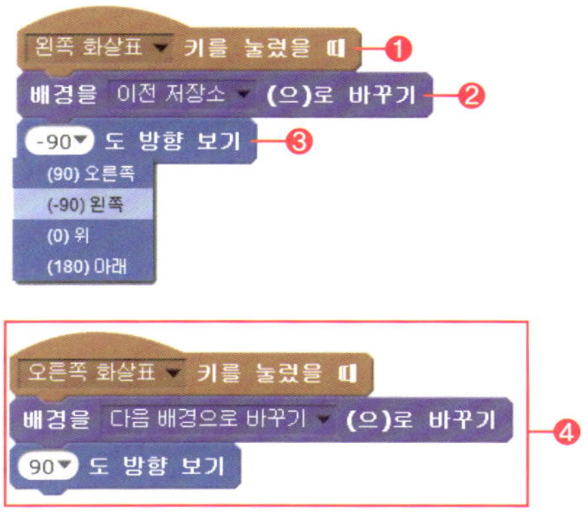

❶ 이벤트 블록에서 스페이스 ▼ 키를 눌렀을 때 를 가져온 다음 '왼쪽 화살표'로 바꿉니다.

❷ 형태 블록에서 배경을 room3 ▼ (으)로 바꾸기 를 붙여 넣고 '이전 저장소'로 바꿉니다.

❸ 동작 블록에서 90 ▼ 도 방향 보기 를 붙여 넣고 왼쪽으로 회전시키기 위해 '-90'도로 바꿉니다.

❹ 같은 방법으로 오른쪽의 '오른쪽 화살표' 키를 누를 때 블록 모음을 추가한 다음 방향키와 배경, 각도를 생각하며 그림과 같이 설정합니다.

07 키보드를 눌러 효과 확인하기

'▶' 아이콘을 클릭합니다.

Ⓐ~Ⓖ 키를 누르면 7가지 효과가 스프라이트에 적용됩니다. ⬅, ➡ 키를 누르면 스프라이트의 위아래가 뒤바뀝니다.

08 문제 해결하기

스프라이트 영역에서 파란색 원으로 표시된 스프라이트 'i(정보)' 아이콘(ⓘ)을 클릭하면 다음과 같이 스프라이트 정보가 나타납니다.

회전 방식이 360° 회전형으로 설정되어 스프라이트가 뒤집어지므로 '반전' 아이콘(↔)을 클릭합니다.

09 결과 확인하기

다시 '🏳' 아이콘을 클릭하고 키보드를 눌러 스프라이트와 배경의 변화를 확인합니다.

🔘 혼자 해보기

Q 7가지 효과를 테스트하면 이전 효과에 새로운 효과가 추가되어 어색합니다. '스페이스' 키를 눌러 초기화하는 단계를 추가해 보세요.

A 이벤트 블록의 스페이스▼ 키를 눌렀을 때 , 형태 블록의 그래픽 효과 지우기 와 배경을 room3▼ (으)로 바꾸기 를 추가하고 '🏳' 아이콘을 클릭하면 효과를 초기화할 수 있습니다.

```
스페이스▼ 키를 눌렀을 때
그래픽 효과 지우기
배경을 bedroom1▼ (으)로 바꾸기
```

스프라이트의
방향을 제어하려면?

스프라이트에 움직임을 주면 화면 가장자리, 특히 왼쪽이나 오른쪽 끝
에서 위치나 방향을 바꿔야 어색하지 않습니다. 여기서는 스프라이트의
방향을 제어하는 방법에 대해 크게 두 가지로 나눠 알아보겠습니다. 스
프라이트가 '벽에 닿았는지'를 판단하고 방향을 바꿔 '튕기'는 것으로
재미있게 따라해 보세요.

STEP #1

 실행 미리 보기

- **연습 1단계**(벽에 닿으면 튕기기) : 키보드의 방향키를 이용하여 스프
  라이트를 움직이고 동작 블록의 [벽에 닿으면 튕기기]를 이용하여 벽
  에 닿으면 스프라이트의 방향을 반대로 바꾸도록 합니다. 이 방법은
  해당 스프라이트의 방향만 반대로 바꿀 수 있습니다.

- **연습 2단계**(벽에 닿으면 튕기고 배경 바꾸기) : 관찰블록의 [벽에 닿
  았는가?]를 이용하여 벽에 닿았는지를 판단하고 배경과 스프라이트
  의 위치를 다시 설정해 보도록 합니다. 이 방법을 이용하면 해당 스프
  라이트 뿐만 아니라 다른 여러 가지 상황을 제어할 수 있습니다.

연습 1단계 – 벽에 닿으면 스프라이트 튕기기

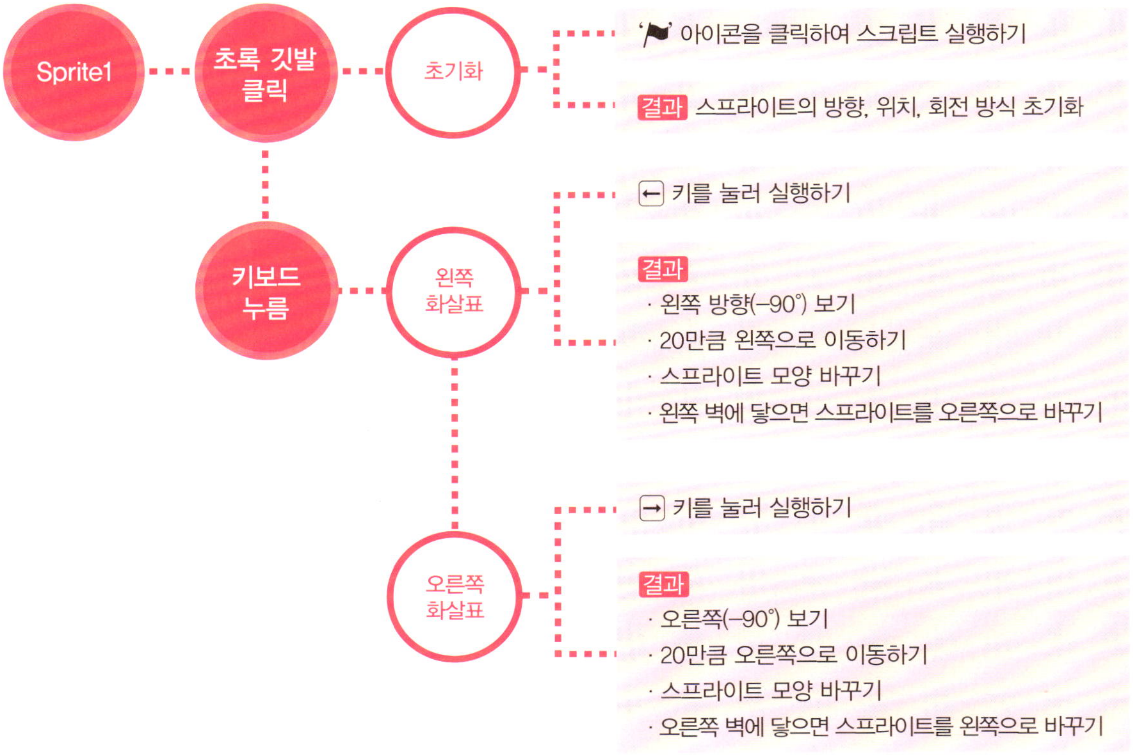

Sprite1 → **초록 깃발 클릭** → **초기화**
- 🏴 아이콘을 클릭하여 스크립트 실행하기
- **결과** 스프라이트의 방향, 위치, 회전 방식 초기화

키보드 누름 → **왼쪽 화살표**
- ← 키를 눌러 실행하기
- **결과**
  · 왼쪽 방향(–90°) 보기
  · 20만큼 왼쪽으로 이동하기
  · 스프라이트 모양 바꾸기
  · 왼쪽 벽에 닿으면 스프라이트를 오른쪽으로 바꾸기

오른쪽 화살표
- → 키를 눌러 실행하기
- **결과**
  · 오른쪽(–90°) 보기
  · 20만큼 오른쪽으로 이동하기
  · 스프라이트 모양 바꾸기
  · 오른쪽 벽에 닿으면 스프라이트를 왼쪽으로 바꾸기

연습 2단계 – 벽에 닿으면 스프라이트 튕기고 배경 바꾸기

Sprite1 ···· 초록 깃발 클릭 ···· 초기화

‘🏴 아이콘을 클릭하여 스크립트 실행하기

결과 스프라이트의 방향, 위치, 회전 방식 초기화

키보드 누름 ···· 왼쪽 화살표

← 키를 눌러 실행하기

결과
· 왼쪽 방향(–90°) 보기
· 20만큼 왼쪽으로 이동하기
· 스프라이트 모양 바꾸기
· 왼쪽 벽에 닿으면 다음 배경으로 바꾸고 스프라이트 위치를 오른쪽으로 이동하기

오른쪽 화살표

→ 키를 눌러 실행하기

결과
· 오른쪽(–90°) 보기
· 20만큼 오른쪽으로 이동하기
· 스프라이트 모양 바꾸기
· 오른쪽 벽에 닿으면 다음 배경으로 바꾸고 스프라이트 위치를 왼쪽으로 이동하기

 블록 미리 보기

연습 1단계 – 벽에 닿으면 스프라이트 튕기기

하나의 무대 배경에서 스프라이트를 이동합니다. 이때 무대 왼쪽과 오른쪽 끝에 닿으면 벽에 닿으면 튕기기 블록을 이용하여 스프라이트 방향을 자동으로 바꿀 수 있습니다.

1) 배경 저장소에서 배경(room3) 가져오기

2-1) 이벤트 블록에서 [🚩 클릭했을 때] 가져오기

2-2) 동작 블록에서 [90 ▼ 도 방향 보기] 가져오기

2-3) 동작 블록에서 [x: ⓪ y: ⓪ 로 이동하기] 가져오고 'y: -100'으로 설정하기

2-4) 동작 블록에서 [회전방식을 왼쪽-오른쪽 ▼ 로 정하기] 가져오기

3-1) 이벤트 블록에서 [스페이스 ▼ 키를 눌렀을 때] 가져오고 '왼쪽 화살표'로 지정하기

3-2) 동작 블록에서 [90 ▼ 도 방향 보기] 가져오고 '-90'으로 설정하기

3-3) 동작 블록에서 [10 만큼 움직이기] 가져오고 '20'으로 설정하기

3-4) 형태 블록에서 [다음 모양으로 바꾸기] 가져오기

3-5) 동작 블록에서 [벽에 닿으면 튕기기] 가져오기

4-1) 이벤트 블록에서 [스페이스 ▼ 키를 눌렀을 때] 가져오고 '오른쪽 화살표'로 지정하기

4-2) 동작 블록에서 [90 ▼ 도 방향 보기] 가져오기

4-3) 동작 블록에서 [10 만큼 움직이기] 가져오고 '20'으로 설정하기

4-4) 형태 블록에서 [다음 모양으로 바꾸기] 가져오기

4-5) 동작 블록에서 [벽에 닿으면 튕기기] 가져오기

5) **결과** [←], [→] 키를 눌러 스프라이트를 움직이고 무대 양 끝에 달았을 때 반대 방향으로 바꾸기

배경 저장소

초기화

· [←] 키 누름
· 왼쪽 20픽셀 이동
· 모양 바꾸기(이동 애니메이션 효과 주기)
· 벽에 닿으면 방향 전환하기

· [→] 키 누름
· 오른쪽 20픽셀 이동
· 모양 바꾸기(이동 애니메이션 효과 주기)
· 벽에 닿으면 방향 전환하기

[←], [→] 키 누름

```
🚩 클릭했을 때
90 ▼ 도 방향 보기
x: 0 y: -100 로 이동하기
회전방식을 왼쪽-오른쪽 ▼ 로 정하기
```

```
왼쪽 화살표 ▼ 키를 눌렀을 때
-90 ▼ 도 방향 보기
20 만큼 움직이기
다음 모양으로 바꾸기
벽에 닿으면 튕기기
```

```
오른쪽 화살표 ▼ 키를 눌렀을 때
90 ▼ 도 방향 보기
20 만큼 움직이기
다음 모양으로 바꾸기
벽에 닿으면 튕기기
```

연습 2단계 - 벽에 닿으면 스프라이트 튕기고 배경 바꾸기

여러 개의 무대 배경이 바뀌는 애니메이션을 만듭니다. 무대 양 끝에 닿
으면 다음 배경으로 바꾸고 이동 방향으로 향하는 효과를 나타냅니다.

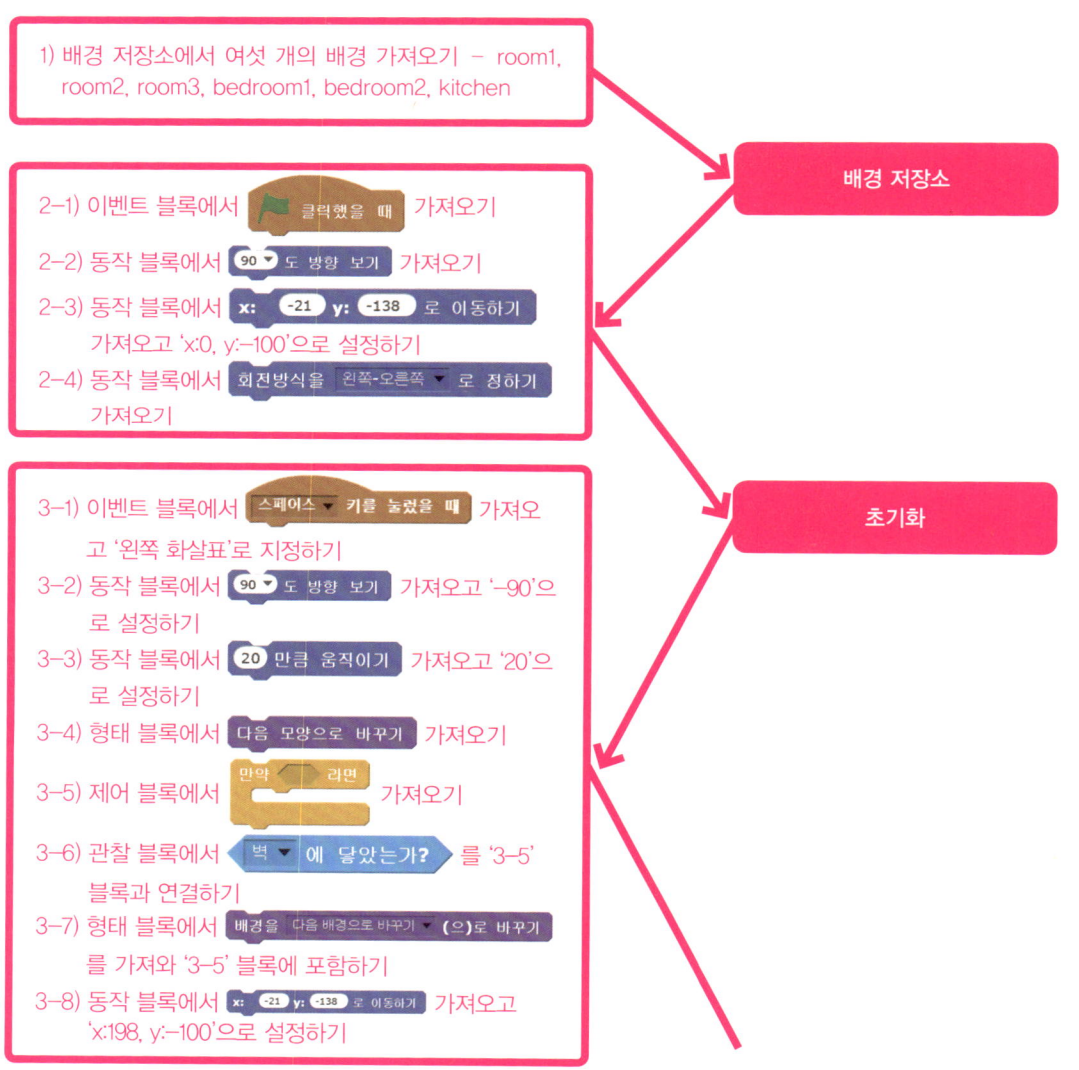

▶ **알아두기**

    스프라이트를 이동하면서 무대 배경을 바꾸고 바뀐 무대에서 스프라이트 위치를 지정하여 자연스럽게 공간을 이동합니다.

・← 키 누름
・왼쪽 20픽셀 이동
・모양 바꾸기(이동 애니메이션 효과 주기)
・벽에 닿으면 배경을 바꾸고 바뀐 배경의 진입 시점으로 전환

4-1) 이벤트 블록에서 스페이스 키를 눌렀을 때 가져오고 '오른쪽 화살표'로 지정하기

4-2) 동작 블록에서 90 도 방향 보기 가져오기

4-3) 동작 블록에서 20 만큼 움직이기 가져오기

4-4) 형태 블록에서 다음 모양으로 바꾸기 가져오기

4-5) 제어 블록에서 만약 라면 가져오기

4-6) 관찰 블록에서 벽 에 닿았는가? 를 '4-5' 블록과 연결하기

4-7) 형태 블록에서 배경을 다음 배경으로 바꾸기 (으)로 바꾸기 를 가져와 '4-5' 블록에 포함하기

4-8) 동작 블록에서 x: -21 y: -138 로 이동하기 가져오고 'x:-180, y:-100'으로 설정하기

・→ 키 누름
・오른쪽 20픽셀 이동
・모양 바꾸기(이동 애니메이션 효과 주기)
・벽에 닿으면 배경을 바꾸고 바뀐 배경의 진입 시점으로 전환

5) 결과 ←, → 키를 눌러 스프라이트를 움직이고 무대 양 끝에 닿으면 배경을 바꾼 다음 새로운 배경으로 스프라이트 위치 변경하기

←, → 키 누름

클릭했을 때
90 도 방향 보기
x: 0 y: -100 로 이동하기
회전방식을 왼쪽-오른쪽 로 정하기

왼쪽 화살표 키를 눌렀을 때
-90 도 방향 보기
20 만큼 움직이기
다음 모양으로 바꾸기
만약 벽 에 닿았는가? 라면
  배경을 다음 배경으로 바꾸기 (으)로 바꾸기
  x: 198 y: -100 로 이동하기

오른쪽 화살표 키를 눌렀을 때
90 도 방향 보기
20 만큼 움직이기
다음 모양으로 바꾸기
만약 벽 에 닿았는가? 라면
  배경을 다음 배경으로 바꾸기 (으)로 바꾸기
  x: -180 y: -100 로 이동하기

01 배경 준비하기

배경 저장소에서 여러 개의 배경을 가져오기 위해 먼저 '저장소에서 배경 선택' 아이콘(■)을 클릭합니다.

❶ 배경 저장소에서 '실내'를 선택합니다.
❷ Ctrl 키를 누른 채 'room1', 'room2', 'room3', 'bedroom1', 'bedroom2', 'kitchen'을 선택합니다.
❸ 〈확인〉 버튼을 클릭합니다.

02 스프라이트 배치하기

실내 배경이 불러들여지면 기본 스프라이트인 고양이를 다음과 같이 이동하여 배치합니다.

03 스프라이트 동작하기

[스크립트] 탭을 선택한 다음 '▶' 아이콘을 클릭했을 때 초기화
하여 스프라이트가 오른쪽을 보도록 스크립트를 구성합니다.

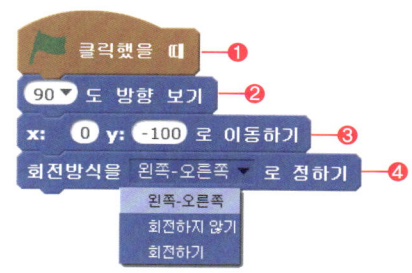

❶ 이벤트 블록에서 `▶ 클릭했을 때` 를 스크립트 영역으로 드래그합니다.

❷ 동작 블록 중에서 `90▾ 도 방향 보기` 를 추가합니다.

❸ 스프라이트 시작 위치를 설정하기 위해 `x: -21 y: -138 로 이동하기`
를 붙여 넣고 아래쪽 가운데인 'x: 0, y: −100'으로 설정합니다.

❹ 회전 방식을 설정하기 위해 `회전방식을 왼쪽-오른쪽▾ 로 정하기` 블록을
붙여 넣습니다.

04 방향키에 따른 동작 만들기

⬅, ➡ 키를 누르면 스프라이트의 방향(−90도, 90도)과 움직임(20),
모양을 바꿔 실제로 움직이는 것처럼 스크립트를 구성합니다.

동작 블록의 `벽에 닿으면 튕기기` 를 붙여 넣고 고양이 스프라이트가 왼쪽 또
는 오른쪽 벽에 닿았는지 판단하여 반대 방향으로 바꾸(튕기)도록 합니다.

```
왼쪽 화살표 ▾ 키를 눌렀을 때
-90▾ 도 방향 보기
20 만큼 움직이기
다음 모양으로 바꾸기
벽에 닿으면 튕기기
```

```
오른쪽 화살표 ▾ 키를 눌렀을 때
90▾ 도 방향 보기
20 만큼 움직이기
다음 모양으로 바꾸기
벽에 닿으면 튕기기
```

▸ **알아두기** **스프라이트를 회전하려면?**

스프라이트의 회전 방식을 설정하기 위해 이전 프로젝트에서는 스프라이트 정보 화면에서 바꿨었는데, 여기서는 동작 블
록을 이용하여 변경했습니다. 회전 방식은 '왼쪽−오른쪽', '회전하지 않기', '회전하기'의 세 가지 방법 중에서 선택할 수
있습니다.

05 스프라이트의 방향 확인하기

❶ '🏴' 아이콘을 클릭합니다.

❷ ⬅️, ➡️ 키를 눌러 고양이를 움직입니다.

왼쪽과 오른쪽 끝에 닿았을 때 방향을
바꾸는지 확인합니다.

06 스프라이트가 벽에 닿으면 튕기기

제어 블록을 이용하여 튕기는 동작을 제어해 봅니다.

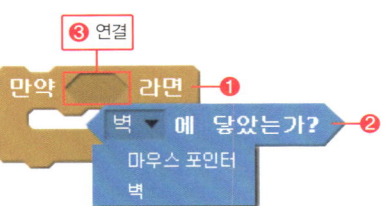

❶ 제어 블록에서 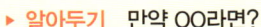을 스크립트 영역으로 드래그합니다.

❷ 조건을 추가하기 위해 관찰 블록에서 `벽 ▼ 에 닿았는가?`를 스
크립트 영역으로 드래그하고 '벽'으로 지정합니다.

❸ 제어 블록에 관찰 블록을 연결하여 스프라이트가 벽에 닿는지 확인합니다.

> ▶ **알아두기** **만약 OO라면?**
>
> 만약의 경우를 제어하는 블록은 세부 설정을 관찰 블록에서 찾아 해당 조건을 추가할 수 있습니다. 앞뒤가 뾰족한 육각형
> 모양의 블록 중 `벽 ▼ 에 닿았는가?` 블록의 '마우스 포인터'와 '벽' 중에서 지정할 수 있습니다.

07 배경도 함께 바꾸기

고양이가 양쪽 벽에 도달할 때 다른 배경으로 바꿉니다.

❶ 형태 블록에서 `배경을  다음 배경으로 바꾸기 ▼ (으)로 바꾸기` 를
   추가한 다음 '다음 배경으로 바꾸기'로 지정합니다.

❷ 스프라이트 위치를 배경의 시작점으로 이동하기 위해 동작 블
   록의 `x: -21  y: -138  로 이동하기` 를 추가하고 'x: 190, y:
   -100'으로 설정합니다.

```
만약  벽 ▼ 에 닿았는가?  라면
   배경을  다음 배경으로 바꾸기 ▼ (으)로 바꾸기 ──❶
   x: 190  y: -100  로 이동하기 ──❷
```

08 반대의 경우 추가하기

❶ 제어 블록에서 마우스 오른쪽 버튼을 클릭하여 **복사**를 선택하
   고 아래쪽 여백을 클릭하여 복제합니다.

❷ 복제된 블록 모음에서 파란색 동작 블록을 'x: -190, y:-100'
   으로 설정합니다.

```
만약  벽 ▼ 에 닿았는가?  라면
   배경을  다음 배경으로 바꾸기 ▼ (으)로 바꾸기
   x: 190  y: -100  로 이동하기
```

```
만약  벽 ▼ 에 닿았는가?  라면         ❶ 복제
   배경을  다음 배경으로 바꾸기 ▼ (으)로 바꾸기
   x: -190  y: -100  로 이동하기
                    ❷ 수정
```

09 결과 확인하기

❶ 06번 과정에서 만든 제어 블록 모음을 양
   쪽 방향키에 관한 블록 모음 아래에 붙여
   넣습니다.

❷ '📍' 아이콘을 클릭합니다.

❸ ⬅, ➡ 키를 눌러 고양이를 움직입니다. 왼
   쪽과 오른쪽 벽에 닿으면 배경이 바뀌고 고
   양이 위치가 바뀌는지 확인합니다.

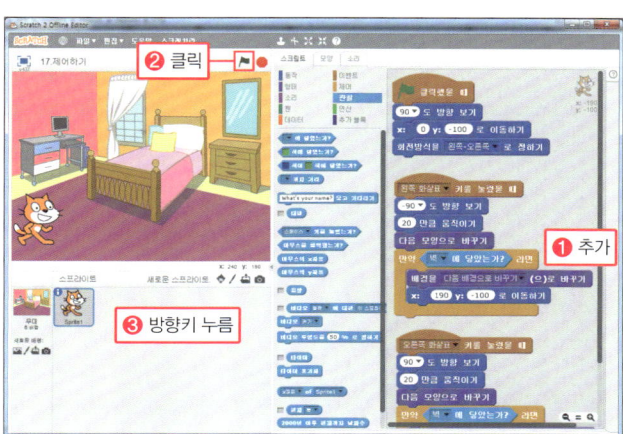

스프라이트가 양쪽 벽에 닿았을 때의 위쪽 블록 모음은 ← 키를 눌렀을 때, 아래쪽 블록 모음은 → 키를 눌렀을 때의 스크립트입니다. 위치는 X축 '-240~240', Y축 '-180~180'에서 테스트하면서 자연스러운 위치를 정합니다.

혼자 해보기

Q 벽에 닿을 때마다 스프라이트에 소리를 추가해 봅니다. 벽에 닿아서 다른 배경이 나타날 때마다 소리가 들리면 동작이 더욱 실감나므로 상황에 어울리는 소리를 적용해 보세요.

A 고양이가 벽에 닿을 때마다 '야옹' 소리를 재생하려면 소리 블록 중 [야옹 ▼ 재생하기] 를 추가합니다.

마우스 포인터를
따라 움직이게 하려면?

스프라이트가 마우스 포인터를 따라다니는 애니메이션을 만들어 봅니다. 여기서는 엄마 물고기를 따라서 새끼 물고기들이 따라 다니는 애니메이션을 연출해 보겠습니다. 이때 모든 스프라이트가 마우스 포인터만을 따라다니는 것이 아닌, 바로 앞에 있는 스프라이트를 따라가야 좀 더 자연스럽게 연출할 수 있습니다.

STEP #1

 실행 미리 보기

마우스 → Fish3 → Fish2 → Fish1의 순서로 자연스럽게 따라다니기 위해 따라가는 목표를 바로 앞의 개체(스프라이트 또는 마우스)로 설정합니다. 또한 따라가는 속도를 조절하기 위해 움직이는 이동 거리를 조금씩 다르게 적용합니다.

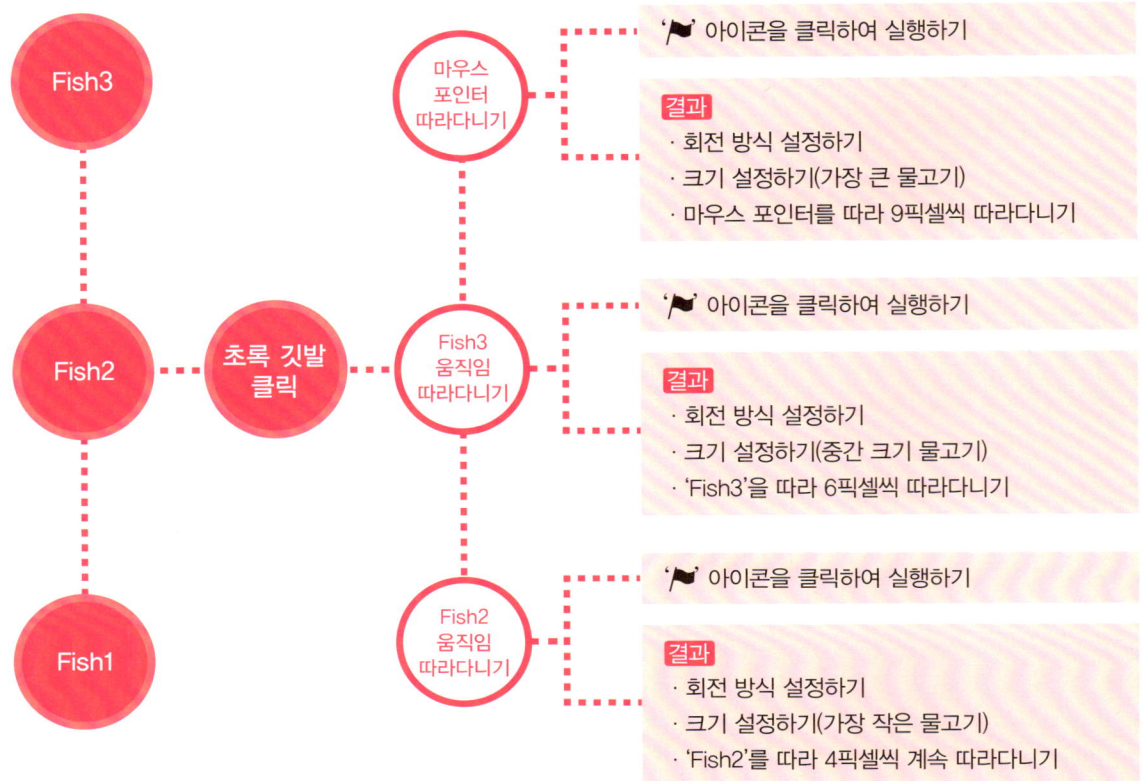

'🏴' 아이콘을 클릭하여 스크립트를 실행한 다음 무대에서 마우스 포인터를 움직이면 마우스 포인터를 따라 물고기가 헤엄치며 이동합니다.

- 'Fish1 → Fish2 → Fish3' 순서대로 스프라이트가 마우스 포인터를 자연스럽게 따라다니도록 합니다. 따라가는 목표를 바로 앞의 개체(스프라이트 또는 마우스 포인터)로 설정합니다. 또한 따라가는 속도를 조절하기 위해 이동 거리를 조금씩 다르게 적용합니다.

준비
1) 배경 저장소에서 배경(underwater2) 가져오기
2) 스프라이트 저장소에서 Fish1, Fish2, Fish3 가져오기

· 배경 저장소
· 스프라이트 저장소

Fish3
1) 이벤트 블록에서 [🚩 클릭했을 때] 가져오기
2) 동작 블록에서 [회전방식을 왼쪽-오른쪽 ▼ 로 정하기] 가져오기
3) 형태 블록에서 [크기를 50 % 로 정하기] 가져오고 '80%'로 설정하기
4) 제어 블록에서 [무한 반복하기] 가져오기
4-1) 동작 블록에서 [마우스 포인터 ▼ 쪽 보기] 가져오기
4-2) 동작 블록에서 [10 만큼 움직이기] 가져오고 '9'로 설정하기

· 회전 방식 설정
· 물고기 크기 조절
· 움직일 방향과 거리를 설정하여 무한 반복

Fish2
1) 이벤트 블록에서 [🚩 클릭했을 때] 가져오기
2) 동작 블록에서 [회전방식을 왼쪽-오른쪽 ▼ 로 정하기] 가져오기
3) 형태 블록에서 [크기를 50 % 로 정하기] 가져오고 '80%'로 설정하기
4) 제어 블록에서 [무한 반복하기] 가져오기
4-1) 동작 블록에서 [마우스 포인터 ▼ 쪽 보기] 가져오고 'Fish3'으로 지정하기
4-2) 동작 블록에서 [10 만큼 움직이기] 가져오고 '6'으로 설정하기

· 회전 방식 설정
· 물고기 크기 조절
· 움직일 방향과 거리를 설정하여 무한 반복

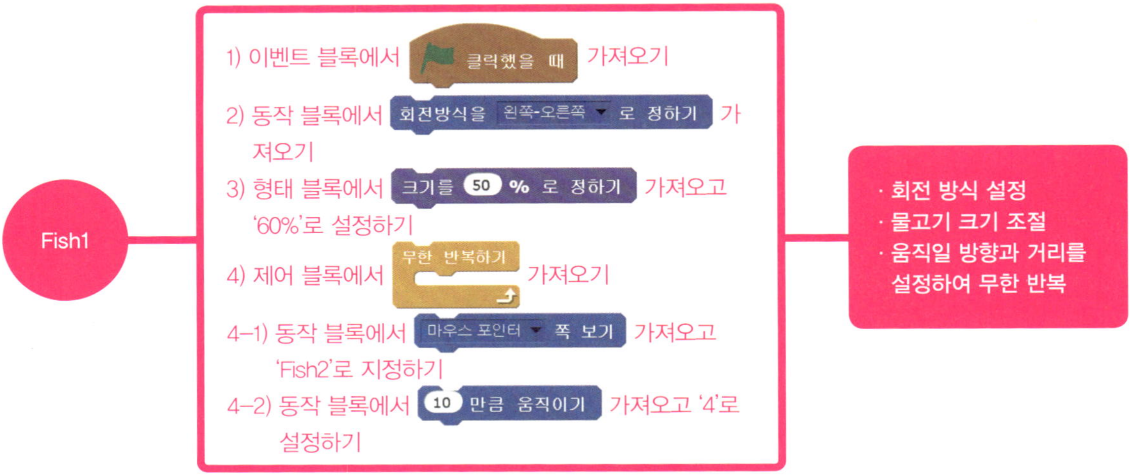

1) 이벤트 블록에서 [🚩 클릭했을 때] 가져오기

2) 동작 블록에서 [회전방식을 왼쪽-오른쪽 ▾ 로 정하기] 가져오기

3) 형태 블록에서 [크기를 50 % 로 정하기] 가져오고 '60%'로 설정하기

4) 제어 블록에서 [무한 반복하기] 가져오기

4-1) 동작 블록에서 [마우스 포인터 ▾ 쪽 보기] 가져오고 'Fish2'로 지정하기

4-2) 동작 블록에서 [10 만큼 움직이기] 가져오고 '4'로 설정하기

Fish1

· 회전 방식 설정
· 물고기 크기 조절
· 움직일 방향과 거리를 설정하여 무한 반복

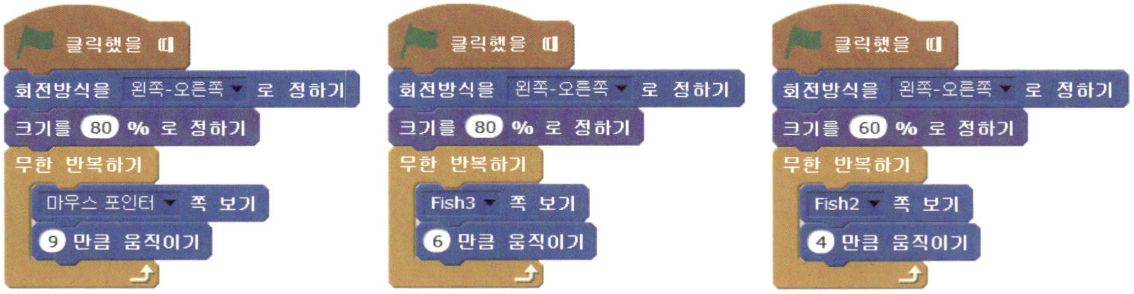

[🚩 클릭했을 때]
[회전방식을 왼쪽-오른쪽 ▾ 로 정하기]
[크기를 80 % 로 정하기]
[무한 반복하기]
　[마우스 포인터 ▾ 쪽 보기]
　[9 만큼 움직이기]

[🚩 클릭했을 때]
[회전방식을 왼쪽-오른쪽 ▾ 로 정하기]
[크기를 80 % 로 정하기]
[무한 반복하기]
　[Fish3 ▾ 쪽 보기]
　[6 만큼 움직이기]

[🚩 클릭했을 때]
[회전방식을 왼쪽-오른쪽 ▾ 로 정하기]
[크기를 60 % 로 정하기]
[무한 반복하기]
　[Fish2 ▾ 쪽 보기]
　[4 만큼 움직이기]

▲ Fish3, Fish2, Fish1 스프라이트

STEP#2

01 배경 준비하기

깊은 바닷속 배경을 불러오기 위해 먼저 '저장소에서 배경 선택' 아이콘(🖼)을 클릭합니다.

❶ 배경 저장소에서 '바다속'을 선택합니다.
❷ 'underwater2'를 선택합니다.
❸ 〈확인〉 버튼을 클릭합니다.

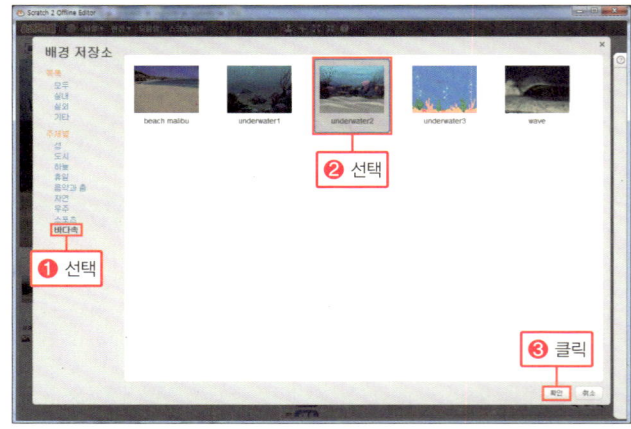

02 스프라이트 준비하기

스프라이트 영역에서 고양이 스프라이트를 삭제합니다. 엄마 물고기를 따라 다니는 두 마리의 작은 아기 물고기를 불러오기 위해 '저장소에서 스프라이트 선택' 아이콘(◆)을 클릭합니다.

❶ 스프라이트 저장소에서 '동물'을 선택합니다.

❷ Shift 키를 누른 채 'Fish1', 'Fish2', 'Fish3'을 선택합니다.

❸ 〈확인〉 버튼을 클릭합니다.

03 스프라이트 동작 만들기

먼저 엄마 물고기(Fish3)의 스크립트를 만들어 봅니다.

❶ 이벤트 블록에서 ⚑ 클릭했을 때 를 스크립트 영역으로 드래그합니다.

❷ 회전 방식을 지정하기 위해 동작 블록의 회전방식을 왼쪽-오른쪽 ▼ 로 정하기 를 붙여 넣습니다.

❸ 마우스 포인터를 따라다닐 때 스프라이트가 뒤집어지지 않도록 형태 블록에서 크기를 50 % 로 정하기 를 붙여 넣습니다.

❹ 화면 크기보다 물고기가 크므로 크기를 '80%'로 축소합니다.

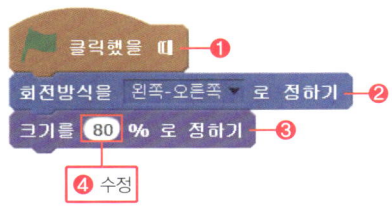

04 마우스 포인터를 따라다니는 스프라이트 만들기

스프라이트가 마우스 포인터를 따라 다니기 위해서는 계속 위치를 추적해야 합니다.

❶ 제어 블록의 `무한 반복하기` 를 추가합니다.

❷ 가장 중요한 동작 블록의 `마우스 포인터 ▼ 쪽 보기` 를 연결하고 Fish3 스프라이트가 보는 대상을 '마우스 포인터'로 지정합니다.

❸ 마우스 포인터 움직임에 따르도록 `10 만큼 움직이기` 블록을 추가합니다.

05 아기 물고기들 따라다니게 하기

Fish1, Fish2 스프라이트도 Fish3처럼 마우스 포인터를 따라다니도록 합니다.

❶ Fish3의 블록 모음을 복사한 다음 Fish1과 Fish2 스크립트에 붙여 넣습니다.

❷ 크기만 약간 다르게 Fish2는 '65%', Fish1는 '50%'로 설정하여 엄마 물고기를 따라다니는 아기 물고기들의 스크립트를 구성합니다.

▶ **알아두기 스프라이트별 스크립트 적용하기**

스크립트는 스프라이트마다 따로 적용해야 합니다. 이 프로젝트에서는 3마리의 물고기 스프라이트를 사용하므로 각각의 블록을 만듭니다. 이때 물고기가 마우스 포인터를 따라다니는 순서는 'Fish1 → Fish2 → Fish3'입니다.

06 결과 실행하기

❶ '▶' 아이콘을 클릭합니다.
❷ 무대에서 마우스 포인터를 움직입니다.

3마리의 물고기들이 마우스 포인터를 따라다니는 것을 확인할 수 있습니다. 물고기들의 움직임과 방향이 같아 세 마리가 겹쳐 한 마리처럼 움직입니다.

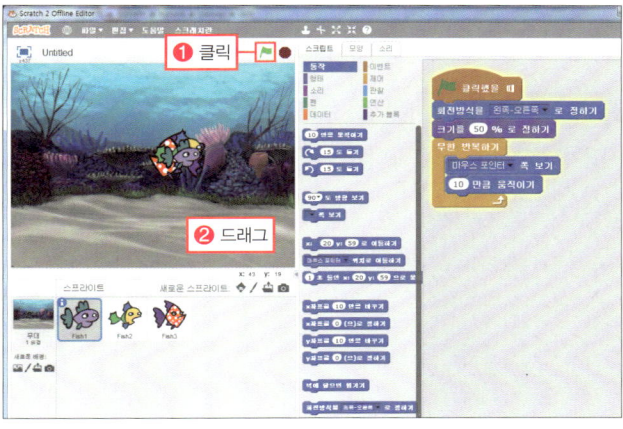

07 자연스러운 움직임 만들기

Fish3의 움직임을 '9', Fish2의 크기를 '60%', 움직임을 '4', Fish1의 움직임을 '6'으로 설정하여 자연스러운 동작을 완성합니다.

클릭했을 때
회전방식을 왼쪽-오른쪽 ▼ 로 정하기
크기를 80 % 로 정하기
무한 반복하기
  마우스 포인터 ▼ 쪽 보기
  9 만큼 움직이기

클릭했을 때
회전방식을 왼쪽-오른쪽 ▼ 로 정하기
크기를 60 % 로 정하기
무한 반복하기
  Fish2 ▼ 쪽 보기
  4 만큼 움직이기

클릭했을 때
회전방식을 왼쪽-오른쪽 ▼ 로 정하기
크기를 80 % 로 정하기
무한 반복하기
  Fish3 ▼ 쪽 보기
  6 만큼 움직이기

▶ **알아두기** **자연스러운 움직임을 만들려면?**
물고기들이 한꺼번에 마우스 포인터를 따라다니지 않고 크기 순서대로 자연스럽게 따라다니도록 움직임에 차이를 주면 더욱 현실감이 살아납니다.

08 결과 확인하기

❶ '▶' 아이콘을 클릭합니다.

❷ 화면 위에서 마우스 포인터를 움직입니다.

물고기 3마리가 마우스 포인터를 따라 자연스럽게 이동합니다.

물고기 크기와 움직임을 조절하면서 더욱 자연스럽게 만들어 보세요.

🔵 혼자 해보기

Q 방향키를 이용하여 Fish3를 움직여 보세요. 마우스 포인터를 따라다니는 것보다 움직임은 부드럽지 않지만, 재미있는 연습이 될 거예요. 과연 어떤 결과가 나타날까요?

A 방향키를 눌러 움직이는 방법은 두 가지입니다.

첫 번째: 이벤트 블록의 스페이스 키를 눌렀을 때 를 이용하여 4가지 방향키를 추가할 수 있습니다. 방향키를 이용하여 이동하기 위해 동작 블록의 90 도 방향 보기 , 10 만큼 움직이기 를 추가합니다.

두 번째: 제어 블록의 무한 반복하기 에서 관찰 블록의 스페이스 키를 눌렀는가? 와 제어 블록의 만약 라면 을 추가하여 방향키로 이동할 수 있습니다.

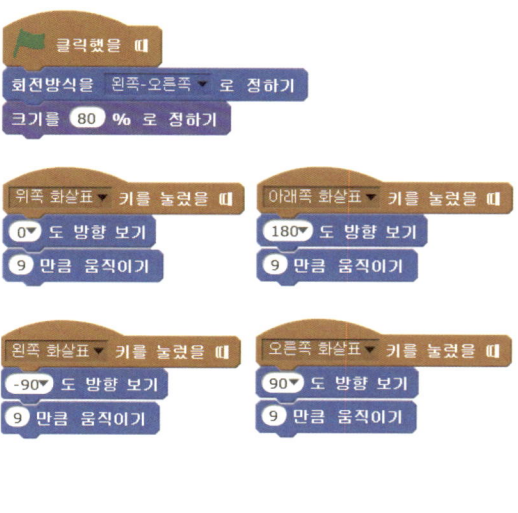

테스트하면 두 번째 방법에서 물고기가 좀 더 유연하게 움직이는 것을 살펴볼 수 있는데 이것은 [무한 반복하기] 블록 때문에 비스듬하게도 움직일 수 있어서입니다.

```
클릭했을 때
무한 반복하기
  만약 위쪽 화살표 ▼ 키를 눌렀는가? 라면
    0 ▼ 도 방향 보기
    9 만큼 움직이기
```

```
클릭했을 때
무한 반복하기
  만약 아래쪽 화살표 ▼ 키를 눌렀는가? 라면
    180 ▼ 도 방향 보기
    9 만큼 움직이기
```

```
클릭했을 때
무한 반복하기
  만약 왼쪽 화살표 ▼ 키를 눌렀는가? 라면
    -90 ▼ 도 방향 보기
    9 만큼 움직이기
```

```
클릭했을 때
무한 반복하기
  만약 오른쪽 화살표 ▼ 키를 눌렀는가? 라면
    90 ▼ 도 방향 보기
    9 만큼 움직이기
```

스프라이트를
복제하고 지우려면?

무대에서 사방의 벽에 닿으면 스스로 복제되고 복제된 스프라이트와 마우스 포인터가 맞닿으면 삭제되는 간단한 프로그래밍을 완성해 봅니다. 제어 블록 중에서 반복하기 블록과 벽에 닿았는지 또는 마우스 포인터와 닿았는지 판단하는 블록을 사용하여 간단하면서도 자주 사용하는 프로그래밍을 활용해 익히세요.

STEP #1

실행 미리 보기

'▶' 아이콘을 클릭하여 스크립트를 실행하면 화살표 모양의 스프라이트가 임의의 방향으로 이동하고 벽에 닿으면 임의의 색으로 변한 다음 복제됩니다. 복제된 스프라이트는 첫 번째 스프라이트를 따라다니며 마우스 포인터와 만나면 pop 소리와 함께 없어집니다.

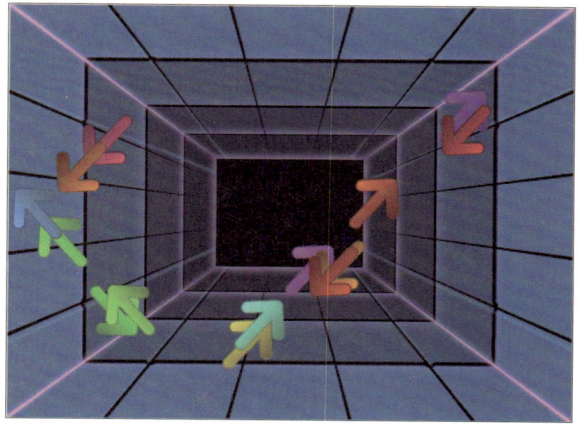

```
Arrow1 ──── 초록 깃발
            클릭
```

초기화
- '🏳' 아이콘을 클릭하여 실행하기
- 스프라이트가 움직일 방향 설정하기(난수)

이동
및 복제
- 움직임을 무한 반복하여 적용하기

결과
- · 초기화에서 설정된 방향으로 스프라이트 움직임
- · 벽에 닿으면 방향 전환
- · 벽에 닿으면 스프라이트를 복제하고 임의의 값
  으로 색깔 효과 적용

복제
되었을 때

이동
및 삭제
- 복제된 스프라이트 설정하기

결과
- · 벽에 닿으면 방향 전환
- · 이전 스프라이트를 따라다니는 효과를 위해 움
  직이는 거리 조절
- · 마우스 포인터와 만나면 pop 소리를 재생하고,
  복제된 스프라이트 삭제

 블록 미리 보기

준비
1) 배경 저장소에서 'neon tunnel' 가져오기
2) 스프라이트 저장소에서 'Arrow1' 가져오기
3) 소리 저장소에서 'pop' 가져오기

- · 배경 저장소
- · 스프라이트 저장소
- · 소리 저장소

무한 반복

1) 이벤트 블록에서 [🚩 클릭했을 때] 가져오기

2) 동작 블록에서 [90 ▼ 도 방향 보기] 가져오기

2-1) 연산 블록에서 [1 부터 10 사이의 난수] 가져오고 '30'부터 '60'으로 설정하기

3) 제어 블록에서 [무한 반복하기] 가져오기

3-1) 동작 블록에서 [10 만큼 움직이기] 가져오기

3-2) 동작 블록에서 [벽에 닿으면 튕기기] 가져오기

3-3) 제어 블록에서 [만약 ～ 라면] 가져오기

3-3-1) 관찰 블록에서 [벽 ▼ 에 닿았는가?] 가져오기

3-3-2) 제어 블록에서 [나 자신 ▼ 복제하기] 가져오기

3-3-3) 형태 블록에서 [색깔 ▼ 효과를 25 만큼 바꾸기] 가져오기

3-3-4) 연산 블록에서 [1 부터 10 사이의 난수] 가져오고 '0'부터 '200' 사이로 설정하기

· 이동 방향 설정(무한 반복)
· 이동거리
· 벽에 닿으면 튕기기
· 벽에 닿으면 복제하고 색깔 효과 적용

복제

1) 제어 블록에서 [복제되었을 때] 가져오기

2) 제어 블록에서 [무한 반복하기] 가져오기

2-1) 동작 블록에서 [벽에 닿으면 튕기기] 가져오기

2-2) 동작 블록에서 [10 만큼 움직이기] 가져오고 '8'로 설정하기

2-3) 제어 블록에서 [만약 ～ 라면] 가져오기

2-3-1) 관찰 블록에서 [벽 ▼ 에 닿았는가?] 가져오고 '마우스 포인터'로 지정하기

2-3-2) 소리 블록에서 [pop ▼ 재생하기] 가져오기

2-3-3) 제어 블록에서 [이 복제본 삭제하기] 가져오기

· 복제된 스프라이트 설정(무한 반복)
· 이동거리
· 벽에 닿으면 튕기기
· 마우스 포인터과 충돌하면 'pop' 소리가 나고 충돌한 스프라이트 삭제

● 난수

정해진 숫자 사이의 수를 선정합니다. [1부터 10사이의 난수] 블록에서는 1부터 10까지의 숫자(정수) 중에서 하나를 선택합니다. 어떤 수가 선택될지 알 수 없기 때문에 '난수'라고 합니다.

STEP#2

01 배경과 스프라이트 준비하기

4차원 터널 배경 속에서 화살표를 특정 방향으로 움직입니다.

❶ 배경 저장소에서 '기타'를 선택한 다음 4차원 배경인 'neon tunnel'을 더블클릭하여 배경을 불러옵니다.

❷ 스프라이트 영역에서 고양이 스프라이트를 삭제하고 스프라이트 저장소에서 화살표 모양의 'Arrow1'을 더블클릭하여 불러옵니다.

02 스프라이트 동작 만들기

화살표 스프라이트가 움직이는 방향을 결정합니다.

❶ 이벤트 블록의 [클릭했을 때] 를 스크립트 영역으로 드래그합니다.

❷ 동작 블록의 [90 도 방향 보기] 를 붙여 넣습니다.

❸ 연산 블록의 [1 부터 10 사이의 난수] 를 각도에 연결합니다.

❹ 난수를 '30'부터 '60' 사이의 임의의 값으로 설정합니다.

❺ 펜 블록의 [지우기] 를 붙여 넣습니다.

▶ **알아두기** **회전 각도와 방향 살펴보기**

방향 값은 위쪽을 '0'으로 설정하고 시계 방향으로 오른쪽일 때 '90', 아래쪽일 때 '180'이며, 시계 반대 방향으로 왼쪽일 때 '-90', 아래쪽일 때 '-180'입니다. '180', '-180'은 같은 방향이고 물론 시계 방향으로 '0~360'으로 설정해도 같습니다.

03 반복 동작 만들기

![깃발] 클릭했을 때 블록을 클릭하면 스프라이트가 계속
움직이고, 벽에 닿으면 반대 방향으로 튕겨져 돌
아오도록 스크립트를 추가하겠습니다.

❶ 제어 블록의 무한 반복하기 를 붙여 넣습니다.

❷ 동작 블록의 10 만큼 움직이기 , 벽에 닿으면 튕기기 를
추가합니다.

04 스프라이트 복제하기

스프라이트가 벽에 닿으면 스스로 복제하고 임의
의 색상으로 바뀌는 스크립트를 추가합니다.

❶ 제어 블록의 만약 라면 를 붙여 넣습니다.

❷ 관찰 블록의 벽 에 닿았는가? 를 연결한 다음 '벽'에
닿았는지 판단하도록 수정합니다.

❸ 그리고 제어 블록의 나 자신 복제하기 와 형태 블록의
색깔 효과를 25 만큼 바꾸기 를 추가합니다.

❹ 색깔 효과 값은 연산 블록의 1 부터 10 사이의 난수 를
연결하고 색깔 범위인 '0'부터 '200' 사이의 난수로
설정합니다.

05 복제된 스프라이트 제어하기

복제된 스프라이트가 벽에 닿으면 튕기고 움직이도록 설정한 다음 복제된 스프라이트를 삭제합니다.

❶ 제어 블록의 `복제되었을 때` 를 스크립트 영역의 여백으로 드래그합니다.

❷ `무한 반복하기` 블록을 붙여 넣습니다.

❸ 동작 블록의 `벽에 닿으면 튕기기` 와 `10 만큼 움직이기` 를 추가합니다. 움직임을 '8'로 설정하여 복제된 스프라이트가 겹쳐지지 않게 합니다.

❹ 제어 블록의 `만약 라면` 을 추가한 다음 관찰 블록에서 `벽 에 닿았는가?` 를 연결하고 '마우스 포인터'로 지정합니다.

❺ 소리 블록의 `pop 재생하기` 를 추가합니다.

❻ 제어 블록의 `이 복제본 삭제하기` 를 추가하여 마무리합니다.

06 프로젝트 실행하기

'🏳' 아이콘을 클릭하여 프로젝트를 실행합니다.

화살표 스프라이트가 30~60픽셀의 임의의 방향으로 움직이고 벽에 닿아 튕기면서 복제되며 색깔이 바뀝니다.

복제된 화살표 스프라이트는 처음의 스프라이트를 따라 다니고, 무대에서 마우스 포인터와 스프라이트가 닿으면 'pop' 소리와 함께 복제된 스프라이트가 사라집니다.

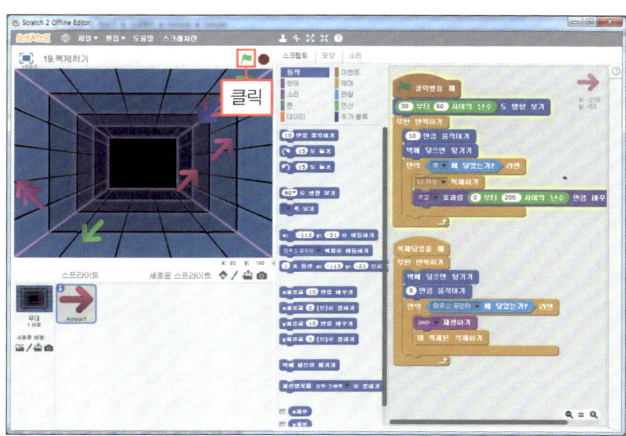

혼자 해보기

Q 스프라이트 저장소에서 번개 모양의 Lightning 스프라이트를 불러온 다음 화살표와 번개 스프라이트가 닿으면 복제본을 삭제하도록 구성해 보세요. 이때 번개의 크기를 줄이거나 움직이면 어떤 결과가 나타날까요?

A 스프라이트 저장소에서 번개 모양의 Lightning을 선택하고 무대에 배치합니다. 복제되었을 때 블록 아래에 관찰 블록의 벽▼ 에 닿았는가? 를 'Lightning'으로 지정한 다음 결과를 살펴봅니다.

복제된 화살표가 번개 스프라이트에 닿으면 pop 소리와 함께 사라집니다. 번개 스프라이트를 축소하고 화살표처럼 이동해 보세요. 재미있는 게임의 아이디어가 떠오를 수도 있습니다.

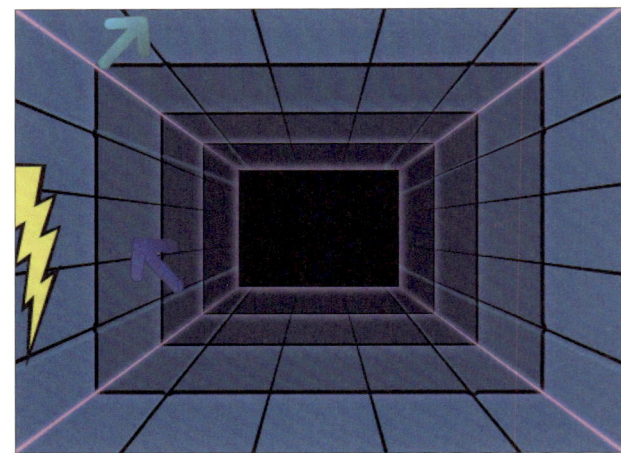

자유롭게 글씨를 쓰려면?

무대 위에 마음껏 글씨를 써볼까요? 삐뚤빼뚤 글씨를 쓰기 위해서는 펜 블록을 이용합니다. 스프라이트 저장소에서 연필 모양의 스프라이트를 가져와 마우스 포인터나 방향키를 이용하여 연필을 움직이며 선을 그리면 화면에 직접 글씨를 쓰는 것처럼 보입니다.

글씨를 쓰는데 필요한 속성에는 어떤 것들이 있을까요? 바로 선 색깔과 선 굵기가 있습니다. 여기서는 '변수'를 활용하여 색깔과 굵기를 설정해 보겠습니다.

STEP #1

 실행 미리 보기

키보드를 누르고 있는 동안 마우스를 이용하여 글씨(선)를 그리는 방법을 살펴보고, 데이터 블록을 이용하여 글씨(선)의 색깔과 굵기를 설정하는 방법을 학습합니다.

'🚩' 아이콘을 클릭하여 스크립트를 실행하고 마우스 포인터를 무대 위로 가져가면 Pencil 스프라이트 위치가 마우스 포인터와 같게 설정됩니다. Space 키를 누른 채 드래그하여 그림이나 글씨를 쓸 수 있습니다. 또한 Space 키를 누르지 않으면 더 이상 그림이나 글씨를 쓸 수 없도록 합니다. 무대 왼쪽 위에 슬라이더를 추가하면 펜의 색깔과 굵기를 설정할 수 있도록 합니다.

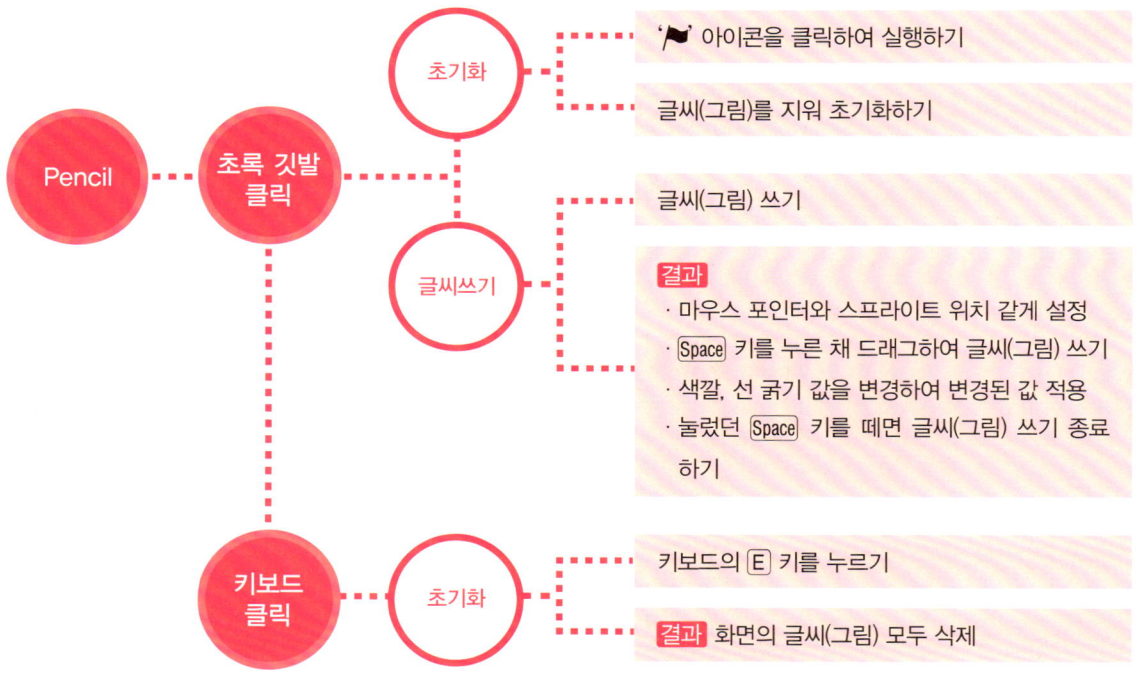

준비

1) 배경 저장소에서 'hearts1' 가져오기
2) 스프라이트 저장소에서 'Pencil' 가져오기

· 배경 저장소
· 스프라이트 저장소

무한 반복

1) 이벤트 블록에서 [클릭했을 때] 가져오기

2) 펜 블록에서 [지우기] 가져오기

3) 제어 블록에서 [무한 반복하기] 가져오기

3-1) 동작 블록에서 [마우스 포인터 ▼ 위치로 이동하기] 가져오기

3-2) 제어 블록에서 [만약 라면] 가져오기

3-2-1) 관찰 블록에서 [스페이스 ▼ 키를 눌렀는가?] 가져오기

3-3-2) 펜 블록에서 [펜 내리기] 가져오기

3-3-3) 펜 블록에서 [펜 색깔을 0 (으)로 정하기] 가져오기

3-3-3-1) 데이터 블록에서 [색깔] 가져오기

3-3-4) 펜 블록에서 [펜 굵기를 1 (으)로 정하기] 가져오기

3-3-4-1) 데이터 블록에서 [선굵기] 가져오기

3-3-5) 펜 블록에서 [펜 올리기] 가져오기

· 초기화(무한 반복)
· Pencil 위치 설정
· Space 키를 눌러 글씨(그림) 쓰기
· 색깔, 선 굵기 조절하여 글씨(그림)에 반영하기
· Space 키를 누르지 않고 글씨(그림) 그만쓰기

E 키를 눌렀을 때

1) 이벤트 블록에서 [a ▼ 키를 눌렀을 때] 가져오고 'e' 키로 설정하기
2) 펜 블록에서 [지우기] 가져오기

· 키보드 E 키를 눌러 화면의 글씨(그림) 삭제

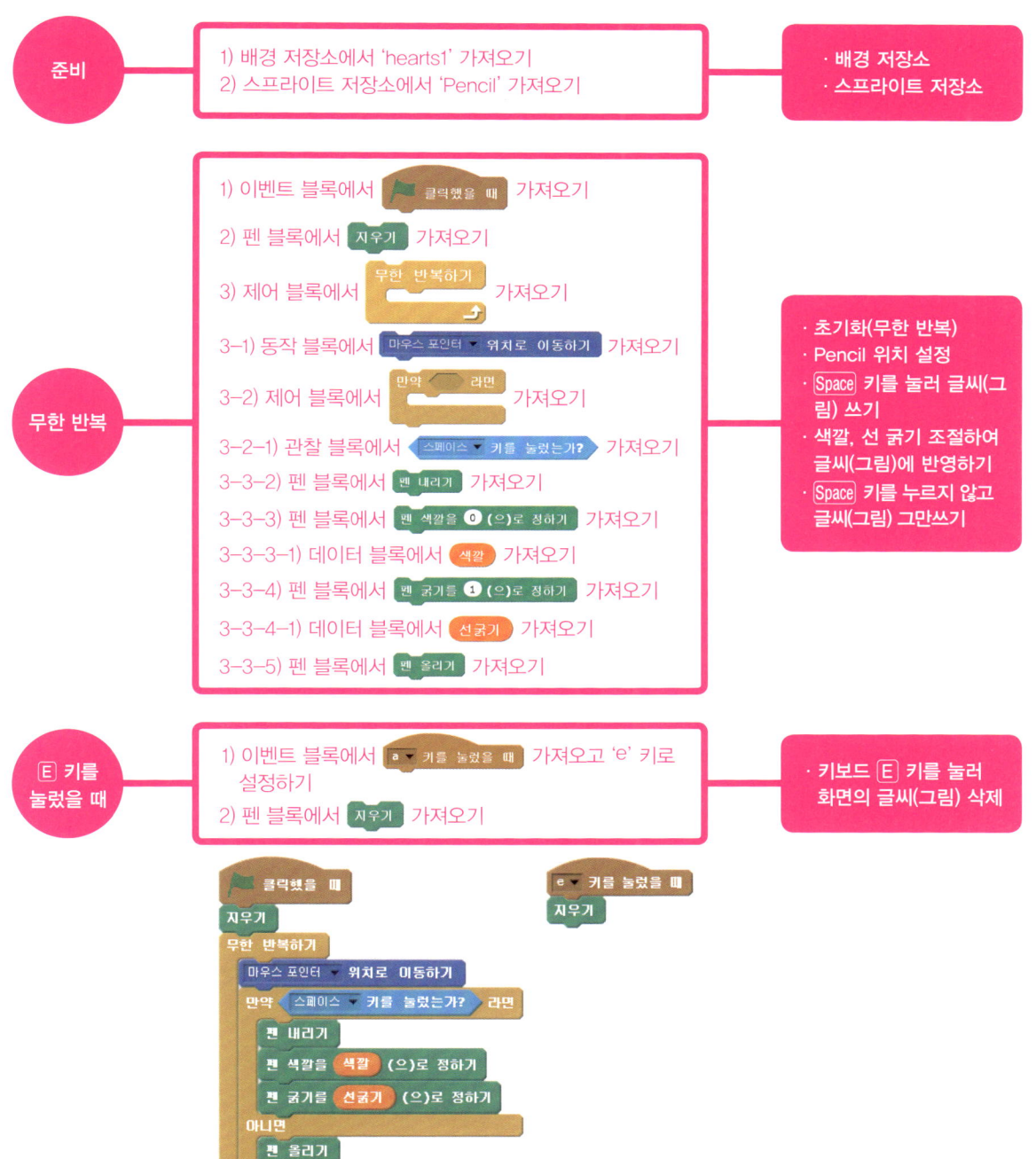

183

● 변수

변수란 어떤 값을 저장하는 상자와도 같습니다. 상자 이름을 '변수 이름', 상자에 담긴 내용물을 '변수 값'이라 하고, 변수 크기의 범위를 설정할 수 있습니다.

사용자나 블록 실행 결과로 변수 값을 변경하거나 사용할 수 있어 적은 스크립트로 다양한 결과를 얻을 수 있습니다.

블록 알아두기

펜 블록은 선을 그릴 때 사용합니다. 마우스나 키보드 등을 이용하여 직선, 곡선, 글자 등을 그릴 때 이용해 보세요.

블록	설명
지우기	지금까지 그린 선을 지웁니다.
도장찍기	선을 복사합니다.
펜 내리기	선 그리기를 시작합니다.
펜 올리기	선 그리기를 종료합니다.
펜 색깔을 ■ (으)로 정하기	선택한 색깔로 선 색깔을 정합니다.
펜 색깔을 10 만큼 바꾸기	입력한 값만큼 선 색깔을 변경합니다.
펜 색깔을 0 (으)로 정하기	입력한 값으로 선 색깔을 정합니다.
펜 명암을 10 만큼 바꾸기	입력한 값만큼 선의 밝고 어둠을 변경합니다.
펜 명암을 50 (으)로 정하기	입력한 값으로 선의 밝고 어둠을 정합니다.
펜 굵기를 1 만큼 바꾸기	입력한 값만큼 선 굵기를 변경합니다.
펜 굵기를 1 (으)로 정하기	입력한 값으로 선 굵기를 정합니다.

데이터 블록은 변경할 수 있는 값을 임시로 저장할 때 사용합니다.

블록	설명
무게	변수이며, 여기서는 '무게'라는 이름으로 만들었습니다.
무게 ▼ 을(를) 0 로 정하기	입력한 값으로 '무게' 변수 값을 정합니다.
무게 ▼ 을(를) 1 만큼 바꾸기	입력한 값으로 '무게' 변수 값에서 변경합니다. 현재 값이 1이고 입력한 값이 2라면, 변경된 값은 3입니다.
무게 ▼ 변수 보이기	'무게' 변수를 화면에 나타냅니다.
무게 ▼ 변수 숨기기	'무게' 변수를 화면에서 숨깁니다.
위치	리스트(목록)입니다. 여기서는 '위치'라는 이름으로 만들었습니다.
thing 항목을 위치 ▼ 에 추가하기	'위치' 리스트에 입력한 값을 추가합니다.
1 ▼ 번째 항목을 위치 ▼ 에서 삭제하기	입력한 순서 항목을 '위치' 리스트에서 삭제합니다.
thing 을(를) 1 ▼ 번째 위치 ▼ 에 넣기	입력한 값을 '위치' 리스트에서 입력한 순서 항목으로 지정합니다.
1 ▼ 번째 위치 ▼ 의 항목을 thing (으)로 바꾸기	'위치' 리스트의 입력한 순서 항목을 입력한 값으로 바꿉니다.
1 ▼ 번째 위치 ▼ 항목	'위치' 리스트의 입력한 순서 항목을 되돌립니다.
위치 ▼ 리스트의 항목 수	'위치' 리스트에 속한 항목 수를 되돌립니다.
위치 ▼ 리스트에 thing 포함되었는가?	'위치' 리스트 항목 중 입력한 값이 있는지 판단합니다.
위치 ▼ 리스트 보이기	'위치' 리스트를 화면에 나타냅니다.
위치 ▼ 리스트 숨기기	'위치' 리스트를 화면에서 숨깁니다.

01 배경과 스프라이트 준비하기

하트 모양 편지지에 연필로 편지를 쓸 수 있도록
이미지를 불러옵니다.

❶ 배경 저장소에서 'hearts1' 배경을 불러옵니다.
❷ 스프라이트 영역에서 고양이 스프라이트를 삭제하고
   스프라이트 저장소에서 'pencil'을 불러옵니다.

02 기본 동작 만들기

'▶' 아이콘을 클릭하면 드래그하여 쓴 편지를 모두 지우는 기본
스크립트를 구성합니다.

❶ 이벤트 블록에서 클릭했을 때 를 스크립트 영역으로 드래그합니다.

❷ 펜 블록의 지우기 를 붙여 넣어 글씨들을 모두 지우게 합니다.

❸ 제어 블록에서 무한 반복하기 를 붙여 넣습니다.

❹ 동작 블록의 마우스 포인터 ▼ 위치로 이동하기 를 붙여 넣어 '마우스 포인터'로 지
   정합니다.

03 글씨 쓰는 동작 만들기

Spacebar 키를 누른 채 글씨를 쓸 수 있도록 설정합니다.

❶ 제어 블록에서 [만약 ~ 라면 / 아니면] 을 붙여 넣습니다.

❷ 조건 부분은 관찰 블록의 [스페이스 ▼ 키를 눌렀는가?] 를 추가
하고 스페이스'로 지정합니다.

❸ Spacebar 키를 눌렀을 때는 펜 블록의 [펜 내리기] 를 추가하
여 글씨를 쓰고, Spacebar 키를 누르지 않을 때는 펜 블록의
[펜 올리기] 를 추가하여 글씨를 쓰지 않도록 연결합니다.

❹ [펜 색깔을 0 (으)로 정하기] 와 [펜 굵기를 1 (으)로 정하기]
를 [펜 내리기] 블록 아래에 붙여 넣습니다.

04 펜 색깔과 선 굵기 설정하기

데이터 블록의 〈변수 만들기〉 버튼을 클릭하여 변수를 설정합니다.

❶ 새로운 변수 대화상자에서 변수 이름에 '색깔'을 입력하고 ❷ 〈확인〉 버튼을 클
릭합니다.

❸ 다시 한 번 〈변수 만들기〉 버튼을 클릭하고 '선굵기'를 입력한 다음 ❹ 〈확인〉 버
튼을 클릭하면 화면에 변수가 나타납니다.

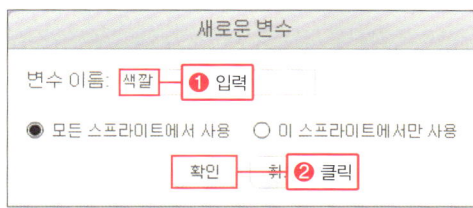

▶ **알아두기** 변수란 무엇인가?

지금까지 값을 설정할 때 직접 수치를 입력하거나 임의의 값인 난수를 이용했지만, 여기서는 '변수'를 이용합니다. 외부
에서 변수 값을 변경하면 적용되는 값이 바뀌므로 매우 편리합니다.

05 변수를 슬라이더 형태로 만들기

변수를 수정하기 쉽도록 슬라이더 형태로 변경하겠습니다.

❶ 무대 왼쪽 위 색깔 변수를 선택한 다음 마우스 오른쪽 버튼을 클릭합
니다.

❷ **슬라이더 사용하기**를 선택합니다.

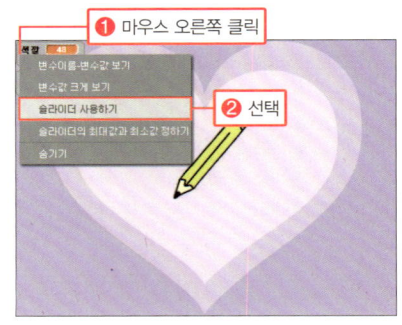

06 변수 설정하기

❶ 색깔 변수에서 다시 한 번 마우스 오른
쪽 버튼을 클릭하여 ❷ **슬라이더의 최
대값과 최소값 정하기**를 선택합니다.

❸ 슬라이더 범위 대화상자에서 최소 '0',
최대 '200'으로 설정한 다음 ❹ 〈확인〉
버튼을 클릭합니다.

❺ 같은 방법으로 선굵기 변수의 슬라이더
범위를 '1~20'으로 설정합니다.

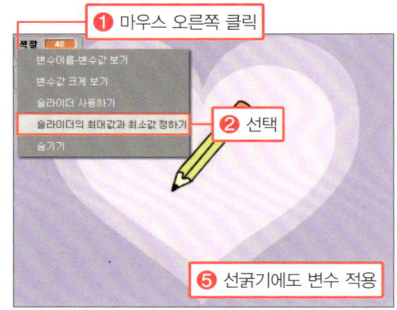

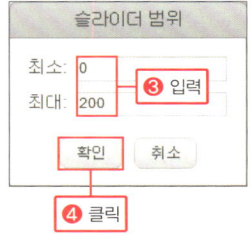

07 펜 색깔과 선 굵기 변수 적용하기

변수로 만든 펜 색깔과 굵기를 블록에 적용합니다.

[스크립트] 탭의 데이터 블록에 주황색 색깔 과 선굵기
블록이 만들어지면 스크립트 영역의 펜 색깔과 펜 굵기 블록
에 연결합니다.

08 글씨 지우기

편지를 쓰다가 잘못 써서 지우고 싶을 때 해결 방법을 생각해 봅니다.
E 키를 눌러 글씨를 모두 지우도록 하겠습니다.

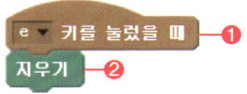

❶ 이벤트 블록의 `스페이스 ▼ 키를 눌렀을 때` 를 스크립트 영역의 여백으로 드래
그한 다음 'e'로 지정합니다.

❷ 펜 블록의 `지우기` 를 붙여 넣습니다.

09 프로젝트 확인하기

❶ '🏳' 아이콘을 클릭합니다.

❷ Spacebar 키를 누른 채 드래그하여 글씨를 씁니다.

슬라이더를 조정하여 펜 색깔과 선 굵기를 변경하면서 글씨를 씁니다.

Spacebar 키를 누르지 않은 채 글씨를 쓸 수 없으며 E 키를 누르면 글씨
가 지워집니다.

▶ 알아두기 **스프라이트의 중심이 잘못 지정된 이유는?**

스프라이트의 중심이 가운데에 있어 마우스 포인터 중심과 일치하는 연필의 가운데 부분을 이용해 글씨를 쓰게 되었습
니다.

10 스프라이트 중심 수정하기

현재 연필의 중간 부분을 이용해 글씨를 쓰기 때문에 부자연스러우므로 스프라이트 중심을 수정합니다.

❶ [모양] 탭을 선택하여 스프라이트 수정 화면으로 이동합니다.

❷ 오른쪽 위의 '모양 중심 설정하기' 아이콘(➕)을 클릭하면 스프라이트의 중심선이 나타납니다.

❸ 화면에서 중심점을 드래그하여 연필심 끝으로 이동하여 수정합니다.

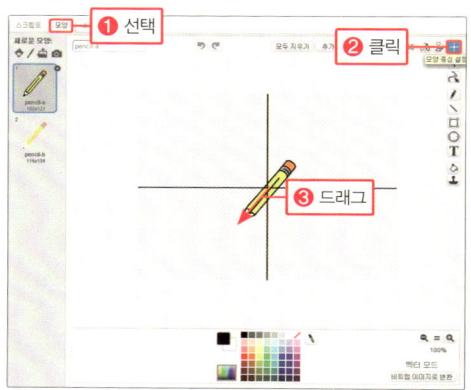 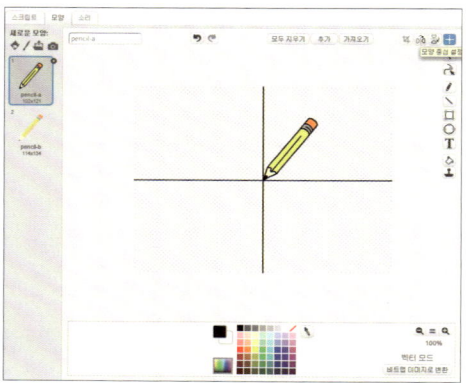

11 프로젝트 확인하기

'▶' 아이콘을 클릭하고 드래그하여 편지를 쓰면 연필심을 이용해 직접 편지를 쓸 수 있습니다.

드래그하여 글씨를 쓰기 때문에 삐뚤빼뚤하지만, 사랑하는 친구를 생각하면서 여러 가지 색과 굵기를 이용해 편지를 써보세요.

Q 연필 스프라이트의 [모양] 탭을 살펴보면 pencil-a와 pencil-b
의 두 가지 모양이 있습니다. 형태 블록을 이용해 Space 키를 누른
채 글씨를 쓸 때는 pencil-b를 나타내고, 글씨를 쓰지 않을 때는
pencil-a가 나타나도록 만들어 보세요.

A Space 키를 누른 채 글씨를 쓸 때는 스프라이트 모양을 연필을 내린
pencil-b로 바꾸고 Space 키를 누르지 않을 때는 스프라이트의 모양
을 펜을 올린 pencil-a로 바꿉니다.

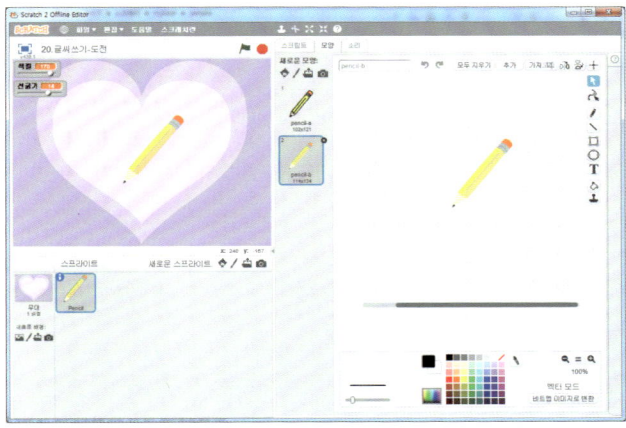

퀴즈를 만들려면?

간단한 덧셈을 퀴즈 형태로 묻고 답하여 정답 횟수를 점수화해서 보여줍니다. 여기서는 난수를 변수에 담고 이를 더하는 문제 형태를 만들어 보겠습니다. 매번 새로운 문제를 자동으로 출제할 수 있고 문제에 관한 답을 자동으로 채점할 수 있어 프로그래밍 효과를 적용할 수 있습니다. 자동으로 문제를 만들고 답을 채점하는 과정을 따라해 보세요.

STEP#1

실행 미리 보기

난수를 이용하여 임의의 덧셈 퀴즈를 만들고, 정답 횟수를 점수화해 게임형식으로 구성하는 방법을 학습합니다. 난수와 데이터 블록의 변수를 이용하여 값을 저장하고 그 값을 확인하는 방법이 핵심입니다.

'🏴' 아이콘을 클릭하여 스크립트를 실행하고 난수를 이용해서 피연산자를 추출하여 변수에 담은 다음 이를 이용하여 덧셈 퀴즈를 만들어 봅니다. 덧셈 퀴즈에 관한 사용자 입력에서 정답을 확인하여 점수를 계산합니다.

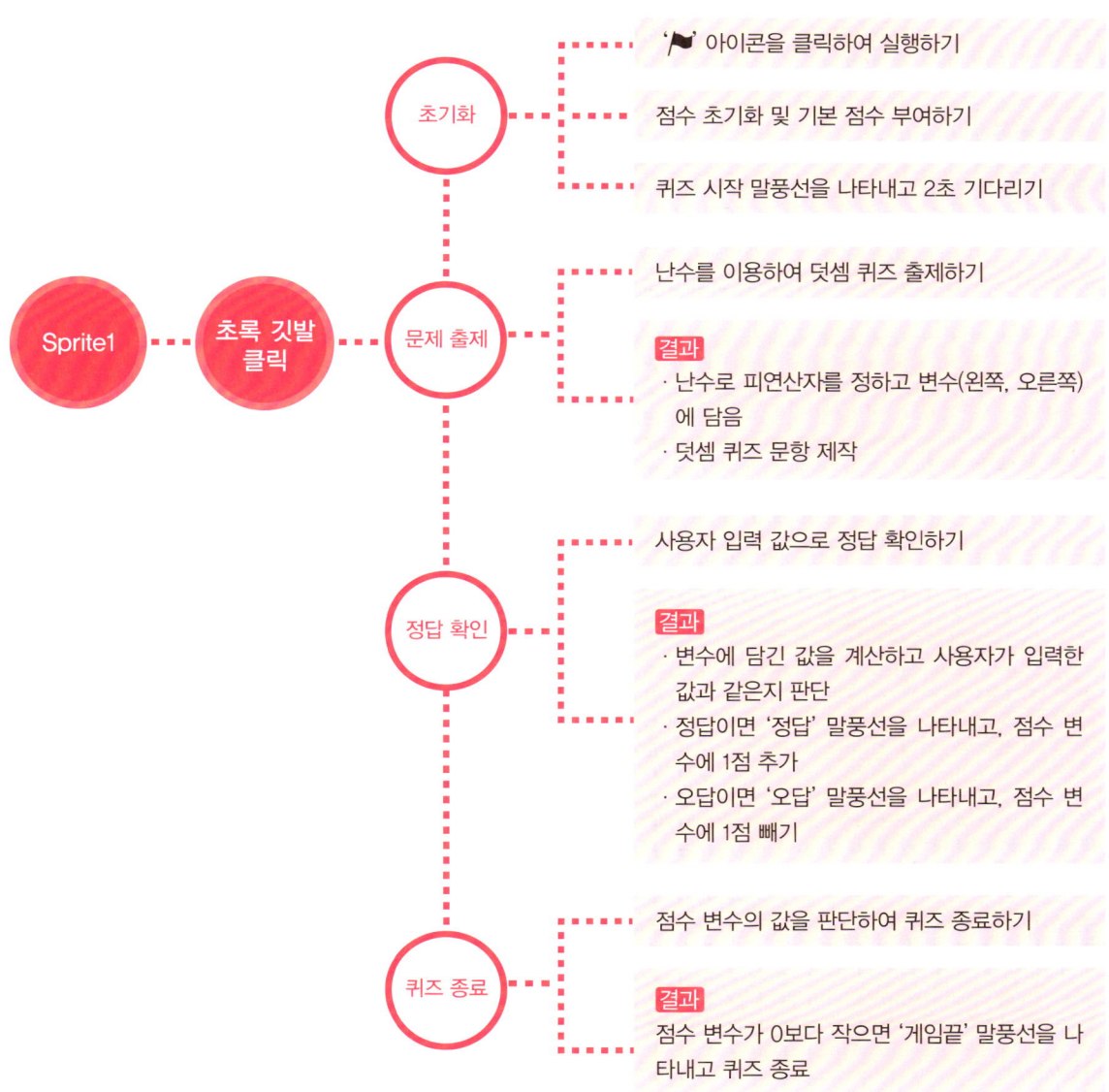

블록 미리 보기

준비

배경 저장소에서 'chalkboard' 가져오기

배경 저장소

초기화

1) 이벤트 블록에서 [클릭했을 때] 가져오기

2) 데이터 블록에서 [점수 ▼ 을(를) 0 로 정하기] 가져오고 '5'로 설정하기

3) 형태 블록에서 [Hello! 말하기] 가져오고 말풍선 내용 입력하기

4) 제어 블록에서 [0.1 초 기다리기] 가져오고 '2'초로 설정하기

· 초기화
· 기본 점수 설정
· 퀴즈 시작 알림 말풍선

문제 출제 (무한 반복)

· 1~10 사이의 수를 변수 [왼쪽] 값으로 설정하기
· 1~10 사이의 수를 변수 [오른쪽] 값으로 설정하기

· 변수 [왼쪽]과 [오른쪽]으로 문제 출제하기
· 문제를 묻고 답변 기다리기

· 문제 출제(무한 반복)
· 피연산자 설정
· 퀴즈 문항 제작

정답 확인

· 변수 [답변]과 변수 [왼쪽]+[오른쪽] 비교하기
· 정답이라면 '정답입니다'를 말하고, 변수 [점수]에 1을 더하기
· 정답이 아니라면 '게임끝'을 말하고, 변수 [점수]에 1을 빼기

· 사용자 입력 값과 변수에 저장된 값을 이용하여 정답 판단
· 정답, 오답에 따라 점수 설정

퀴즈 종료 (무한 반복)

· 변수 [점수]가 0보다 작으면 다음을 실행하기
· '게임끝' 말하기
· 모두 멈춰 퀴즈 종료하기

· 제어 블록
· 데이터 블록
· 연산 블록
· 형태 블록

클릭했을 때
점수 ▼ 을(를) 5 로 정하기
덧셈퀴즈 =3=3=3 말하기
2 초 기다리기
무한 반복하기
　왼쪽 ▼ 을(를) 1 부터 10 사이의 난수 로 정하기
　오른쪽 ▼ 을(를) 1 부터 10 사이의 난수 로 정하기
　문제: 와 왼쪽 와 + 와 오른쪽 결합하기 결합하기 결합하기 묻고 기다리기
　만약 대답 = 왼쪽 + 오른쪽 라면
　　정답입니다.^^ 말하기
　　점수 ▼ 을(를) 1 만큼 바꾸기
　아니면
　　아쉽지만 틀렸습니다.ㅠㅠ 말하기
　　점수 ▼ 을(를) -1 만큼 바꾸기
　만약 점수 < 0 라면
　　게임끝 ㅠㅠ 말하기
　　모두 ▼ 멈추기

01 시작 화면 준비하기

교실을 배경으로 덧셈 퀴즈를 만들어 봅니다.

❶ 배경 저장소에서 'chalkboard' 배경을 불러옵니다.
❷ 고양이 스프라이트를 알맞게 배치합니다.

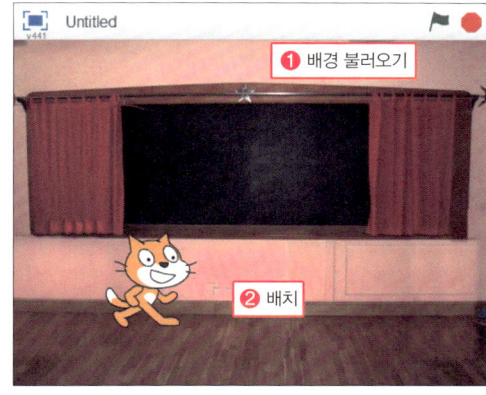

Untitled
❶ 배경 불러오기
❷ 배치

02 동작 블록 만들기

'🏴' 아이콘을 클릭해서 덧셈 퀴즈를 시작하도록 합니다.

❶ 이벤트 블록에서 █클릭했을 때█를 스크립트 영역으로 드래그합니다.

❷ 퀴즈는 형태 블록의 █Hello! 말하기█를 붙여 넣고 '덧셈 퀴즈 =3=3=3'을 입력하
   여 퀴즈의 시작을 알립니다.

❸ 제어 블록에서 █1 초 기다리기█를 붙여 넣은 다음 '2'초로 변경합니다.

❹ █무한 반복하기█를 붙여 넣어 계속해서 퀴즈를 진행합니다.

03 변수 설정하기

데이터 블록에서 〈변수 만들기〉 버튼을 클릭한 다음 새로운 변수 대화
상자에서 각각 '왼쪽'과 '오른쪽', '점수'를 입력하고 〈확인〉 버튼을 클
릭합니다.

> ▶ 알아두기   덧셈 퀴즈에서 사용하는 변수와 난수
>
> 덧셈 퀴즈에서 사용할 변수는 두 개의 더하는 값인 █왼쪽█과 █오른쪽█ 변수, 그리고 점수를 나타내는 █점수█ 변수입니다.
> █왼쪽█과 █오른쪽█ 변수는 난수를 이용하므로 화면에서 숨깁니다.

04 변수 스크립트 만들기

기본 점수인 5점에서 틀리면 1점씩 빼고, 맞으면 1점씩 더하며, 점수가
0보다 작아지면 게임을 종료합니다. 먼저 기본 점수를 설정합니다.

❶ 데이터 블록에서 █점수▼ 을(를) 0 로 정하기█를 제어 블록 아래에 붙여 넣습니다.

❷ 점수를 '5'로 설정합니다.

05 덧셈 퀴즈 만들기

블록에서 '왼쪽', '오른쪽' 변수에 1부터 10 사이의 난수를 적용해 덧셈 퀴즈를 냅니다.

❶ 데이터 블록에서 `점수 ▼ 을(를) 0 로 정하기` 를 두 개 붙여 넣고 '왼쪽'과 '오른쪽' 변수로 지정합니다.

❷ 연산 블록에서 `1 부터 10 사이의 난수` 를 추가하고 '1'부터 '10' 사이의 난수를 설정한 다음 데이터 블록에 연결합니다.

06 문제 만들기

'문제: 8+5'와 같은 퀴즈 문제를 만듭니다.

❶ 관찰 블록에서 퀴즈 문제 형태인 `묻고 기다리기` 를 드래그하여 스크립트 영역으로 이동합니다.

❷ 이어서 연산 블록의 글자 연결 블록인 `문제: 와 결합하기` 를 연결하고 '문제:'를 입력합니다.

❸ 두 개의 블록을 추가하기 위해 두 번째 블록에는 데이터 블록의 `왼쪽` 변수를 추가합니다. 세 번째 블록에는 '+' 연산을 입력하고 `오른쪽` 변수를 추가한 다음 묻고 기다리기 블록에 추가합니다.

❹ 문제를 출제하는 묻고 기다리기 블록을 블록 안에 추가합니다.

07 퀴즈 결과 처리하기

❶ 제어 블록에서  를 관찰 블

록 아래에 붙여 넣습니다.

❷ 연산 블록의 ⬡ = ⬡ 를 연결한 다음

⬡ + ⬡ 도 연결합니다. 관찰 블록의

대답 변수, 데이터 블록의 **왼쪽** 과

오른쪽 변수도 추가합니다.

❸ 조건에서 정답일 때를 설정하기 위

해 형태 블록의 **Hello! 말하기** 를

추가하고 '정답입니다.^^'를 입

력합니다. 데이터 블록에서

점수 ▼ 을(를) 1 만큼 바꾸기 를 추가

하고 '점수'를 '1'로 수정합니다.

❹ 조건에서 오답일 때를 설정하기 위해 제어 블록의 아니면 아래 형태 블록의

Hello! 말하기 를 추가하고 '아쉽지만 틀렸습니다.ㅠㅠ'를 입력합니다. 데이터

블록에서 **점수 ▼ 을(를) 1 만큼 바꾸기** 를 추가한 다음 '점수'를 '−1'로 수정합

니다.

▶ **알아두기** **정답과 오답 변수**

퀴즈 결과는 관찰 블록의 **대답** 변수에 담깁니다. 이 변수 값과 **왼쪽**, **오른쪽** 변수 값을 더한 값을 비교하면 결과를
판단할 수 있습니다.

정답이라면 '정답입니다'를 말풍선으로 나타내고 **점수** 변수에 값을 1만큼 증가시켜 1점을 더합니다. 정답이 아니라면
'아쉽지만 틀렸습니다'를 외치고 **대답** 변수에 값을 1만큼 감소시켜 1점을 뺍니다.

08 게임 종료하기

기본 점수인 5점을 모두 잃어 점수가 0
보다 작으면 게임을 마칩니다.

❶ 제어 블록의 [만약 ⬡ 라면] 을 추가합니다.

❷ 연산 블록에서 [◁ < ▷] 를 연결합니다.
   [점수] 변수를 연결하고 오른쪽 값을 '0'으
   로 입력합니다.

❸ 점수가 0보다 작을 때를 설정하기 위해 형
   태 블록에서 [Hello! 말하기] 를 추가한 다음
   '게임끝ㅠㅠ'을 입력합니다.

❹ 제어 블록의 [모두▼ 멈추기] 를 추가하여 게임
   을 마칩니다.

09 프로젝트 결과 확인하기

'▶' 아이콘을 클릭하여 덧셈 퀴즈를 시
작합니다.

문제의 숫자를 입력하고 [Enter] 키를 누르
거나 오른쪽 아이콘을 클릭하여 결과를
확인합니다.

정답이면 점수가 올라가고 오답이면 점
수가 내려가는지 살펴보고, 만약 점수가
0보다 작으면 퀴즈가 끝나는지 확인합
니다.

🔍 혼자 해보기

Q 좀 더 어려운 덧셈 퀴즈를 만들기 위해 점수가 10점일 때 난수를 '1~10'에서 '10~20'으로 변경해 보세요.

10, 20 등을 변수로 만들면 덧셈 퀴즈가 쉬워집니다. 여기서는 '난수범위'가 변수 이름입니다.

A 덧셈 퀴즈 난이도를 점수에 따라 높이기 위해 덧셈 연산 숫자를 큰 숫자로 변경합니다. 점수가 10점 이상일 때 덧셈 퀴즈의 문제를 10 이하 숫자에서 20 이하 숫자로 범위를 넓힙니다.

먼저 데이터 블록에서 `난수범위` 라는 변수를 만들고 '▶' 아이콘을 클릭할 때 변수를 '10'으로 초기화합니다.

`무한 반복하기`

블록에서 `점수` 변수가 9보다 클 때를 관찰하여 `난수범위` 변수를 큰 수로 설정합니다. 설정된 `난수범위` 변수 값은 왼쪽과 오른쪽 숫자를 크게 설정해 두 자리 숫자도 더할 수 있도록 구성합니다.

덧셈 퀴즈가 쉬우면 곱셈 퀴즈에 도전해도 좋습니다. 매번 새로운 퀴즈를 묻고 답해 보세요.

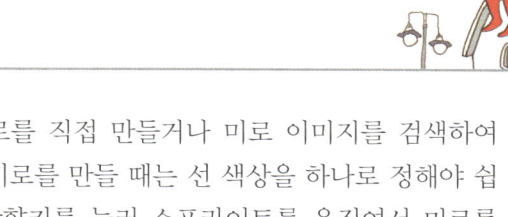

미로 찾기
게임을 만들려면?

미로 찾기 게임에서는 미로를 직접 만들거나 미로 이미지를 검색하여
적용해도 좋습니다. 직접 미로를 만들 때는 선 색상을 하나로 정해야 쉽
게 응용할 수 있습니다. 방향키를 눌러 스프라이트를 움직여서 미로를
찾고 황금 열쇠를 획득하는 게임 이야기를 함께 만들어 보겠습니다. 이
때 미로를 어렵게 만들거나 중간에 장애물을 설치해도 재미있습니다.

STEP#1

 실행 미리 보기

스프라이트가 미로 이미지의 선과 닿았는지를 판단하여 닿지 않았으면
계속 이동시키도록 하고, 닿으면 움직이지 않도록 구성하여 스프라이트
를 움직여 목적지까지 도달하도록 하는 방법이 핵심입니다.

'🏴' 아이콘을 클릭하여 스크립트를 실행하고  블록을 이

용합니다. 방향키가 눌리는 것을 감지하여 고양이 스프라이트를 이동한
다음 미로의 벽에 닿는지 판단하여 방향을 제어합니다. 마지막으로 출
구의 황금 열쇠를 찾으면 게임을 종료합니다.

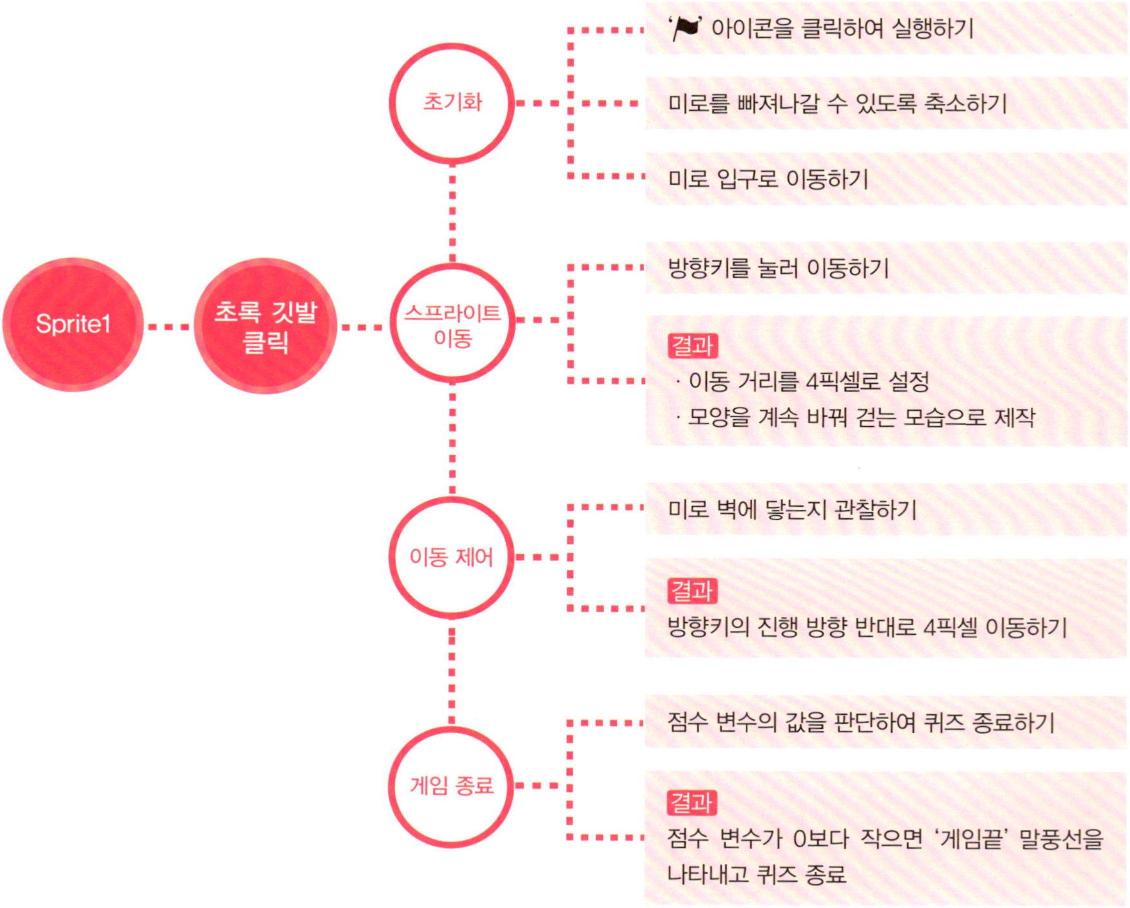

초기화
- '🏴' 아이콘을 클릭하여 실행하기
- 미로를 빠져나갈 수 있도록 축소하기
- 미로 입구로 이동하기

Sprite1 → 초록 깃발 클릭 →

스프라이트 이동
- 방향키를 눌러 이동하기
- **결과**
  · 이동 거리를 4픽셀로 설정
  · 모양을 계속 바꿔 걷는 모습으로 제작

이동 제어
- 미로 벽에 닿는지 관찰하기
- **결과**
  방향키의 진행 방향 반대로 4픽셀 이동하기

게임 종료
- 점수 변수의 값을 판단하여 퀴즈 종료하기
- **결과**
  점수 변수가 0보다 작으면 '게임끝' 말풍선을 나타내고 퀴즈 종료

💡 블록 미리 보기

실행 및 초기 설정	1) 초록 깃발을 클릭하여 시작하기 2-1) 크기를 '24%'로 정하기 2-2) 초기 위치로 이동하기	· 이벤트 블록 · 형태 블록 · 동작 블록
위쪽 화살표 키를 누르면 (무한 반복)	1) 위쪽 화살표 키를 누르면 실행하기 2-1) 위로 '4'만큼 이동하기 2-2) 다음 모양으로 바꾸기 3) 검은색에 닿으면, 아래쪽으로 '4'만큼 이동하기(미로 벽을 넘지 못하도록)	· 제어 블록 · 동작 블록 · 형태 블록 · 관찰 블록
아래쪽 화살표 키를 누르면 (무한 반복)	1) 아래쪽 화살표 키를 누르면 실행하기 2-1) 아래로 '4'만큼 이동하기 2-2) 다음 모양으로 바꾸기 3) 검은색에 닿으면 위쪽으로 4만큼 이동하기(미로 벽을 넘지 못하도록)	· 제어 블록 · 동작 블록 · 형태 블록 · 관찰 블록
왼쪽 화살표 키를 누르면 (무한 반복)	1) 왼쪽 화살표 키를 누르면 실행하기 2-1) 왼쪽으로 '4'만큼 이동하기 2-2) 다음 모양으로 바꾸기 3) 검은색에 닿으면 오른쪽으로 '4'만큼 이동하기(미로 벽을 넘지 못하도록)	· 제어 블록 · 동작 블록 · 형태 블록 · 관찰 블록
오른쪽 화살표 키를 누르면 (무한 반복)	1) 오른쪽 화살표 키를 누르면 실행하기 2-1) 오른쪽으로 '4'만큼 이동하기 2-2) 다음 모양으로 바꾸기 3) 검은색에 닿으면, 왼쪽으로 '4'만큼 이동하기(미로 벽을 넘지 못하도록)	· 제어 블록 · 동작 블록 · 형태 블록 · 관찰 블록
게임 종료 (무한 반복)	1) Key 스프라이트와 닿으면 실행하기 2-1) "성공"을 2초 동안 말하기 2-2) 모두 멈춰 게임 종료하기	· 관찰 블록 · 제어 블록 · 형태 블록

```
클릭했을 때
크기를 24 % 로 정하기
x: -197 y: -19 로 이동하기
무한 반복하기
    만약  위쪽 화살표 ▼ 키를 눌렀는가?  라면
        y좌표를 4 만큼 바꾸기
        다음 모양으로 바꾸기
        만약  ■ 색에 닿았는가?  라면
            y좌표를 -4 만큼 바꾸기

    만약  아래쪽 화살표 ▼ 키를 눌렀는가?  라면
        y좌표를 -4 만큼 바꾸기
        다음 모양으로 바꾸기
        만약  ■ 색에 닿았는가?  라면
            y좌표를 4 만큼 바꾸기

    만약  왼쪽 화살표 ▼ 키를 눌렀는가?  라면
        x좌표를 -4 만큼 바꾸기
        다음 모양으로 바꾸기
        만약  ■ 색에 닿았는가?  라면
            x좌표를 4 만큼 바꾸기

    만약  오른쪽 화살표 ▼ 키를 눌렀는가?  라면
        x좌표를 4 만큼 바꾸기
        다음 모양으로 바꾸기
        만약  ■ 색에 닿았는가?  라면
            x좌표를 -4 만큼 바꾸기

    만약  Key ▼ 에 닿았는가?  라면
        성공 을(를) 2 초동안 말하기
        모두 ▼ 멈추기
```

● ⬛ 색에 닿았는가? 블록에서 색상 선택하기

⬛ 색에 닿았는가? 의 색깔 영역을 선택하고 스포이트로 미로의 검은색 부분을 클릭하면 색깔이 '검은색'으로 설정됩니다. 무대에서 원하는 색깔을 클릭하여 색상을 설정합니다.

01 시작 화면 준비하기

방향키를 눌러 고양이 스프라이트를 움
직여서 황금 열쇠를 찾는 미로찾기 게임
을 만들어 봅니다.

❶ 미로 배경을 불러오기 전 배경 저장소에서
'blue sky' 배경을 불러옵니다.

❷ 스프라이트 저장소에서 황금 열쇠 모양의
'Key' 스프라이트를 불러옵니다.

▶ **알아두기**   미로 찾기 배경에 사용할 수 없는 이미지가 있나요?

미로 찾기에서는 스프라이트가 검은색 선을 따라 길을 판단하기 때문에 검은색 배경은 사용할 수 없습니다.

02 미로 이미지 가져오기 1

배경 저장소에는 미로 배경이 없으므로 외부 이미지를
불러옵니다.

❶ [모양] 탭을 선택합니다.

❷ '모양 파일 업로드하기' 아이콘(🔼)을 클릭합니다.

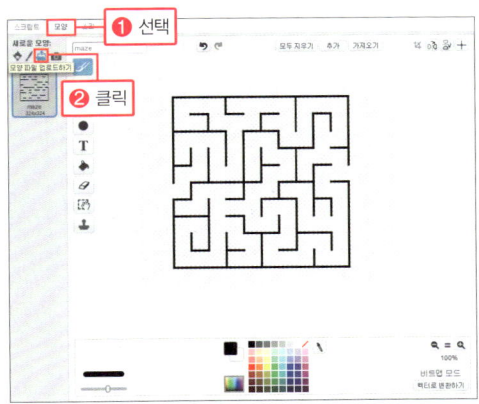

03 미로 이미지 가져오기 2

❶ 찾는 위치를 '스크래치'로 지정합니다.
❷ 'maze.png' 파일을 선택합니다.
❸ 〈열기〉 버튼을 클릭하여 불러옵니다.

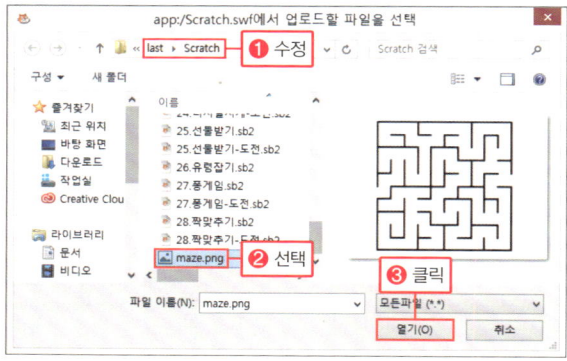

04 미로와 배경 조정하기

❶ '선택하기' 도구(↖)를 선택하고 ❷ 미로를 드래그하여 선택합니다.
❸ 배경 이미지를 살펴보면서 미로의 위치를 조정합니다.
❹ 고양이, 황금 열쇠 스프라이트 위치도 미로의 시작과 끝 지점에 맞춰 이동합니다.

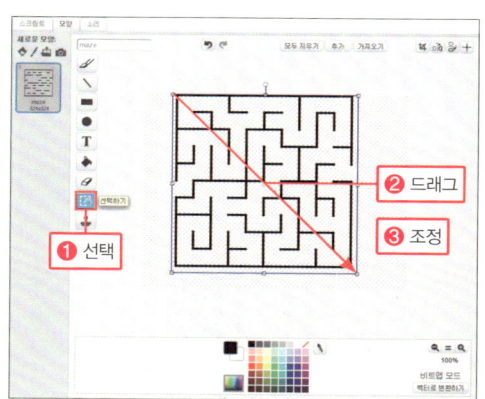

▶ 알아두기   이미지 선택을 해제하려면?

이미지 선택 상태를 해제하기 위해서는 여백 또는 편집 영역을 클릭합니다.

05 동작 블록 만들기

'⚑' 아이콘을 클릭하면 미로를 통과할 정도로 고양이를 축소하고
시작 위치를 지정하겠습니다. 먼저 고양이 스프라이트를 선택하고
[스크립트] 탭을 선택합니다.

❶ 이벤트 블록에서 `⚑ 클릭했을 때` 를 스크립트 영역으로 드래그합니다.

❷ 형태 블록의 `크기를 100 % 로 정하기` 를 붙여 넣은 다음 '24%'로 설정
합니다.

❸ 동작 블록의 `x: -21 y: -138 로 이동하기` 를 붙여 넣은 다음 'x: -197, y:
-19'로 설정합니다.

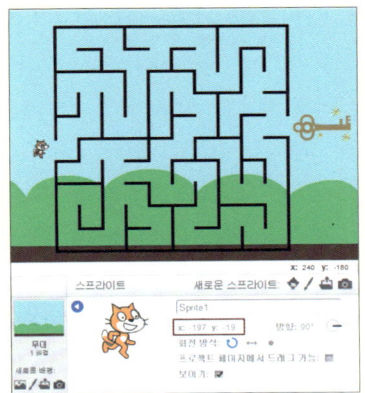

▶ 알아두기 **스프라이트의 위치를 확인하려면?**

고양이 스프라이트의 '정보' 아이콘(🛈)을 클릭하여 스프라이트의 시작
위치를 확인할 수 있습니다.

06 방향키로 고양이 움직이기 1

먼저 위쪽 화살표 키를 눌렀을 때의 동작을 만듭니다.

❶ 제어 블록 `만약 ⬡ 라면` 에 관찰 블록의 `스페이스 ▼ 키를 눌렀는가?`

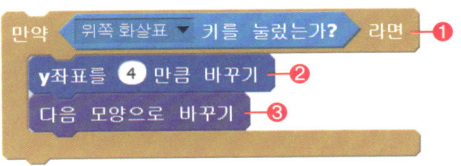

를 연결하고 '위쪽 화살표'로 지정합니다.

❷ y좌표가 위쪽이면 고양이 위치를 양수만큼 이동하기 위해 동작
블록의 `y좌표를 10 만큼 바꾸기` 를 추가한 다음 '4'로 설정합니다.

❸ 형태 블록의 `다음 모양으로 바꾸기` 를 추가하여 다른 모양으로 바꿉니다.

07 방향키로 고양이 움직이기 2

만약 스프라이트가 미로의 통로가 아닌 벽과 부딪혔을 때
는 움직이지 못하도록 합니다.

❶ 제어 블록의 [만약 ~ 라면] 과 관찰 블록의 [■ 색에 닿았는가?]
를 연결합니다.

❷ [■ 색에 닿았는가?] 의 색상을 선택하고 무대에서 검은색 미로
를 클릭하여 '검은색'을 추출합니다.

❹ 동작 블록의 [y좌표를 10 만큼 바꾸기] 를 연결하고 반대 방향인
'−4'로 설정하여 멈춥니다.

08 방향키로 고양이 움직이기 3

❶ 위쪽 화살표 키에 관한 제어 블록을 세 개 복제합니다.
❷ 아래쪽 화살표, 왼쪽 화살표, 오른쪽 화살표 키에 알맞게 다음과 같이 동작, 관찰,
형태 블록을 수정합니다.
y좌표 위쪽으로는 양수(4)만큼, 아래쪽으로는 음수(−4)만큼 이동하며 x좌표 축
왼쪽으로는 음수(−4)만큼, 오른쪽으로는 양수(4)만큼 이동합니다.

09 황금 열쇠 찾기

미로 탈출에 성공하는 방법은 출구의 황금 열쇠를 찾는 것이므로 게임을 마쳤을 때의 스크립트를 구성합니다.

❶ 제어 블록의 `만약 ◇ 라면` 과 관찰 블록의 `벽 ▾ 에 닿았는가?` 를 연

결하고 'Key (황금 열쇠)'에 닿았는지 살피면 고양이가 미로를 빠져나와 황금 열쇠를 찾았는지 확인할 수 있습니다.

❷ 형태 블록의 `Hello! 을(를) 2 초동안 말하기` 를 추가하여 황금 열쇠를 찾으면 '성공'을(를) '2초' 동안 말하도록 설정합니다.

❸ 제어 블록의 `모두 ▾ 멈추기` 를 추가하여 미로 탈출을 확인합니다.

❹ 이전 과정에서 복제한 제어 블록 모음들을 모두 `무한 반복하기` 블록 안에 추가합니다.

```
만약 Key ▾ 에 닿았는가? 라면 ❶
   성공 을(를) 2 초동안 말하기 ❷
모두 ▾ 멈추기 ❸
```

▶ **알아두기** 방향키와 y축

위쪽 화살표와 아래쪽 화살표는 y축 방향으로 이동하는 부분입니다. 방향키에 따라서 반복 적용되는 스크립트이므로 실제 코드는 간단하기 때문에 겁먹지 말고 도전하세요!

10 프로젝트 결과 확인하기

'▶' 아이콘을 클릭하여 미로 찾기를 시작합니다. 방향키를 눌러 고양이 스프라이트를 움직여서 미로를 탈출하고 황금 열쇠를 찾아 게임이 종료되는지 확인해 보세요.

혼자 해보기

Q 관찰 블록의 타이머 변수를 활성화하여 미로를 탈출할 때 걸리는 시간을 확인합니다. 관찰 블록의 타이머 초기화 를 추가하여 '▶' 아이콘을 클릭할 때 처음부터 타이머를 시작하고, 황금 열쇠를 찾았을 때 타이머 시간을 말풍선으로 나타내면 미로 탈출까지의 소요 시간을 확인할 수 있습니다. 미로를 빠져나가는 데 과연 얼마나 걸릴까요?

A 관찰 블록에는 타이머 라는 변수가 있어 0.1초 단위로 계속해서 시간을 재는 타이머 역할을 합니다.

[스크립트] 탭에서 타이머 변수를 체크 표시하면 배경에 타이머 숫자가 나타나 현재 시각을 알립니다. '▶' 아이콘을 클릭하면 타이머 초기화 블록을 이용해서 타이머를 초기화하여 미로를 탈출할 때 다시 타이머를 살펴보면 소요 시간을 확인할 수 있습니다.

Key ▼ 에 닿았는가? 블록에서 타이머를 2초 동안 나타내어 미로 탈출까지 걸린 시간을 확인할 수 있습니다.

여러 명이 순서대로 미로 찾기 게임을 즐길 때 사용하면 순위를 확인할 수 있어요!

키보드 연주 효과를 표현하려면?

흰 건반과 검은 건반 스프라이트를 이용하여 클릭하거나 키보드의 키를 눌러 피아노를 연주해 봅니다. 여기서 만드는 피아노는 한 옥타브(도레미파솔라시도)만 있는 간단한 형태지만, 무려 21가지 악기 소리를 들려주고 마우스와 키보드를 이용해 연주할 수 있습니다. 흰 건반과 검은 건반을 누르면 해당 건반이 눌린 형태를 표현하고, 키보드로 연주할 때는 동시에 여러 개의 건반을 누르는 형태도 재현할 수 있습니다. 자~ 그럼 나만의 피아노를 만들어 볼까요?

 STEP#1

💡 실행 미리 보기

건반의 초기 모습과 눌려진 모습을 스프라이트의 모양으로 각각 구성하고, 해당 건반의 스프라이트가 눌려졌을 때 해당 건반의 음을 연주하도록 하는 것이 핵심입니다. 또한 데이터 블록의 변수를 사용자가 설정할 수 있도록 구성하여 악기를 선택할 수 있도록 하면 더욱 재미있는 구성으로 만들 수 있습니다.

화면의 흰 건반과 검은 건반을 직접 클릭하거나 키보드의 키를 눌러 해
당 건반 음을 재생하여 피아노를 연주합니다.

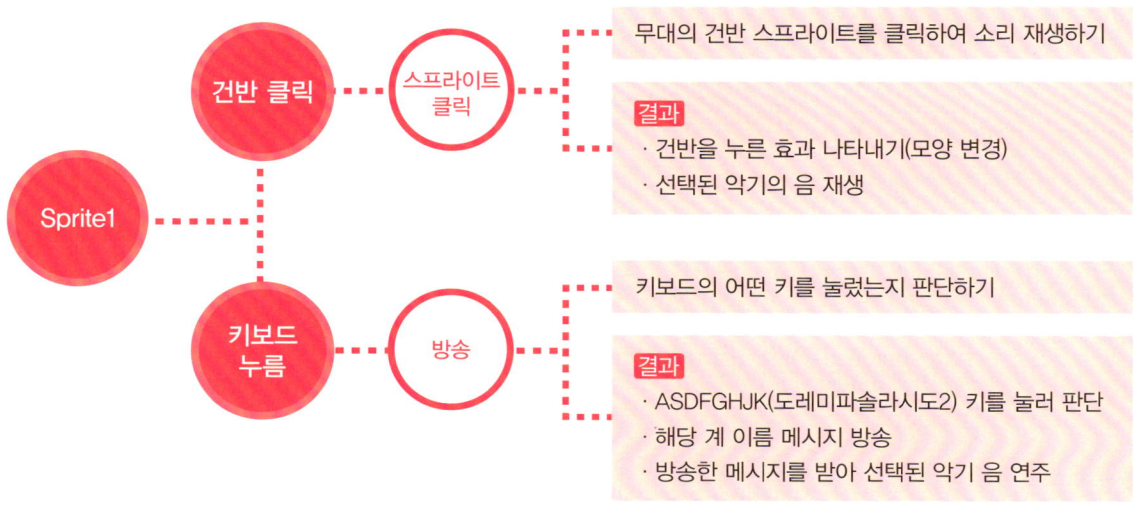

블록 미리 보기

이벤트 블록의 [도 ▼ 방송하기] 블록을 이용하면 겹쳐서 구성해야 하는 블
록을 획기적으로 줄일 수 있습니다. 기능이나 역할별로 블록을 나눌 때
실행해야 하는 블록을 호출하여 실행할 때 매우 편리합니다.

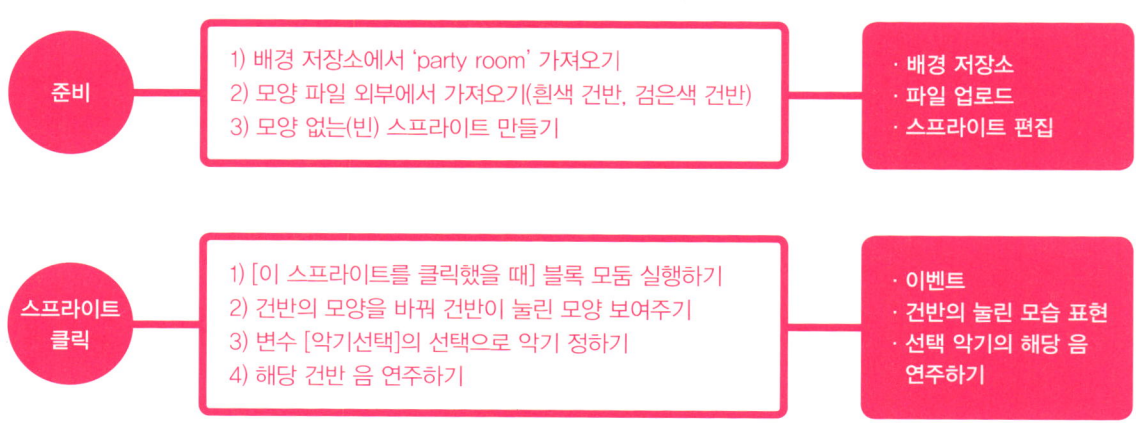

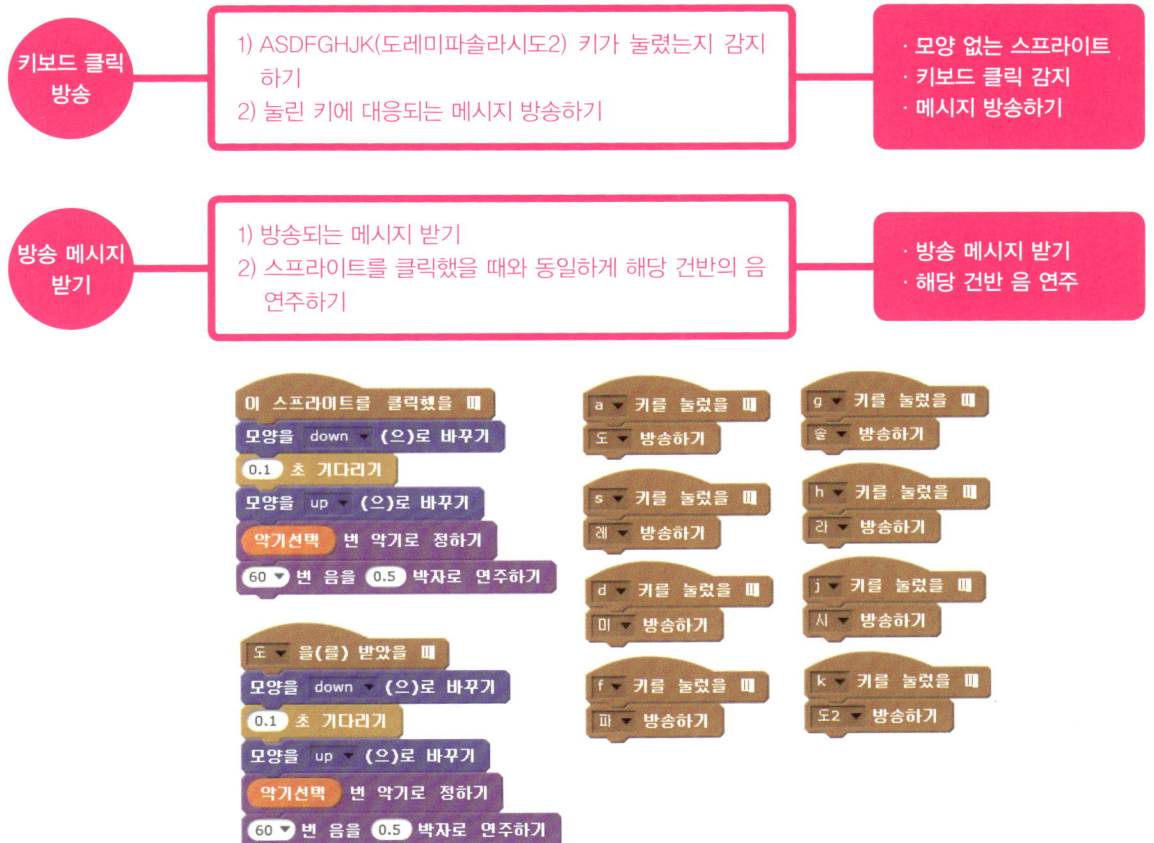

- **블록 위치 구성**

도▼ 을(를) 받았을 때 블록은 이벤트 블록의 [방송하기] 블록을 이용하여 방송된 메시지에 응답하는 블록입니다.

스크래치는 실행 내용을 해당 스프라이트 또는 무대에 블록으로 표현합니다. 연극에서 등장인물의 대사와 같은 블록은 대부분 해당 스프라이트나 무대를 실행하는 주인공입니다. 그래서 도▼ 을(를) 받았을 때 블록은 약속된 해당 음을 연주하는 스프라이트에 구성해야 합니다.

● 모양 없는(빈) 스프라이트

블록 개수가 점점 많아지고 복잡해지면 관리하기 어려워져 정리가 필요합니다. 해당 스프라이트나 무대를 실행한다면 스프라이트나 무대에 직접 블록을 구성하고, 그 외에는 방송하기나 여러 이벤트 블록처럼 특정 주인이 없는 블록은 따로 정리하는 것이 편리합니다. 이때 직접 사용하지 않거나 모양이 없는, 다시 말해 껍데기만 스프라이트(여기서는 이벤트 스프라이트)를 만들어 블록을 정리합니다. 무대에 실행하는 블록이 없다면 무대에 구성해도 좋습니다.

반드시 모양 없는(빈) 스프라이트를 구성해야 하는 것은 아니므로 자주 사용하면서 익힙니다.

STEP#2

01 배경 준비하기

❶ 배경 저장소에서 'party room'을 불러옵니다.
❷ 고양이 스프라이트를 삭제합니다.
❸ '스프라이트 파일 업로드하기' 아이콘(🖿)을 클릭합니다.

02 배경 스프라이트 준비하기

❶ 찾는 위치를 'Scratch' 폴더로 지정합니다.

❷ 'white.sprite2(흰 건반)'와 'black.sprite2(검은 건반)'을 선택합니다.

❸ 〈확인〉 버튼을 클릭하면 건반을 누렀을 때를 표현하기 위한 up과 down 모양을 확인할 수 있습니다.

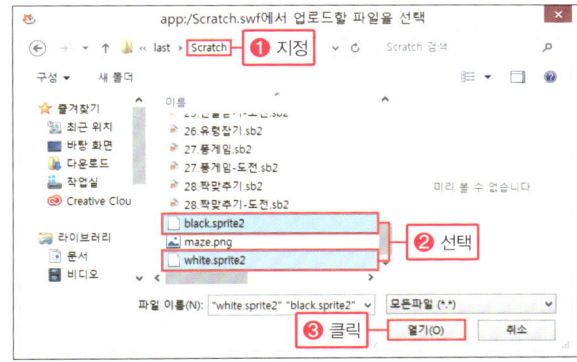

03 건반 복제하기

건반 스프라이트를 복사하여 한 옥타브를 완성합니다.

❶ 스프라이트 영역의 흰 건반에서 마우스 오른쪽 버튼을 클릭합니다.

❷ **복사**를 선택합니다.

❸ 같은 방법으로 8개의 흰 건반을 만듭니다.

❹ 스프라이트 '정보' 아이콘(　)을 클릭합니다.

❺ 각각 '도/레/미/파/솔/라/시/도2'로 계 이름을 변경하고 아래 도와 위의 도를 구별하기 위해 '도'와 '도2'로 계 이름을 바꿉니다.

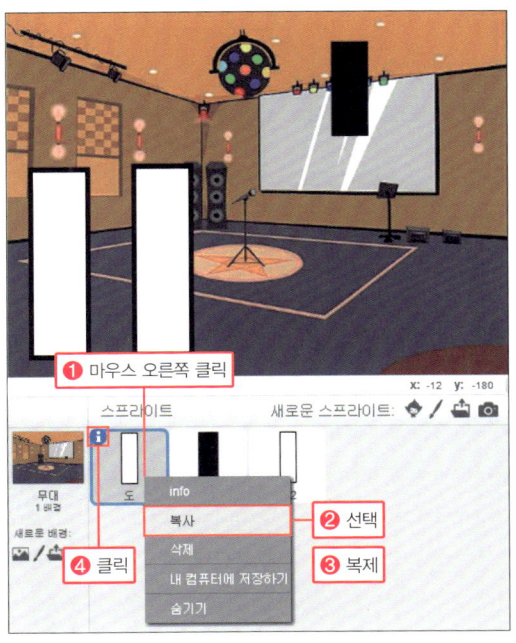

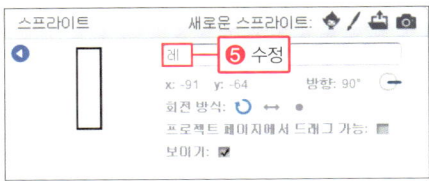

04 건반 위치 정하기

❶ 검은 건반은 모두 다섯 개를 만들고 계이름을 각각 '도#/레#/파#/
솔#/라#'로 수정합니다.

❷ 건반 스프라이트를 무대로 드래그하여 먼저 흰 건반들을 배치하고
검은 건반을 배치해서 다음과 같이 피아노 건반을 만듭니다.

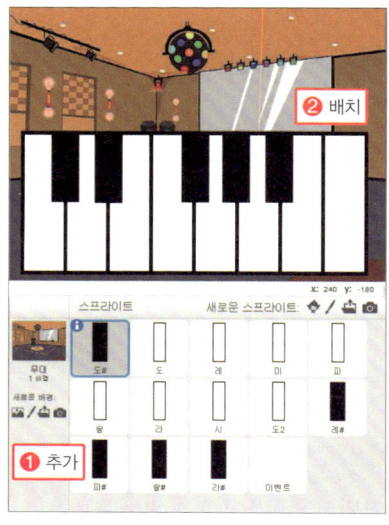

05 건반에 이벤트 설정하기

각각의 건반을 클릭할 때 해당 음을 연주하면서 건반이 눌린 모습
을 표현합니다. 건반을 누르지 않았을 때는 up, 눌렀을 때는 down
으로 구별합니다.

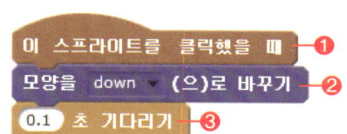

❶ 이벤트 블록에서 `이 스프라이트를 클릭했을 때` 를 스크립트 영역으로 드래
그합니다.

❷ 그 아래에 형태 블록의 `모양을 down (으)로 바꾸기` 를 붙여 넣습니다.

❸ 제어 블록에서 `0.1 초 기다리기` 를 추가한 다음 '0.1초'간 다른 모양으로
바꿔 건반이 눌린 모습을 나타내고 해당 건반 음을 연주하도록 설정합니다.

06 건반 음 선택하기

악기는 이후 변수로 설정하지만 여기서는 기본 스크립트로 구성해 봅니다.

❶ 형태 블록의 모양 블록을 다시 한 번 추가하고 'up'으로 지정합니다.

❷ 소리 블록에서 `10 ▼ 번 악기로 정하기` 를 붙여 넣습니다.

❸ 해당 음을 0.5박자로 연주하는 `60 ▼ 번 음을 0.5 박자로 연주하기` 를 추가하고 번호를 클릭하면 건반에서 원하는 음을 선택할 수 있습니다.

07 악기 선택 변수 설정하기

악기 종류는 피아노, 전자 피아노, 오르간, 첼로 등 21가지를 선택하여 설정할 수 있습니다.

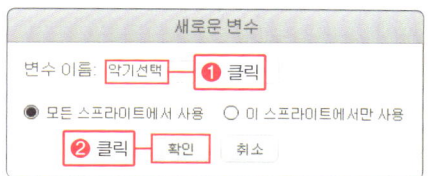

❶ 데이터 블록에서 〈변수 만들기〉 버튼을 클릭하고 새로운 변수 대화상자에서 변수 이름을 '악기선택'으로 입력합니다.

❷ 〈확인〉 버튼을 클릭하여 `악기선택` 변수를 등록합니다.

08 변수에 따른 슬라이더 만들기

무대 왼쪽 위의 `악기선택` 변수에서 마우스 오른쪽 버튼을 클릭하고 **슬라이더 사용하기**를 선택합니다.

슬라이더가 나타나면 다시 한 번 마우스 오른쪽 버튼을 클릭한 다음 **슬라이더의 최대값과 최소값 정하기**를 선택합니다.

❶ 슬라이더 범위는 악기 종류인 최소 '1'에서 최대 '21' 범위로 입력하고 ❷ 〈확인〉 버튼을 클릭합니다.

09 악기 선택 변수 연결하기

`10 ▼ 번 악기로 정하기` 블록에 해당 변수를 연결합니다. 이후로는 슬라이더를 이용해 악기를 선택하면 바로 피아노 연주 소리에 반영됩니다.

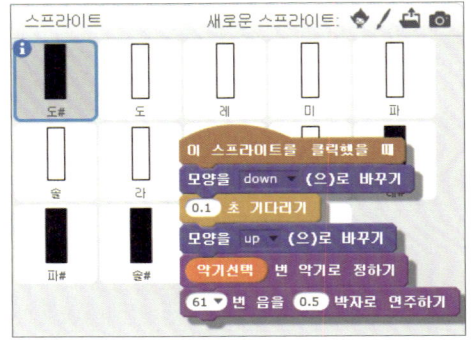

10 다른 건반에도 같은 스크립트 적용하기

스크립트 영역으로 완성한 블록 모음을 드래그하여 스프라이트 영역의 다른 스프라이트에 적용하면 블록 모음이 복제됩니다.

복제된 해당 스프라이트 블록의 설정된 음을 수정하려면 `60 ▼ 번 음을 0.5 박자로 연주하기` 블록 번호를 설정합니다.

11 피아노 연주하기

건반을 클릭하여 피아노를 연주합니다.

무대에서 `악기선택` 변수 슬라이더를 조정하여 악기를 바꾸고 건반을 클릭해 봅니다. 설정한 음과 악기 소리가 들리는지 확인합니다.

12 빈 스프라이트 만들기

이번에는 키보드 연주를 위한 빈 스프라이트를 만들어 봅니다.

❶ 새로운 스프라이트 항목에서 붓 모양의 '새 스프라이트 색칠' 아이콘(✏)을 클릭합니다.

❷ [모양] 탭을 선택하면 편집 영역에 빈 화면이 나타나 모양이 없는 빈 스프라이트를 확인할 수 있습니다.

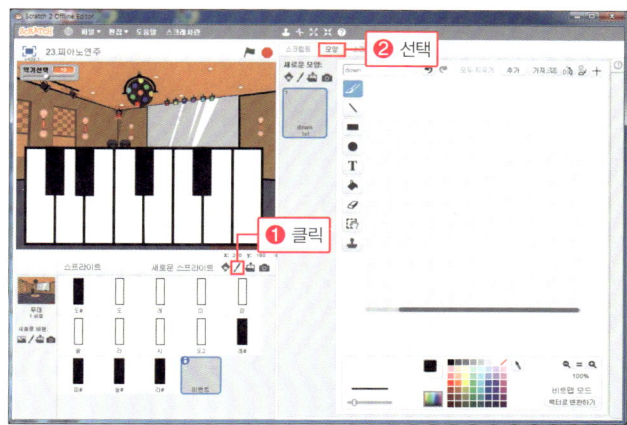

▶ **알아두기** **빈 스프라이트로 블록 정리하기**

기존 건반 스프라이트에 블록을 추가해도 좋지만, 블록을 정리하기 위해 새로운 빈 스프라이트를 만들어 여기에 블록을 추가합니다.

13 키보드 연주 블록 만들기

❶ 먼저 아래 도는 알파벳 'A(a)'로 설정하기 위해 이벤트 블록의 ＜ a ▼ 키를 눌렀을 때 ＞를 스크립트 영역으로 드래그합니다. 이벤트 블록에서 ＜ 도 ▼ 방송하기 ＞를 붙여 넣습니다.

❷ ＜ 도 ▼ 방송하기 ＞ 블록에서 '도'를 선택하고 ❸ 새 메시지를 선택합니다.

❹ 새로운 메시지 대화상자에서 메시지 이름에 '도'를 입력한 다음 ❺ 〈확인〉 버튼을 클릭합니다.

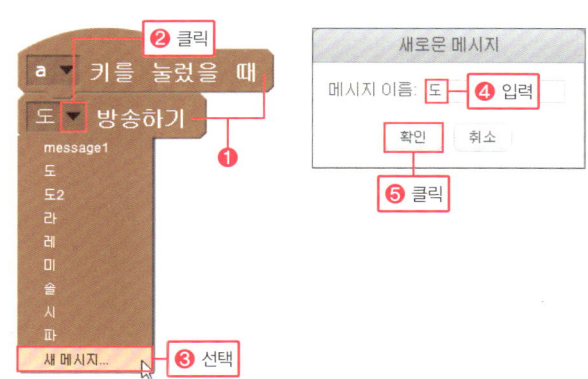

▶ **알아두기** **영문 키보드 키와 계 이름**

키보드의 키는 흰 건반에만 적용하고 키보드 가운데 줄의 'ASDFGHJK(도레미파솔라시도2)' 키를 지정합니다. 방송하기 블록은 Ａ 키를 누르면 키를 누른 행위를 알립니다.

14 연주 블록 복제하여 재구성하기

❶ 두 개의 블록으로 이루어진 블록 모음을 복제하여 건반수와 같이
8개를 만듭니다.

❷ 계이름에 맞는 음으로 설정합니다.

❸ 방송 메시지도 '도레미파솔라시도2'로 각각 지정합니다.

15 키보드 연주 및 방송 설정하기

키보드를 눌러 어떤 건반이 눌렸는지 방송되면 다른 스프라이
트에서 이를 전달받도록 합니다.

❶ 키보드로 흰 건반만 연주하기 때문에 먼저 '도' 건반을 선택한 다음
이벤트 블록에서 방송을 전달받는 [도 ▼ 을(를) 받았을 때]를 가져오고
'도'로 지정합니다.

❷ 기존의 [이 스프라이트를 클릭했을 때] 블록과 같은 음이 들려야 하므로
블록 내용을 복사하여 붙여 넣습니다.

❸ 다른 흰 건반도 같은 방법으로 반복적으로 수정합니다.

16 키보드 연주 블록에서 겹치는 부분 없애기

겹치는 블록을 줄이도록 합니다.

❶ 이 스프라이트를 클릭했을 때 아래의 형태 블록을 삭제합니다.

❷ 이벤트 블록의 도 ▼ 방송하기 를 추가하여 오른쪽의 블록 선택 음을
호출하는 형태로 만듭니다.

> ▶ **알아두기** 중복된 스크립트 정리하기
>
> 프로그래밍에서 가장 중요한 것은 겹치는(중복) 부분을 줄이는 것입니다. 중복된 스크립트를 줄이면 블록을 관리하기 편하고 이해하기도 쉽습니다. 여기서는 스프라이트를 여러 개를 사용했을 뿐 새로운 블록은 많지 않습니다. 악기 선택을 위한 변수와 빈 스프라이트를 만들어 블록을 정리하는 방법, 그리고 방송하기 기능을 연습한 것이 가장 중요하므로 잘 따라해 보세요.

17 프로젝트 결과 확인하기

마우스와 키보드를 이용하여 피아노를 연주해 보세요.

이때 소리 재생 기능을 켜두고 키보드 입력 형식이 영문인지 확인해야 합니다. 키 위치는 같더라도 영문과 한글의 키보드 입력 값은 다르기 때문에 피아노가 동작하지 않을 수 있어요.

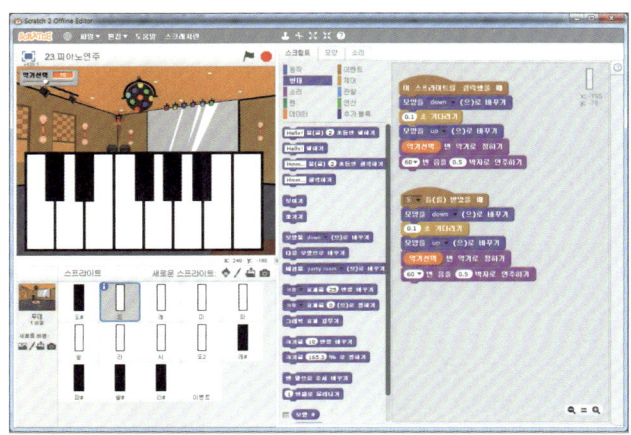

혼자 해보기

Q 검은 건반도 키보드로 연주할 수 있도록 블록을 구성해 보세요. 흰 건반처럼 음계를 맞추면 블록 구성은 크게 다르지 않습니다.

너무 쉽다면 춤추는 스프라이트를 저장소에서 가져와서 연주에 따라 모양을 바꾸며 춤추게 해 보세요. 이때 스프라이트가 서로 다르기 때문에 방송하기 블록을 이용해야 합니다.

A 키보드로 연주하기 위해 먼저 키보드 값을 설정합니다. 여기서는 검은 건반의 왼쪽부터 순서대로 'Q, W, E, R, T' 키를 이용했습니다. 먼저 스프라이트에 이벤트 블록을 추가하여 'Q, W, E, R, T' 키를 눌렀을 때 검은 건반 이름을 방송합니다.

검은 건반의 해당 스프라이트에서 방송을 받았을 때 해당 건반 소리가 들리도록 구성합니다. 해당 건반 이름의 방송을 받을 때 건반이 눌린 모양으로 바꾸고 0.1초 동안 기다린 다음 다시 건반 모양으로 바꾸고 해당 건반 음을 0.5박자로 연주합니다.

디지털시계를 만들려면?

숫자를 이용해 시계를 만들어 봅니다. 바늘이 있는 아날로그 시계가 아닌, 숫자로 시분초가 각각 표시되는 24시간 형식의 디지털 시계를 만들어 봅니다. 여기에는 시분초가 두 자리씩 필요하므로 모두 여섯 개의 숫자 스프라이트가 필요합니다.

시간 정보는 컴퓨터 시계로부터 전달받아 화면에 표시됩니다. 중요한 것은 컴퓨터 시계로부터 전달되는 시간 정보를 어떻게 디지털 시계처럼 보이도록 하는 것입니다. 어떻게 하면 좋을지 미리 생각해 보고 만들어 보세요.

STEP#1

실행 미리 보기

컴퓨터의 시간 정보를 가져와서 화면에 표시하는 방법을 학습합니다. 시간의 표시는 숫자 형태의 스프라이트를 구성하여 표현합니다.

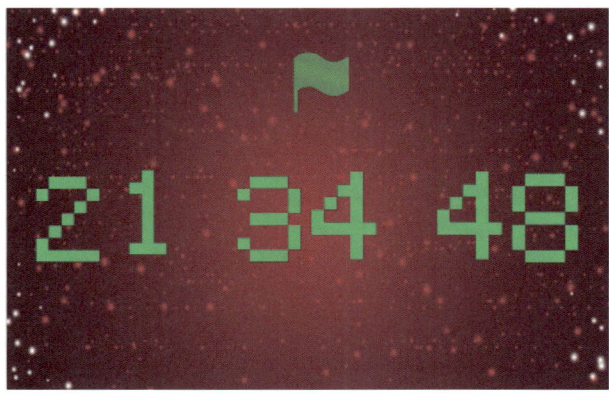

블록 미리 보기

24시간 형식으로 디지털 시계를 구성합니다.

시/분/초
뒷자리
구성

1) '몇시' 메시지를 받았을 때 블록 모둠 실행하기
2) 크기 및 위치 설정하기
3) 컴퓨터 시간 정보로부터 시/분/초 정보 구별하기
3-1) 10보다 작으면 시간 정보의 첫 번째 위치 값으로 설
정하고 10 이상이라면 시간 정보의 두 번째 위치 값
으로 설정하기

· 메시지를 받았을 때
· 초기화
· 시/분/초 정보 표현

```
이 스프라이트를 클릭했을 때
몇시 ▼ 방송하기
```

```
몇시 ▼ 을(를) 받았을 때
크기를 200 % 로 정하기
x: 130 y: 0 로 이동하기
무한 반복하기
  만약 현재 초 ▼ < 10 라면
    모양을 0 ▼ (으)로 바꾸기
  아니면
    모양을 1 번째 글자 ( 현재 초 ▼ ) (으)로 바꾸기
```

```
몇시 ▼ 을(를) 받았을 때
크기를 200 % 로 정하기
x: 190 y: 0 로 이동하기
무한 반복하기
  만약 현재 초 ▼ < 10 라면
    모양을 1 번째 글자 ( 현재 초 ▼ ) (으)로 바꾸기
  아니면
    모양을 2 번째 글자 ( 현재 초 ▼ ) (으)로 바꾸기
```

● 시/분/초를 나타내는 숫자 스프라이트 만들기

현재 시각을 24시간 형식으로 표현하는 디지털 시계를 구성합니다. 시/
분/초는 각각 두 자리로 표현되며 이때 필요한 숫자 모양은 약간씩 다릅
니다. 시간 단위를 표현하는 앞자리 '시1' 숫자는 0~2만 필요하고, '시
2'는 0~9로 구성되며, 분과 초 단위를 표현할 때는 앞자리 '분1'과 '초
1' 숫자는 0~5가 필요하고, '분2'과 '초2'는 0~9가 필요합니다. 보이
는 모양만 추가하여 스프라이트를 작성하면 쉽게 구성할 수 있습니다.

• 24시간 형식 디지털 시계 만들기

컴퓨터 시간 정보에서 10미만의 숫자는 0~9로 표현됩니다. 여기서는 시/분/초 모든 표현을 두 자리로 나타내야 하므로 시/분/초 앞자리를 구성할 때는 해당 값이 10보다 작으면 '0'으로 표기하고, 그 이상이라면 해당 정보의 첫 번째 위치로 설정합니다.

또한 시/분/초 뒷자리를 구성할 때는 해당 값이 10보다 작을 때 정보의 첫 번째 위치 숫자를 나타내고 10보다 클 때는 두 번째 위치의 숫자를 가져와 구성할 수 있습니다.

STEP#2

01 시작 화면 준비하기

❶ 배경 저장소에서 'sparkling' 배경을 가져 옵니다.

❷ 고양이 스프라이트를 삭제합니다.

❸ 하나의 스프라이트에 여러 개의 모양을 추가하기 위해 '새 스프라이트 색칠' 아이콘 (☑)을 클릭합니다.

❹ [모양] 탭의 스프라이트 편집 화면에서 '저장소에서 모양 선택' 아이콘(◈)을 클릭합니다.

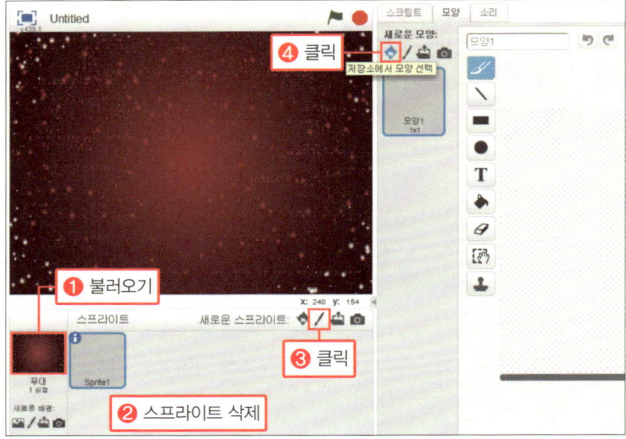

02 스프라이트 가져오기

모양 저장소에서 시/분/초로 사용할 숫자를 선택합니다.

❶ Shift 키를 누른 채 디지털 시계 숫자처럼 생긴 '0-pixel'~'9-pixel' 스프라이트
를 선택합니다.

❷ 〈확인〉 버튼을 클릭하면 [모양] 탭에서 10개의 숫자를 확인할 수 있습니다.

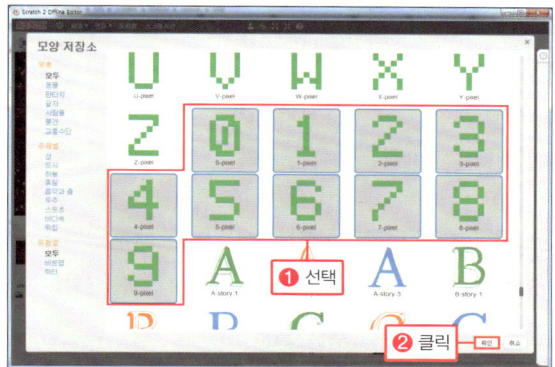
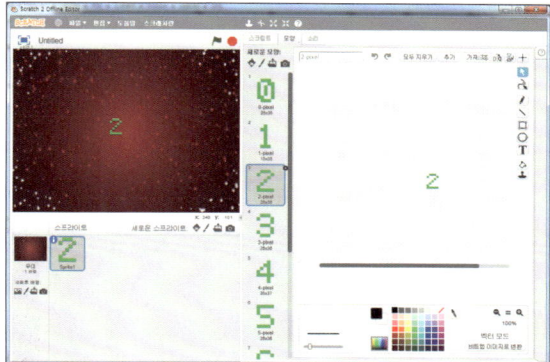

03 시간 표시 숫자 스프라이트 지정하기

❶ 스프라이트 왼쪽 위의 '정보' 아이콘(ⓘ)을 클릭합니다. 스
프라이트 이름을 시각을 나타내는 '시1'로 입력합니다.

❷ '시2', 분 단위를 나타내는 '분1'과 '분2', 초 단위를 나타내
는 '초1'과 '초2'로 각각 입력하여 구분합니다.

▶ **알아두기** **시/분초 스프라이트 복사하기**

숫자 스프라이트는 시/분/초 모두 여섯 개씩 사용하므로 스프라이트 이름을 이용해 구별하고 복사하여 만들면 편리합니다.

04 숫자 이름 지정하기

[모양] 탭의 편집 화면에서 각각의 모양 이름을 적용하기 쉽게 숫자로 바꿉니다. 예를 들어 '0'의 이름은 '0-pixel'인데 편집 화면 위에서 '0'으로 수정하여 모두 영문을 지웁니다.

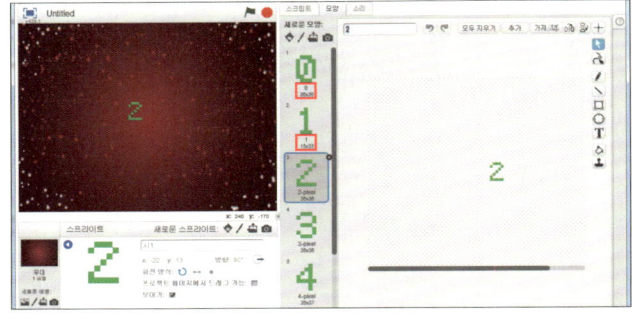

05 디지털 시계 숫자 복제하기

❶ 각각의 모양 이름을 수정해서 구별하기 쉽게 만듭니다.

❷ 스크립트 영역에서 마우스 오른쪽 버튼을 클릭하고 ❸ **복사**를 선택합니다.

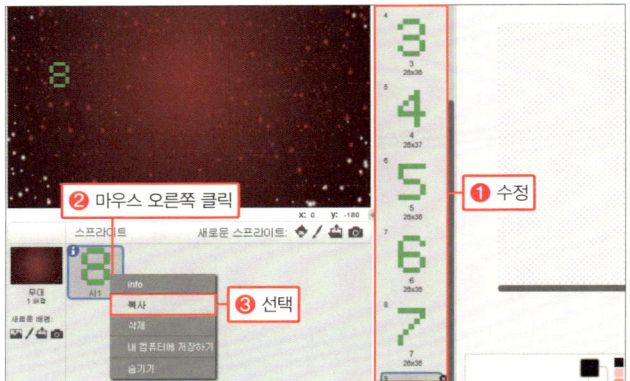

06 디지털 시계 숫자판 구성하기

❶ 숫자 스크립트를 여섯 번 복제합니다.

❷ 스프라이트 이름을 수정합니다.

❸ 무대에서 각각의 숫자 스프라이트를 드래
그하여 그림과 같이 대략적으로 숫자를 배
치합니다.

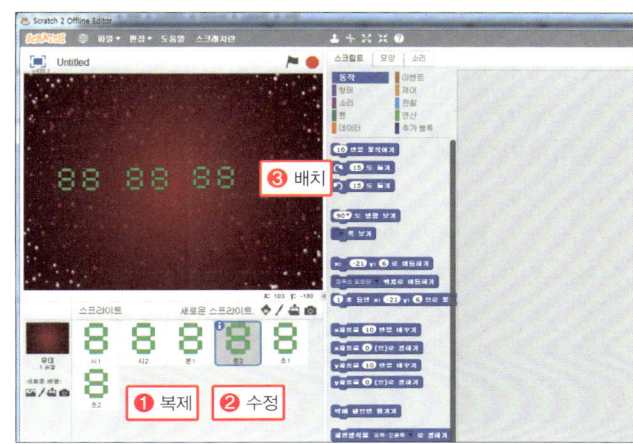

> ▶ **알아두기** 스프라이트가 헷갈릴 때는?
>
>   모두 같은 숫자 스프라이트이므로 무대에 배
>   치할 때 헷갈릴 때 아래쪽 스프라이트를 클
>   릭하면 화면에서 선택한 스프라이트가 반전
>   되므로 이를 이용해 위치를 조절합니다.

07 디지털 시계 초기화하기

초록 깃발을 클릭하면 디지털 시계를 동작하여 초기화합니다.

❶ 스프라이트 저장소에서 깃발 모양의 'Green Flag' 스프라이트를 불러옵니다.

❷ 무대에서 초록 깃발을 위쪽 가운데에 배치합니다.

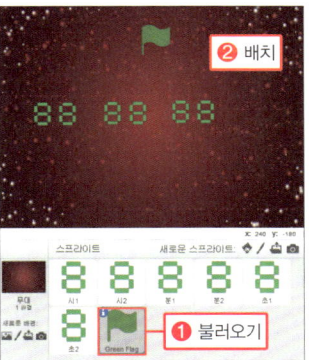

08 프로젝트 시작하기

'Green Flag' 스프라이트를 선택하고 [스크립트] 탭을 선택합니
다. '몇시' 메시지를 방송하고 디지털 시계를 초기화한 다음 현재
시각을 나타냅니다.

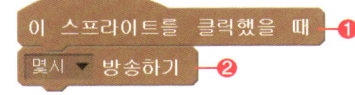

❶ 이벤트 블록에서 ▨이 스프라이트를 클릭했을 때▨ 를 스크립트 영역으로 드래그합니다.

❷ ▨몇시 ▼ 방송하기▨ 를 붙여 넣고 메시지를 '몇시'로 지정합니다.

229

09 디지털 시계 숫자 정리하기

각 스프라이트의 모양 편집 화면에서 시각에 따라 필요 없는 숫자를 선택한 다음 마우스 오른쪽 버튼을 클릭하고 **삭제**를 선택하여 지웁니다.

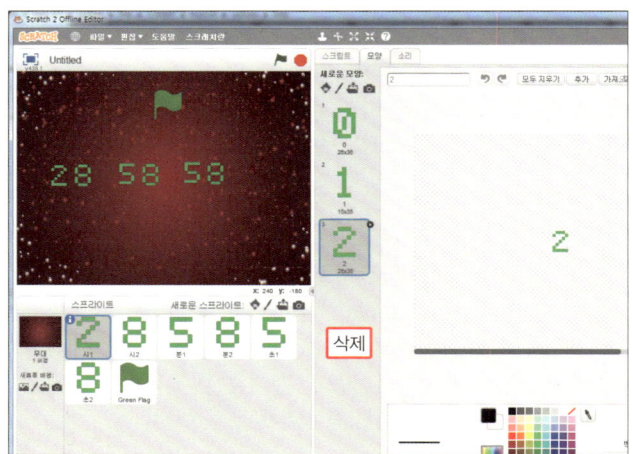

> ▶ **알아두기**   **불필요한 숫자 스프라이트**
>
> 숫자 스프라이트 중 시/분/초별 뒷자리 숫자는 0~9 모두 필요하지만, 앞자리 숫자는 필요하지 않습니다. 그래서 시각 단위는 0~2만 필요하고, 분과 초 단위는 0~5만 필요합니다.

10 디지털 시계 시간 스크립트 구성하기

'▶' 아이콘을 클릭하면 '몇시'라는 메시지를 방송하고 이 메시지를 받으면 디지털 시계를 초기화합니다.

❶ 스프라이트 영역에서 '시1'을 선택합니다.

❷ 이벤트 블록에서 「몇시 ▼ 을(를) 받았을 때」를 스크립트 여백으로 드래그합니다.

❸ 숫자 크기와 위치를 설정하기 위해 형태 블록에서 「크기를 50 % 로 정하기」를 붙여 넣고 두 배 크기인 '200%'로 설정합니다.

❹ 동작 블록에서 「x: -21 y: -138 로 이동하기」를 붙여 넣고 x축을 'x: −190', y: 0'으로 설정하여 무대의 세로 가운데에 위치시킵니다.

❺ 제어 블록에서 「무한 반복하기」를 가져와 시간 정보 영역을 만듭니다.

11 시각 정보 가져오기

❶ 괄호 안 글자에서 몇 번째 글자를 선택하기 위해 연산 블록의 `1 번째 글자 ( ▢ )`를 연결합니다.

❷ 괄호 안에 시각을 알려주는 관찰 블록의 `현재 시 ▼`를 연결합니다.

❸ 다음과 같이 해당 스프라이트에 맞도록 이어 붙입니다.

❹ 시각 숫자를 가져와 스프라이트를 불러오기 위해 형태 블록의 `모양을 0 ▼ (으)로 바꾸기`를 추가하고 연결합니다.

12 시/분/초 숫자에 시각 정보 반영하기

시각 단위의 두 자리 숫자 중 앞자리는 현재 시각 정보에서 첫 번째 글자를 나타내고 뒷자리는 두 번째 글자를 나타내므로 분, 초 단위에도 블록 모음을 복제하여 적용한 다음 위치와 시간 정보를 각각 변경합니다.

13 시각 정보 시각화하기 1

전달받는 시간 정보를 변수를 통해서 화면에 나타냅니다.

데이터 블록에서 〈변수 만들기〉 버튼을 클릭하고 새로운 변수 대화상자
에서 각각 '시', '분', '초' 변수를 만듭니다.

14 시각 정보 시각화하기 2

❶ 초록 깃발 스프라이트가 선택된 상태에서
제어 블록의 무한 반복하기 를 붙여 넣습니다.

❷ 데이터 블록의 second 을(를) 0 로 정하기
를 3개 추가합니다.

❸ 관찰 블록에서 각각 시/분/초 변수인
현재 시 ▼ 를 데이터 블록에 연결합니다.

❹ 무대에서 초록 깃발 스프라이트를 클릭하
여 디지털 시계를 동작하면 변수 값을 통해
시간을 나타냅니다.

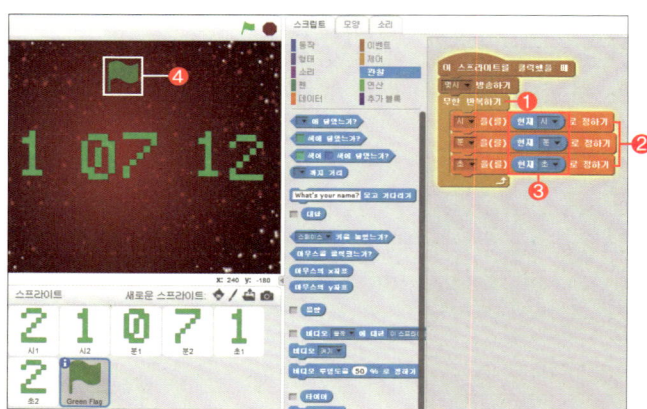

▶ **알아두기 중간 테스트의 문제점을 해결하자**

초록 깃발 스프라이트를 클릭하여 디지털 시계를 동작하면 시간 정보(시/분/초)가 두 자리씩 나타나지 않습니다. 예를
들어, 08초가 아니라 8초로 전달되어 디지털 시계의 시간이 한 자리로 표시되어 문제가 발생합니다.

15 디지털 시계 시간 표시 수정하기

시간 정보의 10이하 표현이 두 자리로 표현되지 않으므로 이 부분을 보완하겠습니다.

❶ '시1' 스프라이트를 선택하고 제어 블록에서 조건에 따라 동작하는 [만약 ◇ 라면] [아니면]을 추가합니다.

❷ 형태 블록에서 10 미만의 숫자라면 '0'으로 나타내고 그 이상이라면 생각대로 모양을 바꾸겠습니다. 앞쪽 숫자(첫 번째 글자)는 10보다 작으면 '0'으로 설정하고, 10 이상이라면 [현재 시 ▼] 정보에서 앞자리를 가져옵니다.

❸ 형태 블록에서 뒤쪽 숫자(두 번째 글자)는 10보다 작으면 [현재 시 ▼] 정보를 가져오고, 10 이상이라면 [현재 시 ▼] 정보에서 뒷자리 값을 가져옵니다.

❹ 분, 초도 같은 방법으로 스크립트를 수정합니다.

```
[ 몇시 ▼ 을(를) 받았을 때 ]
크기를 200 % 로 정하기
x: -130 y: 0 로 이동하기
무한 반복하기
    만약 ( 현재 시 ▼ < 10 ) 라면          ❶
        모양을 1 번째 글자 ( 현재 시 ▼ ) (으)로 바꾸기   ❷
    아니면
        모양을 2 번째 글자 ( 현재 시 ▼ ) (으)로 바꾸기   ❸
                                            ❹ 수정
```

16 프로젝트 결과 확인하기

초록 깃발 스프라이트를 클릭하여 디지털 시계를 확인합니다.

화면 왼쪽 변수의 시간 정보와 화면에서 구성한 시간이 같은지 확인한 다음 변수는 없애도 됩니다. 여기서는 시간 정보를 살펴보기 위해 시각화를 했던 것이므로 디지털 시계와는 관련이 없습니다.

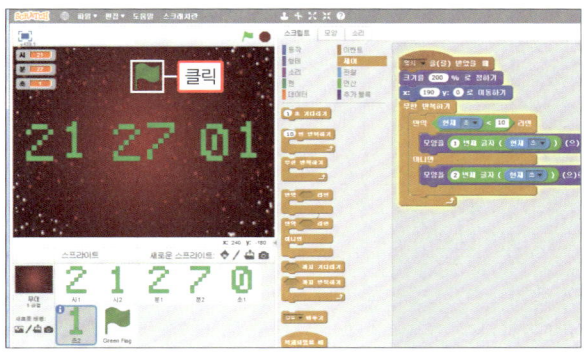

🔍 혼자 해보기

Q 아날로그 초시계를 만들어 보세요.

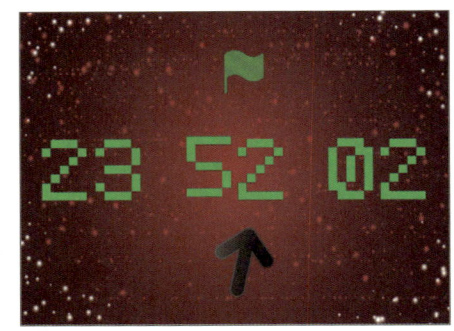

스프라이트 저장소에서 화살표 모양의 Arrow2 스프라이트를 불러옵니다. 초단위 시간이 변경될 때마다 화살표가 회전하면 아날로그시계처럼 보입니다.

초침과 분침, 시침은 60초 동안 한 바퀴 돌아야 하므로 1초당 6°(360°/60초)만큼 시계 방향으로 회전하도록 구성합니다. 만약 스프라이트 중심점이 반대 방향으로 돌면 더 크게 회전할 것입니다.

A 스프라이트 저장소에서 불러온 화살표 모양의 Arrow2 중심점은 가운데에 지정되어 있습니다. 길쭉한 화살표 모양이므로 회전할 때 문제없지만, 아날로그 시계의 초침처럼 보이기 위해 중심점을 끝부분으로 이동하면 자연스럽습니다.

스프라이트를 선택하고 모양 편집 화면으로 이동한 다음 〈모양 중심 설정〉 버튼을 클릭하면 검은색 가이드 선으로 모양의 중심 부분을 표시합니다.

화살표 중심 부분을 편집 화면에서 클릭하면 해당 위치가 중심점으로 이동합니다. 스프라이트는 네 개의 모양이지만, 여기서는 하나만 (arrow2−a) 이용하므로 중심점 하나만 변경합니다.

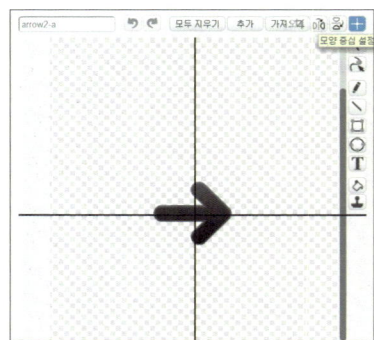
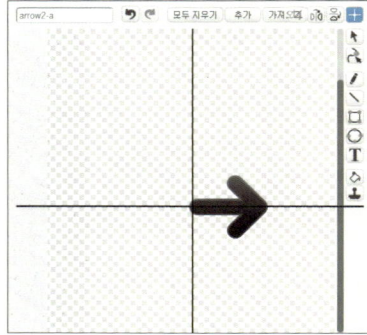

Arrow2 스프라이트를 선택하고 블록을 구성합니다.

'몇시' 메시지를 받았을 때 화살표를 좀 더 확대하면서 회전합니다. 회전은 시간 흐름에 따라 계속 이어지므로 제어 블록의 무한 반복하기 에 추가합니다.

블록을 살펴보면 컴퓨터에서 시간을 받아와 무한 반복하기 에서 시/분/초 변수를 설정하므로 이를 합치면 블록이 간단해집니다.

초록 깃발 스프라이트의 무한 반복하기 블록 모음을 가져와서 Arrow2 스프라이트에 붙여 넣습니다.

화살표는 60초 동안 한 바퀴 회전하므로 1초 동안의 회전 각도는 360°에서 60초를 나눕니다(360/60=6). 1초 동안 회전하는 각도는 6°이므로 회전 각도는 현재 초 값에 6을 곱합니다.

따라서 동작 블록의 90 도 방향 보기 , 연산 블록의 ◯ * ◯ , 관찰 블록의 현재 초 를 연결하면 현재 화살표가 바라보는 회전 각도가 설정됩니다. 회전 각도는 계속 변하므로 무한 반복하기 블록 아래에 추가하면 화살표가 초침처럼 동작합니다. 이러한 방식으로 분침과 시침도 구성할 수 있습니다.

Part 04

스크래치 게임 프로그래밍

Part 4 ❯ Section 01

선물 상자 받기
게임 만들기

하늘에서 떨어지는 선물 상자를 받는 게임을 만듭니다. 빨간색과 파란색 선물 상자가 하늘에서 떨어질 때 빨간색 선물 상자를 받으면 1점씩 점수가 올라가고 파란색 선물 상자는 1점씩 점수가 내려간다는 설정으로 간단한 게임을 만들어 봅니다.

이때 선물 상자가 내려오는 위치와 속도 그리고 크기 등을 생각해야 하며, 빨간색과 파란색 선물 상자의 개수 비율을 고려해야 좀 더 재미있습니다. 이를테면 빨간색 선물 상자가 4개 떨어질 때 파란색 선물 상자는 1개가 떨어지는 비율을 말합니다. 키보드를 눌러 화면 아래에서 스프라이트를 움직여 떨어지는 선물 상자를 스프라이트가 받았는지 판단하여 점수로 연결하고, 점수 변화에 따라 게임을 종료합니다.

STEP#1

 코딩 순서

> ▸ 눈이 내린 마을에 하늘에서 선물 상자가 떨어집니다.
>
> ▸ 선물 상자는 빨간색과 파란색으로, 선물 상자를 잡으면 빨간색은 +1, 파란색은 −1점씩 추가됩니다.
>
> ▸ 댄(Dan) 아저씨는 하늘에서 떨어지는 선물 상자를 좌우로 이동하면서 받습니다.
>
> ▸ 점수가 올라가면 떨어지는 선물 상자 개수가 많아져 게임이 약간 어려워집니다.
>
> ▸ 댄(Dan) 아저씨가 되어 빨간색 선물 상자를 받아볼까요?

💡 실행 미리 보기

이벤트 블록의 메시지를 이용하여 메시지를 방송하고 메시지를 받았을 때 등으로 구분하여 각각의 스프라이트의 행동을 설정(정의)하여 이야기를 만드는 것이 핵심입니다. 또한 난수를 이용하여 선물 상자의 색깔의 구성 비율을 달리하는 방법도 익혀두세요. 키보드로 움직이는 스프라이트의 자연스러움을 위해 점프와 착지에 대해서도 살펴봅니다.

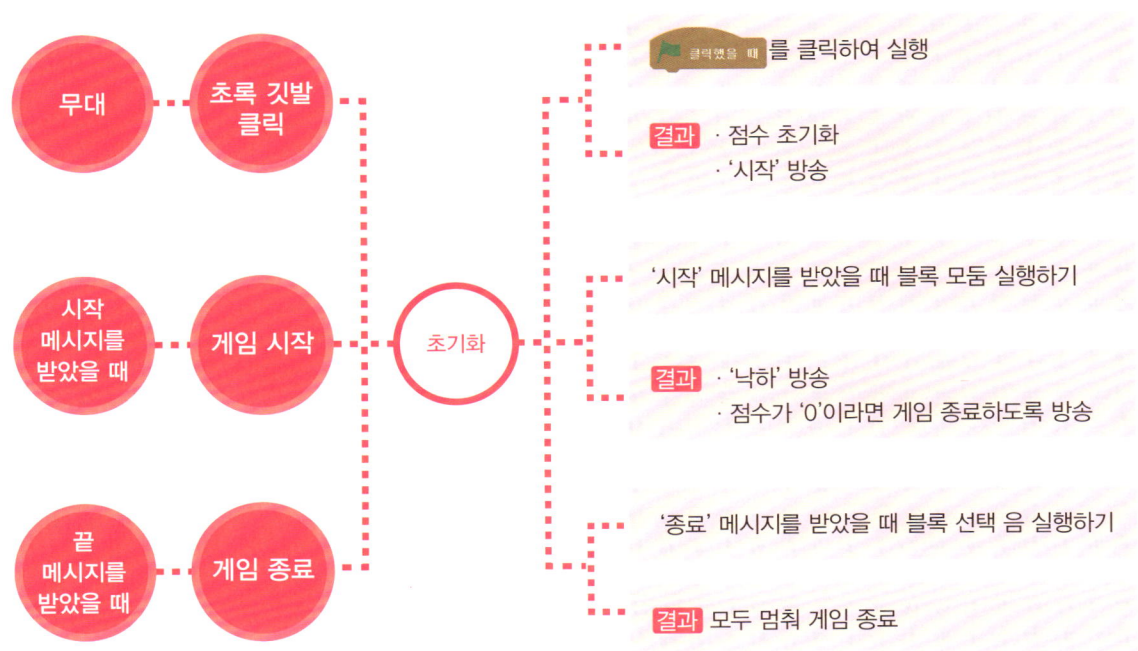

무대 — 초록 깃발 클릭 — `클릭했을 때`를 클릭하여 실행

결과 · 점수 초기화
· '시작' 방송

시작 메시지를 받았을 때 — 게임 시작 — 초기화 — '시작' 메시지를 받았을 때 블록 모둠 실행하기

결과 · '낙하' 방송
· 점수가 '0'이라면 게임 종료하도록 방송

끝 메시지를 받았을 때 — 게임 종료 — '종료' 메시지를 받았을 때 블록 선택 음 실행하기

결과 모두 멈춰 게임 종료

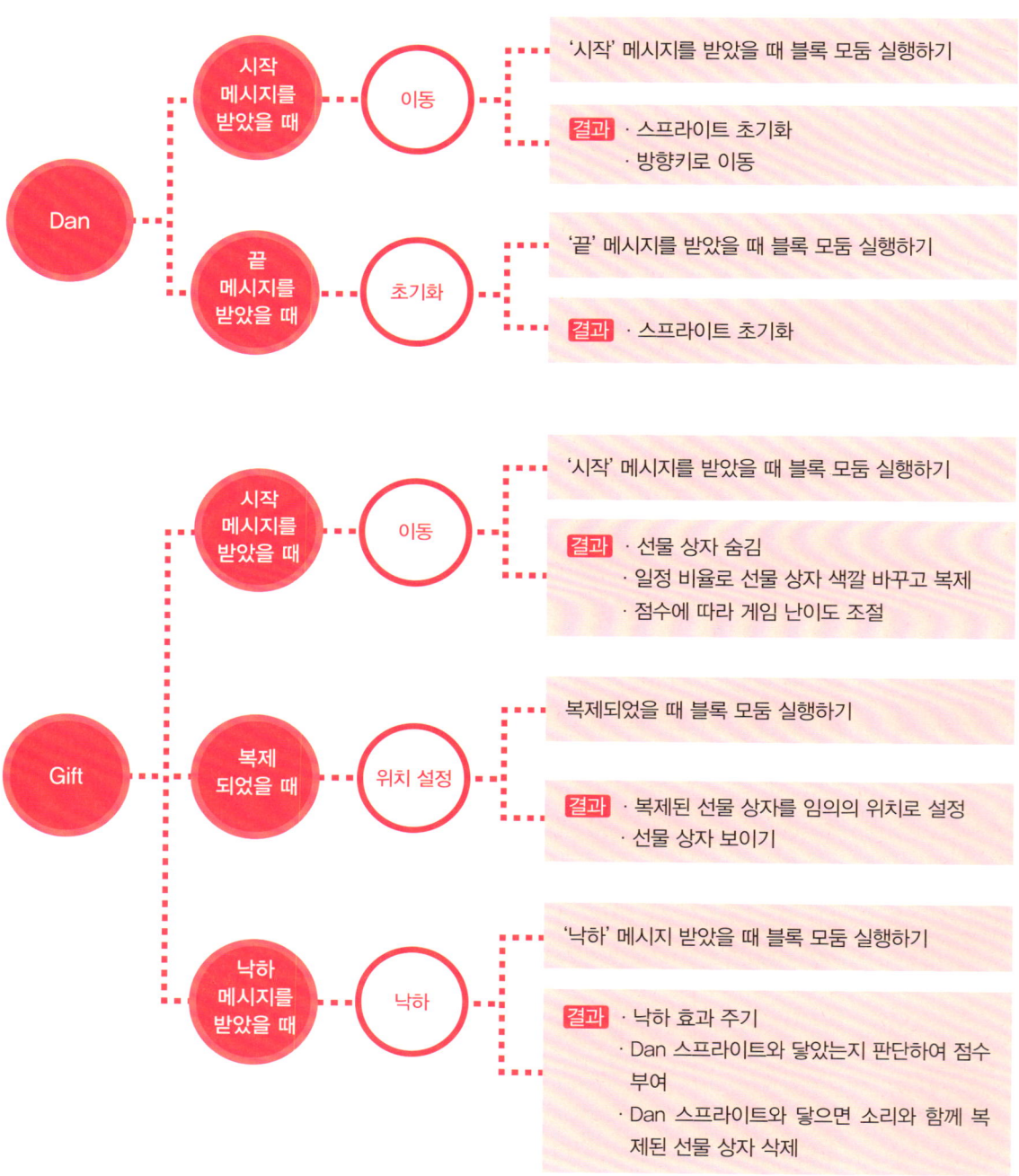

			'시작' 메시지를 받았을 때 블록 모둠 실행하기
	시작 메시지를 받았을 때	이동	**결과** · 스프라이트 초기화 · 방향키로 이동
Dan			
	끝 메시지를 받았을 때	초기화	'끝' 메시지를 받았을 때 블록 모둠 실행하기
			결과 · 스프라이트 초기화

'시작' 메시지를 받았을 때 블록 모둠 실행하기

결과 · 선물 상자 숨김
· 일정 비율로 선물 상자 색깔 바꾸고 복제
· 점수에 따라 게임 난이도 조절

복제되었을 때 블록 모둠 실행하기

결과 · 복제된 선물 상자를 임의의 위치로 설정
· 선물 상자 보이기

'낙하' 메시지 받았을 때 블록 모둠 실행하기

결과 · 낙하 효과 주기
· Dan 스프라이트와 닿았는지 판단하여 점수
부여
· Dan 스프라이트와 닿으면 소리와 함께 복
제된 선물 상자 삭제

Dan

Gift

시작 메시지를 받았을 때 / 이동

복제 되었을 때 / 위치 설정

낙하 메시지를 받았을 때 / 낙하

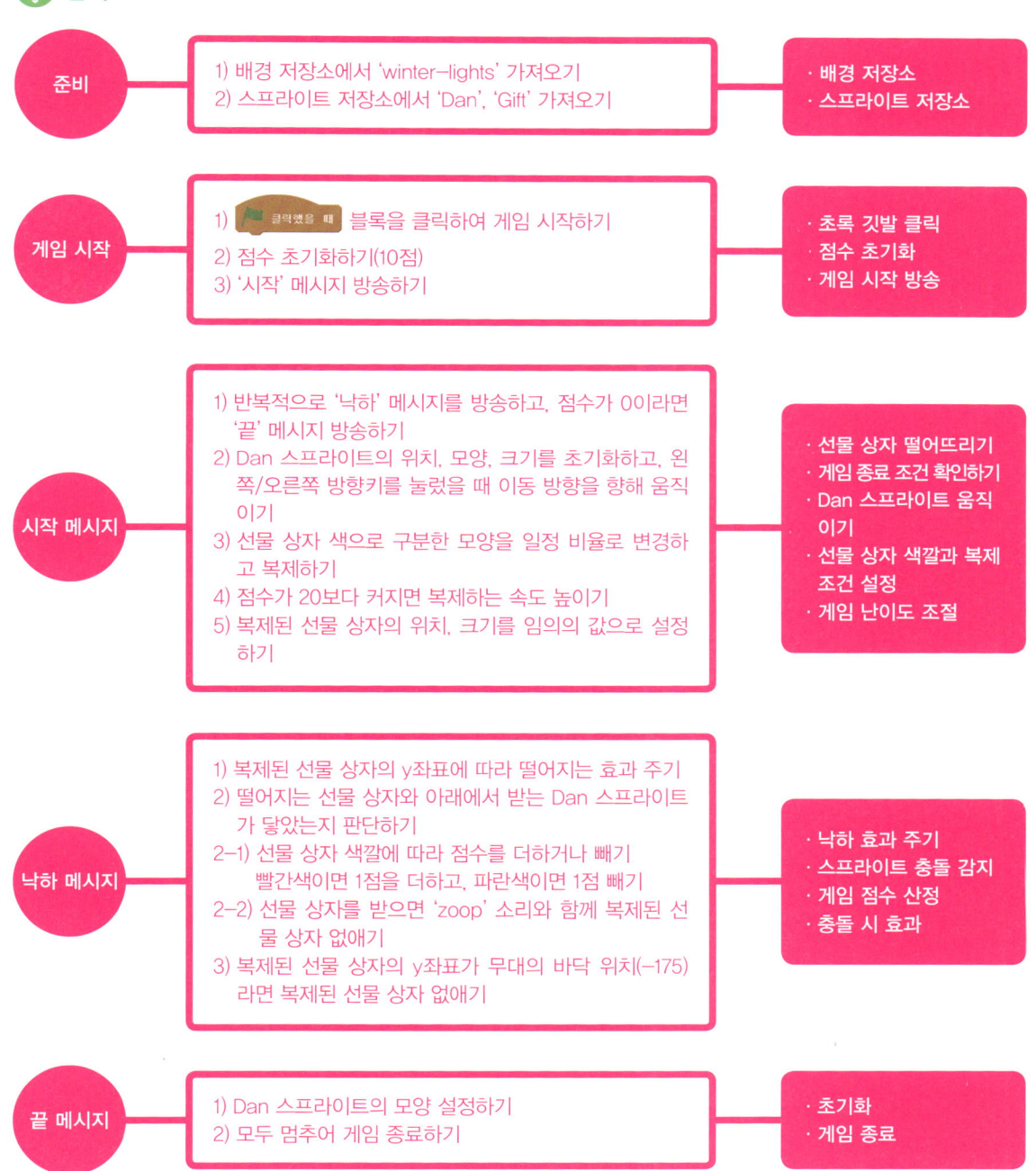

블록 미리 보기

준비
1) 배경 저장소에서 'winter-lights' 가져오기
2) 스프라이트 저장소에서 'Dan', 'Gift' 가져오기

- 배경 저장소
- 스프라이트 저장소

게임 시작
1) 클릭했을 때 블록을 클릭하여 게임 시작하기
2) 점수 초기화하기(10점)
3) '시작' 메시지 방송하기

- 초록 깃발 클릭
- 점수 초기화
- 게임 시작 방송

시작 메시지
1) 반복적으로 '낙하' 메시지를 방송하고, 점수가 0이라면 '끝' 메시지 방송하기
2) Dan 스프라이트의 위치, 모양, 크기를 초기화하고, 왼쪽/오른쪽 방향키를 눌렀을 때 이동 방향을 향해 움직이기
3) 선물 상자 색으로 구분한 모양을 일정 비율로 변경하고 복제하기
4) 점수가 20보다 커지면 복제하는 속도 높이기
5) 복제된 선물 상자의 위치, 크기를 임의의 값으로 설정하기

- 선물 상자 떨어뜨리기
- 게임 종료 조건 확인하기
- Dan 스프라이트 움직이기
- 선물 상자 색깔과 복제 조건 설정
- 게임 난이도 조절

낙하 메시지
1) 복제된 선물 상자의 y좌표에 따라 떨어지는 효과 주기
2) 떨어지는 선물 상자와 아래에서 받는 Dan 스프라이트가 닿았는지 판단하기
2-1) 선물 상자 색깔에 따라 점수를 더하거나 빼기 빨간색이면 1점을 더하고, 파란색이면 1점 빼기
2-2) 선물 상자를 받으면 'zoop' 소리와 함께 복제된 선물 상자 없애기
3) 복제된 선물 상자의 y좌표가 무대의 바닥 위치(-175)라면 복제된 선물 상자 없애기

- 낙하 효과 주기
- 스프라이트 충돌 감지
- 게임 점수 산정
- 충돌 시 효과

끝 메시지
1) Dan 스프라이트의 모양 설정하기
2) 모두 멈추어 게임 종료하기

- 초기화
- 게임 종료

클릭했을 때
점수 ▾ 을(를) 10 로 정하기
시작 ▾ 방송하기

끝 ▾ 을(를) 받았을 때
모두 ▾ 멈추기

시작 ▾ 을(를) 받았을 때
무한 반복하기
    낙하 ▾ 방송하기
    만약 점수 = 0 라면
        끝 ▾ 방송하기

시작 ▾ 을(를) 받았을 때
회전방식을 왼쪽-오른쪽 ▾ 로 정하기
x: 0 y: -120 로 이동하기
모양을 dan-b ▾ (으)로 바꾸기
크기를 60 % 로 정하기
무한 반복하기
    만약 왼쪽 화살표 ▾ 키를 눌렀는가? 라면
        -90 ▾ 도 방향 보기
        10 만큼 움직이기
        벽에 닿으면 튕기기
    만약 오른쪽 화살표 ▾ 키를 눌렀는가? 라면
        90 ▾ 도 방향 보기
        10 만큼 움직이기
        벽에 닿으면 튕기기

끝 ▾ 을(를) 받았을 때
모양을 dan-a ▾ (으)로 바꾸기

시작 ▾ 을(를) 받았을 때
숨기기
무한 반복하기
    만약 1 부터 10 사이의 난수 나누기 4 의 나머지 = 1 라면
        모양을 2 ▾ (으)로 바꾸기
        나 자신 ▾ 복제하기
    아니면
        모양을 1 ▾ (으)로 바꾸기
        나 자신 ▾ 복제하기
    만약 점수 > 20 라면
        0.2 초 기다리기
    아니면
        0.4 초 기다리기

복제되었을 때
x: -240 부터 240 사이의 난수 y: 200 로 이동하기
회전방식을 왼쪽-오른쪽 ▾ 로 정하기
크기를 35 부터 75 사이의 난수 % 로 정하기
보이기

낙하 ▾ 을(를) 받았을 때
y좌표 < -175 까지 반복하기
    만약 Dan ▾ 에 닿았는가? 라면
        만약 모양 # = 1 라면
            점수 ▾ 을(를) 1 만큼 바꾸기
        만약 모양 # = 2 라면
            점수 ▾ 을(를) -1 만큼 바꾸기
        zoop ▾ 재생하기
        이 복제본 삭제하기
    180 ▾ 도 방향 보기
    5 부터 15 사이의 난수 만큼 움직이기
이 복제본 삭제하기

● 선물 상자 색깔의 비율 설정하기

만약 (①부터 ⑩ 사이의 난수 나누기 ④ 의 나머지 = ①) 라면

선물 상자 모양은 빨간색과 파란색으로 구분됩니다. Dan 스프라이트가
선물 상자를 받으면 얻을 수 있는 점수가 다르고 게임의 난이도를 위해
서도 복제되는 색깔의 양을 조절할 필요가 있습니다.

다음의 블록은 1부터 10까지의 난수에 4를 나눠 얻는 나머지가 1이면
파란색 모양으로 복제하도록 구성하는 블록입니다.

4로 나눠 나머지가 1이 되는 경우에 나올 수 있는 10개 숫자 중(1, 5, 9)
번째 숫자의 경우가 됩니다. 이것은 숫자 10 중 3개에 해당하는 경우이
므로 30% 비율이 되어 파란색 선물 상자인 두 번째 모양이 30%, 빨간
색 선물 상자인 첫 번째 모양이 70% 비율로 복제됩니다. 파란색 선물
상자가 많이 복제될수록 게임 난이도가 올라가므로 복제 비율을 조절하
는 것이 중요합니다.

STEP#2

01 시작 화면 준비하기

크리스마스를 연상하며 배경과 스프라이트를 준비합니다.

❶ 배경 저장소에서 눈 내리는 마을인 ʻwinter-lightsʼ를 불러옵니다.
❷ 스프라이트 저장소에서 선물 상자인 ʻGiftʼ와 하늘에서 떨어지는
　선물을 받는 모습의 ʻDanʼ 스프라이트를 불러옵니다.
　ʻGiftʼ 스프라이트에는 파란색과 빨간색 선물 상자가 있어 두 가
　지 모양을 이용하여 점수를 더합니다.

02 게임 시작 스크립트 구성하기

'▶' 아이콘을 클릭하여 게임을 시작하기 위한 초기화 스크립트를 설정합니다. 먼저 무대를 선택하고 [스크립트] 탭을 선택한 다음 메시지 방송을 '시작', '낙하', '끝'의 세 가지로 기능을 나눕니다.

❶ '▶' 아이콘을 클릭하면 변수인 점수를 기본 '10점'으로 초기화하고 '시작' 메시지를 방송하는 스크립트를 만듭니다.

❷ '시작' 메시지를 받으면 선물 상자를 복제하여 화면 위쪽 임의의 위치에서 선물 상자를 떨어뜨리도록 '낙하' 메시지를 방송합니다. 또한 점수가 0점이 되면 '끝' 메시지를 방송하는 스크립트를 만듭니다.

❸ '끝' 메시지를 받으면 블록을 이용해 게임을 끝내는 스크립트를 만듭니다.

03 선물 상자를 받는 스프라이트 구성하기

하늘에서 내려오는 선물을 받는 댄(Dan) 스프라이트를 선택하고 스크립트를 구성합니다.

❶ '시작' 메시지를 받으면 ❷ 회전 방식을 '왼쪽-오른쪽'으로 정합니다.

❸ 시작 위치를 'x : 0, y: -120'로 이동하고 ❹ 하늘을 바라보는 형태인 두 번째 모양(dan-b)으로 바꾼 다음 ❺ 크기를 '60%'로 정합니다.

❻ '끝' 메시지에 관한 모양 바꾸기 스크립트도 추가합니다.

04 동작 구성하기

① 제어 블록에서 ▨무한 반복하기▨를 가져옵니다.

② ▨만약 ◇ 라면▨ 블록을 두 개 추가한 다음 관찰 블록의

▨스페이스 ▾ 키를 눌렀는가?▨를 각각 연결합니다.

왼쪽 화살표를 눌렀을 때의 방향과 움직임, 그리고 벽에 닿으면 팅기기를 이용하여 반대 방향으로 이동합니다.

③ 오른쪽 화살표를 눌렀을 때도 같은 방법으로 적용합니다.

```
무한 반복하기 ━①
  만약  왼쪽 화살표 ▾ 키를 눌렀는가?  라면 ━②
    -90 ▾ 도 방향 보기
    10 만큼 움직이기
    벽에 닿으면 팅기기
  만약  오른쪽 화살표 ▾ 키를 눌렀는가?  라면 ━③
    90 ▾ 도 방향 보기
    10 만큼 움직이기
    벽에 닿으면 팅기기
```

▶ **알아두기** 게임 코딩 순서 이해하기

하늘에서 떨어지는 선물 상자라는 설정으로 크리스마스가 연상되는 눈 내린 마을에 빨간색, 파란색 선물 상자가 하늘에서 떨어지면 아래에서 댄 아저씨가 선물을 받는 게임입니다. '🏴' 아이콘을 클릭하여 게임을 초기화하고 방송하기 블록 등을 이용해서 선물 상자를 복제한 다음 화면 위쪽 임의의 위치에서 다양한 속도로 떨어뜨립니다. 아래쪽 댄 아저씨는 방향키로 움직이고 선물 상자와 닿았는지 판단하여 점수를 부여합니다.

05 선물 상자 복제하기

선물 상자 스프라이트를 선택하고 스크립트를 작성합니다.

❶ '시작' 메시지를 받으면 숨기기 블록으로 인해 화면에서 숨기고, 제어 블록의

무한 반복하기 을 이용해 선물 상자를 복제합니다.

❷ 선물 상자를 복제할 때 빨간색과 파란색 비율을 설정하고, 복제되는 속도에 차이
를 두어 게임 난이도를 조절합니다.

```
시작 ▾ 을(를) 받았을 때  ❶
숨기기
무한 반복하기
    만약  1 부터 10 사이의 난수  나누기 4 의 나머지 = 1 라면
        모양을 2 ▾ (으)로 바꾸기
        나 자신 ▾ 복제하기
    아니면
        모양을 1 ▾ (으)로 바꾸기
        나 자신 ▾ 복제하기

    만약  점수 > 20 라면
        0.2 초 기다리기
    아니면
        0.4 초 기다리기
```

```
복제되었을 때  ❷
x: -240 부터 240 사이의 난수  y: 200 로 이동하기
회전방식을 왼쪽-오른쪽 ▾ 로 정하기
크기를 35 부터 75 사이의 난수 % 로 정하기
보이기
```

▶ **알아두기 선물 상자 생성 비율을 설정하려면?**

이 게임의 핵심은 빨간색과 파란색 선물 상자 비율 설정입니다.
제어 블록을 가져와 선물 상자 모양 조건에 따라 바꾸고 복제
합니다. 이때 조건은 난수와 나머지를 이용하여 구성합니다.
1~10 난수를 4로 나눠 나머지가 1이 되는 조건을 이용합니다.

```
만약  1 부터 10 사이의 난수  나누기 4 의 나머지 = 1 라면
    모양을 2 ▾ (으)로 바꾸기
    나 자신 ▾ 복제하기
아니면
    모양을 1 ▾ (으)로 바꾸기
    나 자신 ▾ 복제하기
```

06 선물 상자 떨어뜨리기

복제된 선물 상자를 화면 위쪽 임의의 위치에서 떨어뜨리도록 스크립트로 구성합니다.

❶ '낙하' 메시지를 받으면 게임을 시작하기 위해 먼저 선물 상자가 바닥에 닿을 때까지 계속 선물 상자의 y축 위치를 변경하여 떨어지는 것처럼 표현합니다.

❷ 중간에 댄 아저씨가 선물 상자를 잡았는지 판단하여 점수를 추가하고 'zoop' 소리를 울린 다음 선물 상자를 삭제합니다.
빨간색 선물 상자를 잡으면 1점을 추가하고, 파란색 선물 상자를 잡으면 1점을 빼서 점수를 계산합니다.

❸ 선물 상자가 떨어지는 속도는 동작 블록의 `180 ▼ 도 방향 보기` 와
`5 부터 15 사이의 난수` 만큼 이동합니다.

❹ 이후 바닥에 떨어지면 복제된 선물 상자를 삭제합니다.

07 프로젝트 결과 확인하기

'▶' 아이콘을 클릭하여 선물 상자 받기 게임을 시작합니다.

댄이 부드럽게 좌우로 움직이는지, 선물 상자가 임의의 위치에서 다양한 속도로 설정한 비율의 색대로 떨어지는지 등을 살펴보세요.

또한 선물 상자를 잡으면 점수가 변경되는지도 확인해 보세요.

혼자 해보기

Q 선물받기 게임에서 댄 아저씨를 점프시켜 보세요. 기존 왼쪽 화살표나 오른쪽 화살표처럼 [만약 〈위쪽 화살표▼ 키를 눌렀는가?〉 라면] 블록을 이용하여 구성할 수 있습니다.

A 위쪽 화살표를 추가하여 점프하도록 합니다.

중요한 것은 위쪽 화살표 키를 누르면 위로 올라갔다가 다시 제자리로 되돌아와야 하는 것입니다. 어느 정도 시간 차이를 두고 점프한 다음 제자리로 돌아와야 자연스럽기 때문에 제어 블록의 [10 번 반복하기]를 추가합니다.

위쪽으로 10(픽셀)만큼 10번 동안 100만큼 올라간 다음, 다시 반대 방향인 아래쪽으로 100만큼 내려와 제자리로 돌아오도록 합니다.

```
시작▼ 을(를) 받았을 때
무한 반복하기
  만약 〈위쪽 화살표▼ 키를 눌렀는가?〉 라면
    10 번 반복하기
      y좌표를 10 만큼 바꾸기
    10 번 반복하기
      y좌표를 -10 만큼 바꾸기
```

```
시작▼ 을(를) 받았을 때
무한 반복하기
  만약 〈위쪽 화살표▼ 키를 눌렀는가?〉 라면
    10 번 반복하기
      0▼ 도 방향 보기
      10 만큼 움직이기
    10 번 반복하기
      180▼ 도 방향 보기
      10 만큼 움직이기
```

> ▶ **알아두기** **점프와 착지 방향**
>
> [y좌표를 10 만큼 바꾸기] 와 [y좌표를 -10 만큼 바꾸기] 블록을 이용하면 자연스러우며, 같은 결과의 [90▼ 도 방향 보기] 와 [10 만큼 움직이기] 를 이용하면 점프하더라도 방향이 어색해집니다.
>
> 이것은 왼쪽 화살표와 오른쪽 화살표에서 [90▼ 도 방향 보기] 를 이용했으므로 위쪽 화살표만 누르면 문제 없지만 양쪽 화살표와 위쪽 화살표를 동시에 누를 때 점프 후 착지 방향이 반대로 될 수 있습니다.

유령잡기 게임 만들기

어두운 밤 여기저기에서 나타나는 유령을 잡을 때마다 소리와 함께 점수를 획득하는 게임을 만들어 봅니다. 반투명 효과와 유령 크기, 유령이 나타나는 시간을 조절하여 게임의 난이도를 바꿔서 재미를 줍니다.

STEP #1

💡 코딩 순서

- ▶ 어두운 밤, 도시에 유령이 나타납니다.
- ▶ 유령은 도시의 여러 곳에서 나타났다가 사라집니다.
- ▶ 나타날 때마다 유령의 크기와 보이는 정도(반투명)도 달라집니다.
- ▶ 마우스를 이용해 유령을 클릭하면 소리를 내고 사라집니다.
- ▶ 유령을 잡을 때마다 1점씩 점수가 올라갑니다.
- ▶ 어두운 도시에 나타나는 유령을 잡으러 떠나볼까요?

💡 실행 미리 보기

게임의 스토리를 구성하는 연습을 합니다. 자연스러운 게임을 위해서는
이러한 이야기 흐름이 탄탄해야 코드 구성도 간단해질 수 있습니다.

무대: night city

스프라이트: Ghost2

'⚑' 아이콘을 클릭하여 게임을 실행하고 유령을 시간 간격에 따라 반투
명 효과, 크기, 위치를 설정하는 블록과 함께 유령을 클릭하면 점수를
획득하는 부분으로 구성합니다.

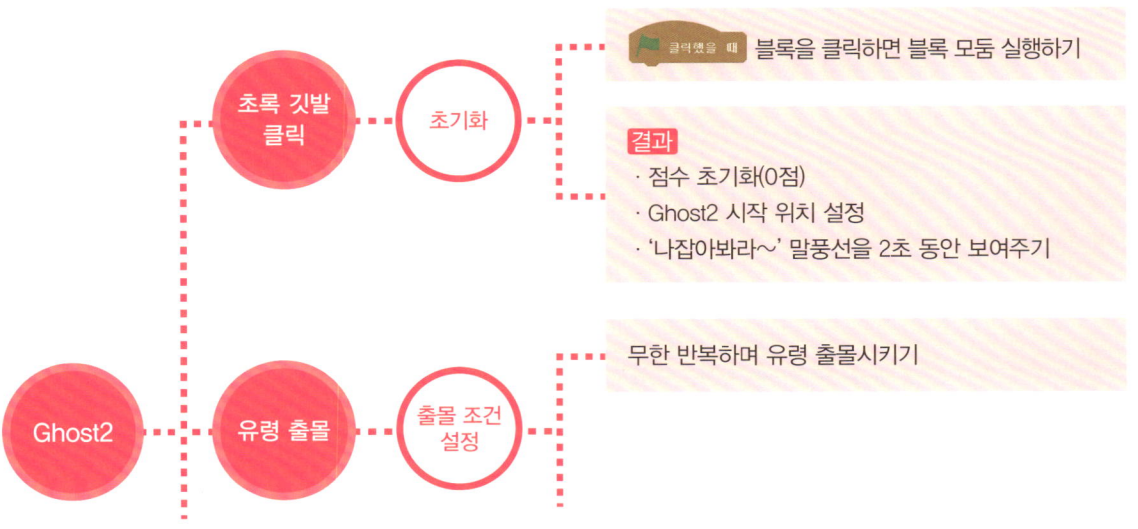

초록 깃발
클릭 — 초기화 — `⚑ 클릭했을 때` 블록을 클릭하면 블록 모둠 실행하기

결과
· 점수 초기화(0점)
· Ghost2 시작 위치 설정
· '나잡아봐라~' 말풍선을 2초 동안 보여주기

Ghost2 — 유령 출몰 — 출몰 조건
설정 — 무한 반복하며 유령 출몰시키기

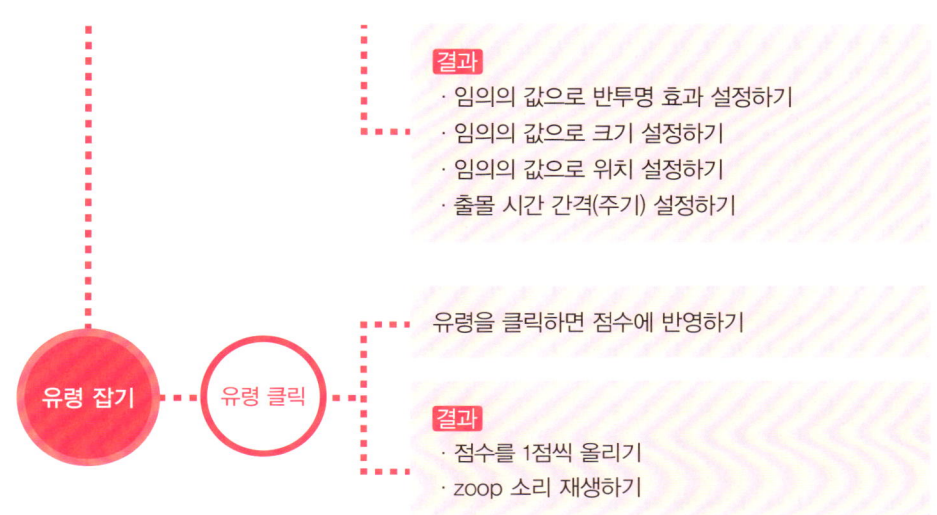

결과
- 임의의 값으로 반투명 효과 설정하기
- 임의의 값으로 크기 설정하기
- 임의의 값으로 위치 설정하기
- 출몰 시간 간격(주기) 설정하기

유령을 클릭하면 점수에 반영하기

결과
- 점수를 1점씩 올리기
- zoop 소리 재생하기

유령 잡기 ┄┄ 유령 클릭

💡 블록 미리 보기

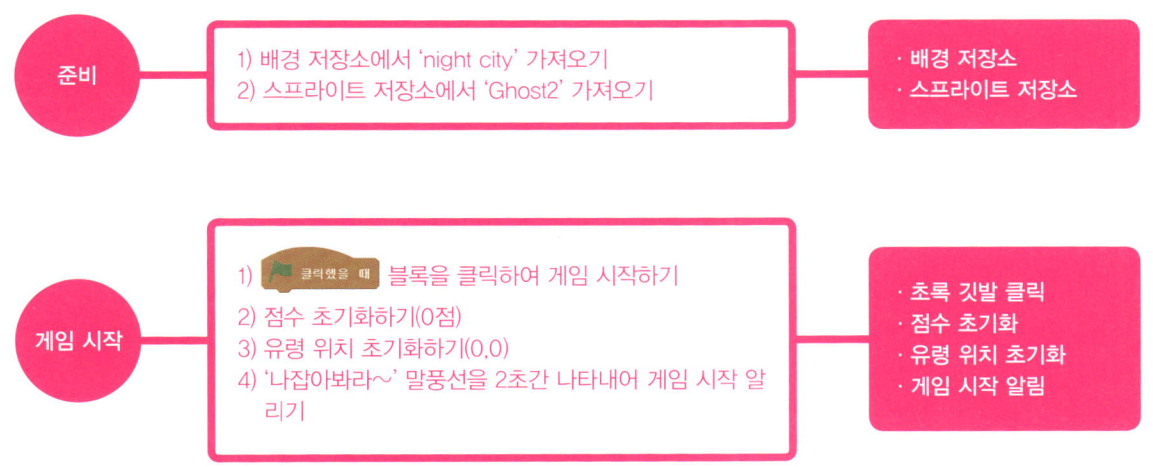

준비

1) 배경 저장소에서 'night city' 가져오기
2) 스프라이트 저장소에서 'Ghost2' 가져오기

- 배경 저장소
- 스프라이트 저장소

게임 시작

1) 🚩클릭했을때 블록을 클릭하여 게임 시작하기
2) 점수 초기화하기(0점)
3) 유령 위치 초기화하기(0,0)
4) '나잡아봐라~' 말풍선을 2초간 나타내어 게임 시작 알리기

- 초록 깃발 클릭
- 점수 초기화
- 유령 위치 초기화
- 게임 시작 알림

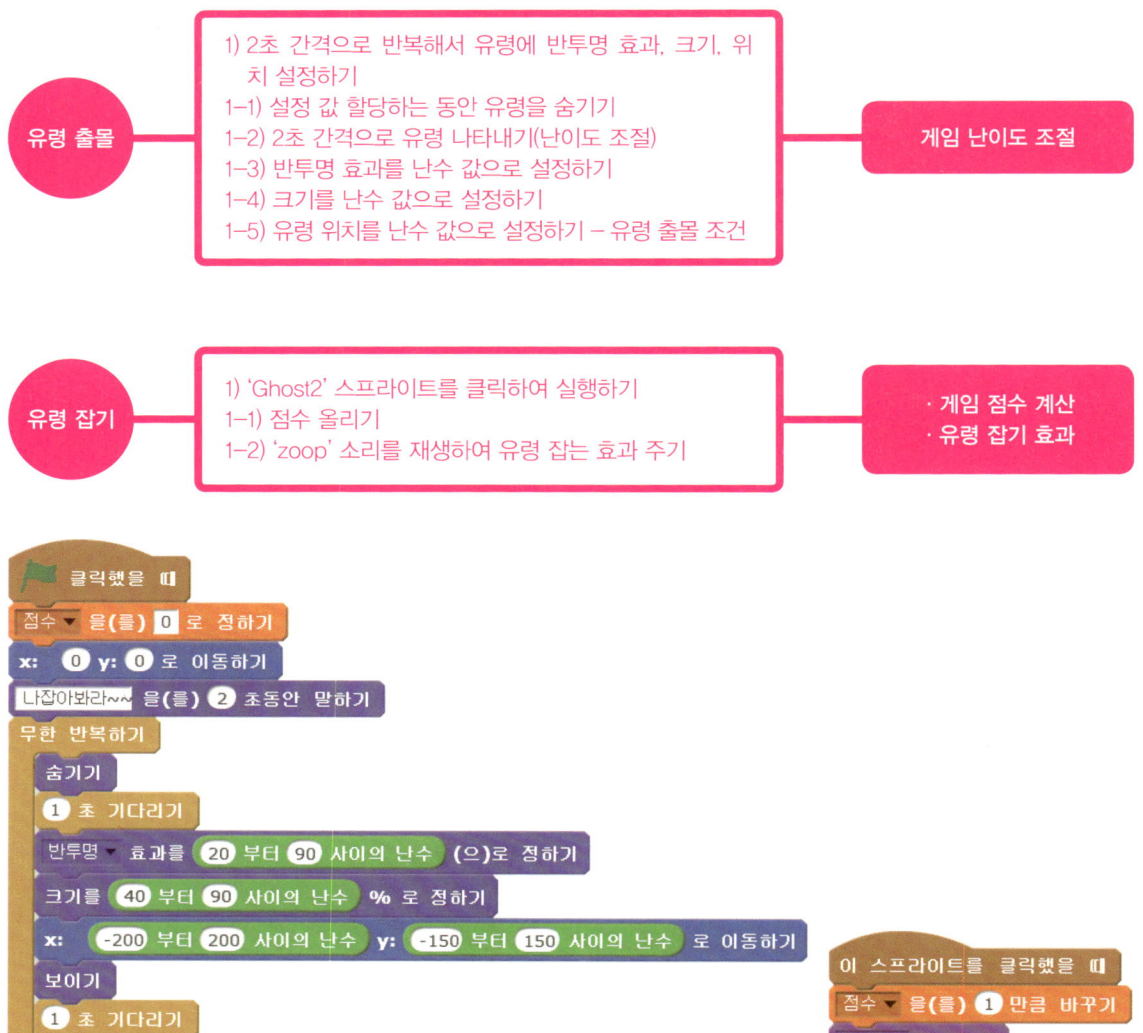

유령 출몰

1) 2초 간격으로 반복해서 유령에 반투명 효과, 크기, 위치 설정하기
1-1) 설정 값 할당하는 동안 유령을 숨기기
1-2) 2초 간격으로 유령 나타내기(난이도 조절)
1-3) 반투명 효과를 난수 값으로 설정하기
1-4) 크기를 난수 값으로 설정하기
1-5) 유령 위치를 난수 값으로 설정하기 – 유령 출몰 조건

게임 난이도 조절

유령 잡기

1) 'Ghost2' 스프라이트를 클릭하여 실행하기
1-1) 점수 올리기
1-2) 'zoop' 소리를 재생하여 유령 잡는 효과 주기

· 게임 점수 계산
· 유령 잡기 효과

01 배경 불러오기

유령잡기 게임을 위해 어두운 도시의 밤하늘 배경을 준비합니다.

❶ 배경 저장소에서 어두운 밤하늘인 'night city' 배경을 불러옵니다.

❷ 기본 '배경1'을 삭제합니다.

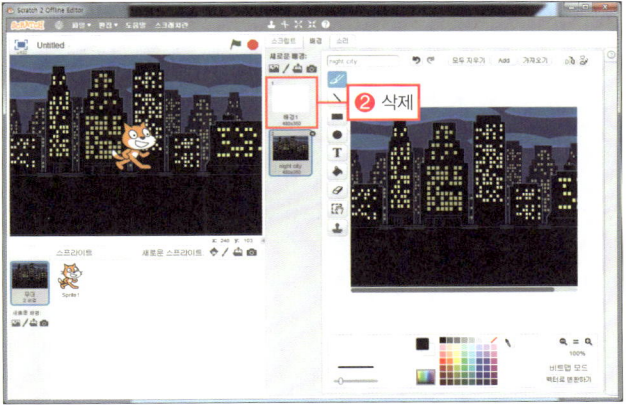

02 스프라이트 불러오기

❶ 스프라이트 저장소에서 'Ghost2(유령)'를 더블클릭하여 불러옵니다.

❷ 기본 스프라이트 'Sprite1'에서 마우스 오른쪽 버튼을 클릭합니다.

❸ **삭제**를 선택합니다.

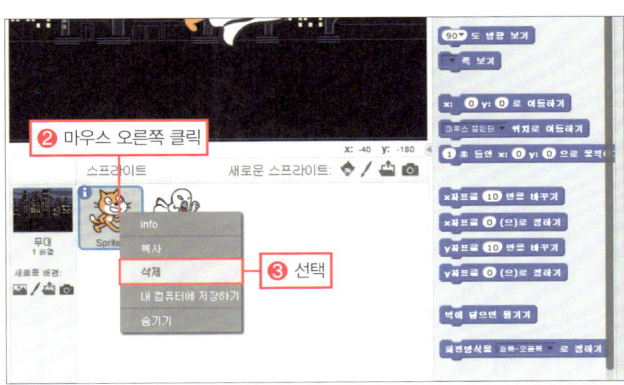

03 점수 추가하기

❶ [스크립트] 탭을 선택합니다.

❷ 데이터 블록의 〈변수 만들기〉 버튼을 클릭
   합니다.

❸ 새로운 변수 대화상자의 변수 이름에 '점수'
   를 입력하고 ❹ 〈확인〉 버튼을 클릭합니다.

04 소리 설정하기

무대 왼쪽 위 점수에 0점이 나타납니다.

유령을 잡을 때마다 효과음을 더합니다.

❶ [소리] 탭을 선택하고 ❷ '저장소에서 소리 선택' 아이콘(🔊)을 클릭합니다.

❸ 소리 저장소에서 'zoop'을 더블클릭합니다.

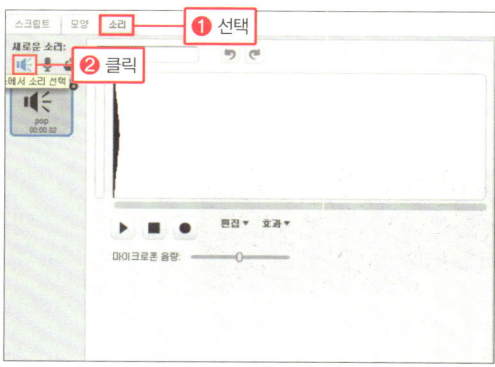

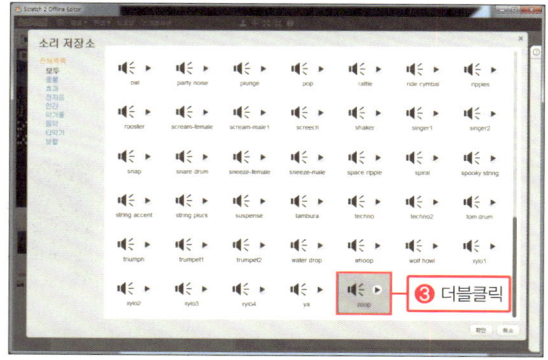

05 소리 삭제하기

기본 소리인 'pop'은 삭제합니다.

06 유령을 잡을 때 효과 주기

유령을 클릭하여 잡으면 점수가 1점 올라가고 소리가 나게 합니다. 'Ghost 2' 스프라이트를 선택하고 [스크립트] 탭을 선택합니다.

❶ 이벤트 블록에서 `이 스프라이트를 클릭했을 때` 를 스크립트 영역으로 드래그합니다.

❷ 데이터 블록의 `점수 ▼ 을(를) 1 만큼 바꾸기` 를 붙여 넣습니다.

❸ 소리 블록의 `zoop ▼ 재생하기` 를 붙여 넣습니다.

07 결과 확인하기

무대 오른쪽 위의 '🏴' 아이콘을 클릭하여 유령을 잡으면 1점씩 증가되고 zoop 소리가 들리는지 확인해 보세요.

08 게임 시작 화면 설정하기

'▶' 아이콘을 클릭하여 점수와 유령(Ghost2)의 위치를 초기화하고 유령이 '나잡아 봐라~~'라는 말풍선을 보여 준 다음 게임을 시작하도록 합니다.

❶ 이벤트 블록에서 [클릭했을 때]를 스크립트 영역으로 드래그 합니다.

❷ 데이터 블록에서 [점수 ▼ 을(를) 0 로 정하기]를 붙여 넣은 다음 게임을 시작할 때 점수를 '0'으로 설정합니다.

❸ 동작 블록에서 [x: -21 y: -138 로 이동하기]를 붙여 넣고 'x:0, y:0'으로 설 정하여 유령을 무대 가운데에 위치시킵니다.

❹ 형태 블록에서 [Hello! 을(를) 2 초동안 말하기]를 가져온 다음 '나잡아봐라~~' 를 입력하여 말풍선을 나타냅니다.

09 프로젝트 확인하기

'▶' 아이콘을 클릭하여 게임을 시작합니다.
무대에서 유령을 클릭하여 점수가 올라가는지 확인해 보세요.

유령 위치를 변경한 후 '▶' 아이콘을 클릭해 봅니다.

10 반복적으로 유령 나타내기

유령을 클릭하여 점수를 획득하도록 시간 차를 두고 유령이 나타나고 사라지는 것을 반복하도록 구성합니다.

❶ 형태 블록에서 `숨기기` 를 스크립트 영역으로 드래그합니다.

❷ 1초 동안 유령이 안 보이도록 제어 블록에서 `1 초 기다리기` 를 붙여 넣습니다.

❸ 유령 위치를 지정하기 위해 동작 블록의 `x: -21 y: -138 로 이동하기` 를 붙여 넣고 'x: −10, y: 10'으로 설정합니다.

❹ 형태 블록의 `보이기` 를 붙여 넣어 임의의 위치에서 유령이 나타나도록 합니다.

❺ 제어 블록의 `1 초 기다리기` 를 붙여 넣습니다.

❻ 위의 과정을 반복하기 위해 제어 블록의 `무한 반복하기` 를 추가합니다.

11 임의의 위치에 유령 나타내기

아무데서나 유령을 나타내기 위해 x축, y축 위치를 설정합니다.

❶ 연산 블록에서 `1 부터 10 사이의 난수` 를 스크립트 영역으로 드래그합니다. 난수 범위를 x축 범위인 '−240'과 '240'으로 설정합니다.

❷ 난수 블록에서 마우스 오른쪽 버튼을 클릭합니다.

❸ **복사**를 선택합니다.

12 좌표 설정하기

❶ y축 난수를 y축 범위인 '−180'과 '180'으로 설
정합니다.

❷ 동작 블록의 x축과 y축에 각각의 난수 블록을
연결합니다.

❸ 반복 블록 모음을 형태 블록 아래에 연결합니다.

13 게임 실행하기

무대 오른쪽 위 '▶' 아이콘을 클릭하여 화면에
서 유령이 아무데서 나타나는지 확인합니다.

14 유령에 효과를 추가하기

유령이 나타날 때 반투명 효과와 크기를
임의로 설정합니다.

❶ 형태 블록의 `색깔 효과를 10 (으)로 정하기` 를
`무한 반복하기` 블록 안의 파란색 동작 블록 위
에 추가합니다. 효과를 '반투명'으로 지정하고
`20 부터 90 사이의 난수` 블록을 연결합니다.

❷ 형태 블록에서 `크기를 50 % 로 정하기`를 아래쪽
에 추가하고 크기에 `40 부터 90 사이의 난수`
를 연결합니다.

15 결과 확인하기

'🏳' 아이콘을 클릭하여 효과가 적용된 유령을
클릭하여 잡아 보세요.

▶ **알아두기**   **파일 저장하기**

메뉴에서 **[파일]** → **저장하기**를 실행하여 스크래치 프로젝트를 저장할 수 있습니다.

Q 유령을 클릭할 때마다 다른 모양과 방향으로 바꿔 보세요.

A [모양] 탭에서 ghost2 스프라이트의 여러 모양을 확인할 수 있습니다. 스프라이트를 클릭할 때 다른 모양으로 바꿀 수 있습니다. 이 스프라이트를 클릭하면 블록 아래쪽 형태 블록의 다음 모양으로 바꾸기 를 이용하여 스프라이트 모양의 순서를 다음 모양으로 바꿀 수 있습니다.

때때로 스프라이트 방향을 바꾸면 더욱 재미있는 요소가 될 수 있습니다. 스프라이트를 클릭할 때마다 방향을 바꾸기 위해 동작 블록의 ↻ 15 도 돌기 를 추가하여 방향을 '180°'로 설정합니다.

회전 방식은 원형을 그리면서 바꾸기 때문에 기본 형식에서는 약간 이상할 수 있으므로 동작 블록의 회전방식을 왼쪽-오른쪽 ▾ 로 정하기 를 추가하여 자연스럽게 방향을 바꿉니다.

회전방식을 왼쪽-오른쪽 ▾ 로 정하기
↻ 180 도 돌기

스프라이트 영역에서 스프라이트의 '정보' 아이콘(ℹ️)을 클릭하고 회전 방식을 수정해도 같은 결과를 얻을 수 있습니다.

형태 블록의 반투명 효과는 무대에서 스프라이트의 불투명도 (Opacity)를 조절합니다. '0~100' 사이의 값을 설정하며 0은 투명 한 효과로 화면에서 보이지 않습니다. 여기서는 '20~90' 임의의 값 으로 설정하여 반투명 효과를 적용했습니다.

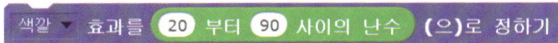

형태 블록의 크기는 스프라이트 크기를 % 단위(0~100)로 설정할 수 있습니다. 여기서는 '40~90%' 값으로 설정했습니다.

크기를 40 부터 90 사이의 난수 % 로 정하기

동작 블록의 이동은 x, y좌표를 이용하여 스프라이트 위치를 설정할 수 있습니다. 각각 x, y좌표를 나타내는 난수로 설정합니다.

x: -200 부터 200 사이의 난수 y: -150 부터 150 사이의 난수 로 이동하기

▶ **알아두기** **난수를 이용한 좌표 설정하기**

무대의 좌표계는 중심을 기준(0,0)으로 하여 x축 범위는 −240~240, y축 범위는 −180~180입니다. 스프라이트 중심점을 변경하지 않으면 스프라이트 가운데가 중심점이며, 무대 위 스프라이트 영역을 확인하 여 난수를 설정합니다.

농구공을 던지는 폼 게임 만들기

폼(Pong) 게임은 70년대 유명 비디오 게임에서 비롯된 것으로, 공을 치는 게임에서 들리는 소리 그대로 이름을 붙인 게임입니다.

화면 왼쪽, 위쪽, 오른쪽 3면과 아래쪽의 평평한 스프라이트를 마우스 포인터로 움직여 공을 던지는 게임을 만들어 보겠습니다. 공을 던지는 방향에 따라 색깔 효과를 적용하고 아래쪽의 움직이는 스프라이트가 아닌 바닥에 닿았을 때 점수를 1점씩 빼서 게임을 진행합니다. 이때 제어 블록을 이용하여 어떻게 표현할지 생각하는 과정이 중요합니다.

STEP #1

 코딩 순서

- ▶ 학교 운동장 구석의 농구장이 배경입니다.
- ▶ 농구공이 화면에서 임의의 방향으로 움직입니다.
- ▶ 화면 가장자리에 닿으면 농구공이 튕겨집니다.
- ▶ 배경 아래쪽 빨간색 선에 닿으면 점수를 잃습니다.
- ▶ 점수를 잃지 않으려면 초록색 막대기 모양의 손잡이를 움직여야 합니다.
- ▶ 얼마나 오랫동안 농구공을 던져 점수를 얻을 수 있는지 한 번 도전해 보세요.

실행 미리 보기

간단하고 반복적인 게임인 퐁 게임의 핵심중의 하나는 튕기는 방향을 설정해 주는 것입니다. 입사각도에 대한 반사 각도를 현실과 같도록 구성해 봅니다.

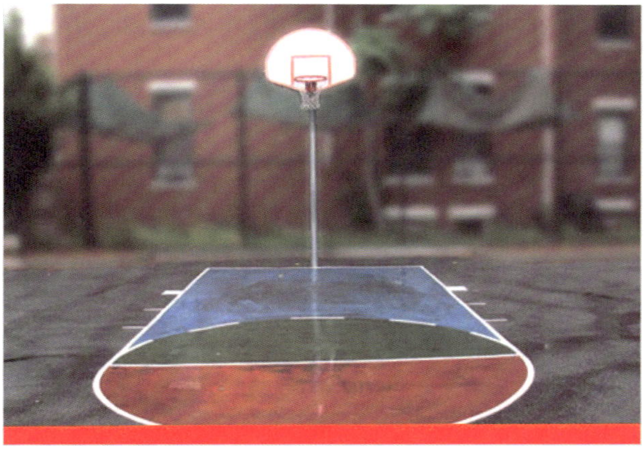

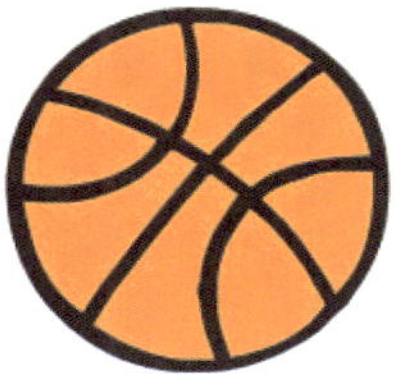

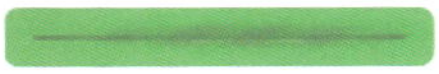

'🏴' 아이콘을 클릭하여 게임을 실행하고 Basketball 스프라이트가 무대의 임의의 방향으로 이동하면서 벽에 닿으며 튕기기를 반복할 때 Paddle 스프라이트를 움직여 농구공을 아래로 떨어뜨리지 않고 계속 튕기도록 게임을 진행합니다.

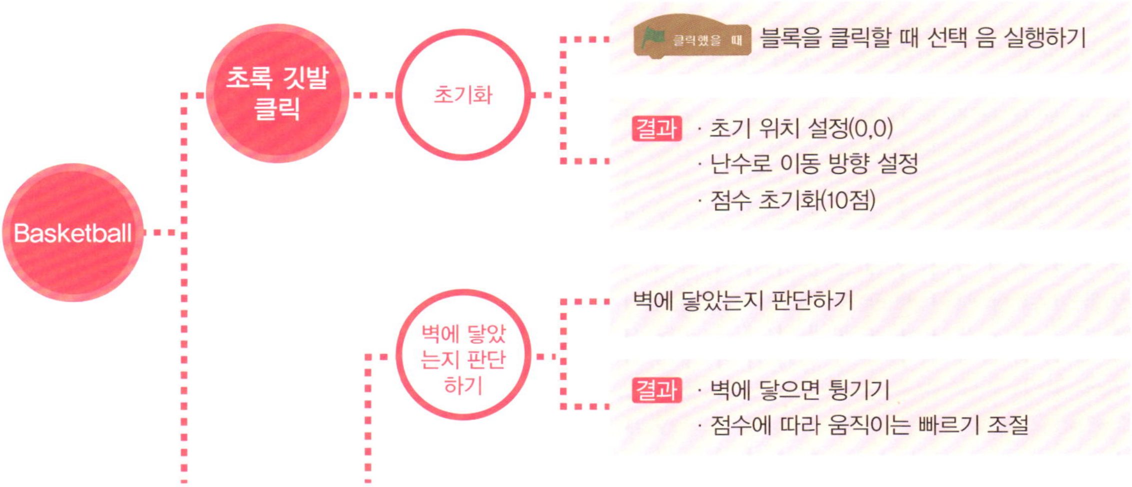
Basketball
초록 깃발 클릭
초기화
클릭했을 때
블록을 클릭할 때 선택 음 실행하기
결과 · 초기 위치 설정(0,0)
· 난수로 이동 방향 설정
· 점수 초기화(10점)
벽에 닿았는지 판단하기
벽에 닿았는지 판단하기
결과 · 벽에 닿으면 튕기기
· 점수에 따라 움직이는 빠르기 조절

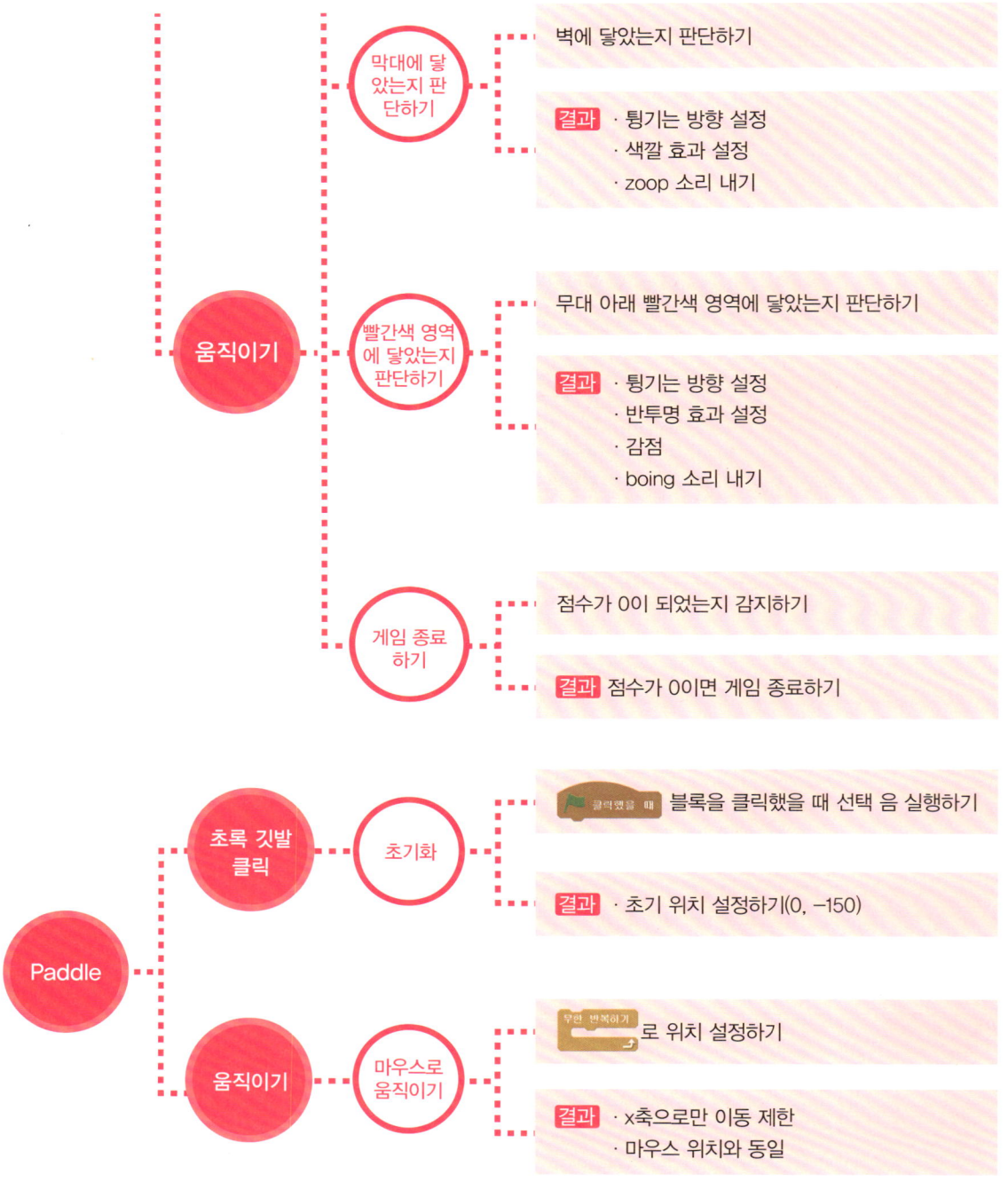

움직이기

막대에 닿았는지 판단하기 → 벽에 닿았는지 판단하기

결과 · 튕기는 방향 설정
· 색깔 효과 설정
· zoop 소리 내기

빨간색 영역에 닿았는지 판단하기 → 무대 아래 빨간색 영역에 닿았는지 판단하기

결과 · 튕기는 방향 설정
· 반투명 효과 설정
· 감점
· boing 소리 내기

게임 종료하기 → 점수가 0이 되었는지 감지하기

결과 점수가 0이면 게임 종료하기

Paddle

초록 깃발 클릭 → 초기화 → 블록을 클릭했을 때 선택 음 실행하기

결과 · 초기 위치 설정하기(0, −150)

움직이기 → 마우스로 움직이기 → 로 위치 설정하기

결과 · x축으로만 이동 제한
· 마우스 위치와 동일

준비

1) 배경 저장소에서 'basketball-court1-a2' 가져오기
2) 스프라이트 저장소에서 'Basketball', 'Paddle' 가져오기
3) 소리 저장소에서 'zoop', 'boing' 가져오기

· 배경 저장소
· 스프라이트 저장소
· 소리 저장소

게임 시작

1) 클릭했을 때 블록을 클릭하여 게임 시작하기
2) 'Basketball' 위치(0,0) 초기화하기
3) 난수로 'Basketball'의 이동 방향 설정하기
4) 점수 초기화하기(10점)
5) 'Paddle'의 위치(0, -150) 초기화하기

· 초록 깃발 클릭
· 위치 초기화
· 방향 초기화
· 점수 초기화

[Basketball] 움직임

1) 무한 반복하여 다음을 실행하기
1-1) 벽에 닿으면 팅기기
1-2) 한 번에 움직이는 거리 설정하기(속도 조절)
1-3) 'Paddle'과 닿았는지 확인하여 팅기는 방향과 색깔 효과 주기, 'zoop' 소리 내기
1-4) 무대 아래의 '빨간색' 영역에 닿았는지 확인하여 팅기는 방향과 반투명 효과 주기, 점수 감산, 'boing' 소리 내기
1-5) 점수가 0이라면 모두 멈춰 게임 종료하기

· 움직이는 속도 조절
· 'Paddle'과 충돌 확인
· 빨간색 영역과 충돌 확인
· 점수 확인

[Paddle] 움직임

1) 무대 위에서 마우스 포인터 움직이기
1-1) 마우스 포인터의 x축 위치를 'Paddle' 위치로 설정하기
1-2) 가로 방향으로만 움직임 제한하기

· 마우스 위치와 동일
· 가로 방향으로만 이동

```
클릭했을 때
x: 0 y: -150 로 이동하기
무한 반복하기
    x좌표를 마우스의 x좌표 (으)로 정하기
```

```
클릭했을 때
x: 0 y: 0 로 이동하기
30 부터 60 사이의 난수 도 방향 보기
점수 을(를) 10 로 정하기
무한 반복하기
    벽에 닿으면 튕기기
    20 - 점수 만큼 움직이기
    만약 Paddle 에 닿았는가? 라면
        180 - 방향 도 방향 보기
        색깔 효과를 방향 만큼 바꾸기
        zoop 재생하기

    만약 ■ 색에 닿았는가? 라면
        180 - 방향 도 방향 보기
        반투명 효과를 10 만큼 바꾸기
        점수 을(를) -1 만큼 바꾸기
        boing 재생하기

    만약 점수 = 0 라면
        모두 멈추기
```

● 방향

방향은 위쪽을 기준 방향인 0°로 설정하고 시계 방향으로 회전
하여 아래쪽은 180°나 −180°로 설정합니다. 이때 왼쪽 방향은
−90°, 270°입니다.

공이 x축의 위쪽을 향하는 방향은 −90°~90°이며 Paddle쪽 방
향인 아래쪽일 때는 −180°~−90°, 90°~180° 사이 값을 갖습
니다.

다음 그림에서 빨간색 화살표 방향은 45°이고, 파란색 화살표는
−135°입니다. 파란색 화살표 방향으로 들어와 Paddle에 닿으
면 튕기는 방향은 315(−180−135)가 되어 −45° 방향으로 농
구공이 튕깁니다. 동작 블록의 방향 변수를 확인하고 테스트
해 보세요.

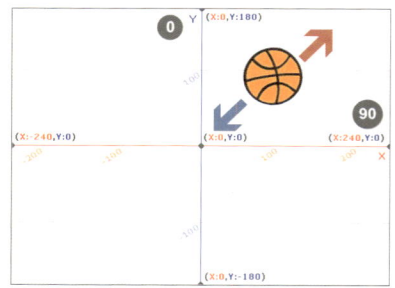

01 시작 화면 준비하기

농구공을 튕기는 퐁 게임을 만들겠습니다.

❶ 배경 저장소에서 농구장 이미지인 'basketball-court1-a'를 불러옵니다.

❷ 스프라이트 저장소에서 농구공인 'Basketball'과 막대기 모양의 'Paddle' 스프라이트를 불러옵니다.

02 감점 구간 설정하기

농구공이 막대기 외의 다른 벽에 닿아도 튕기지만, 막대기가 아닌 바닥에 닿으면 감점합니다. 여기서 빨간색 선은 벌칙 구간으로, 막대기를 움직여 이곳에 닿지 않게 이동해 공을 튕깁니다.

❶ '배경'을 선택하고 [배경] 탭을 선택하여 편집 화면으로 이동합니다.

❷ '선' 도구(✎)를 선택하고 ❸ 빨간색을 선택합니다.

❹ Shift 키를 누른 채 배경 아래에 왼쪽에서 오른쪽으로 드래그하여 선을 그립니다.

03 막대기 스크립트 구성하기

막대기 스프라이트를 선택하고 블록을 구성합니다.

❶ 게임을 시작하기 위해 이벤트 블록에서 `클릭했을 때` 를 스크립트 영역으로 드래그합니다.

❷ 동작 블록의 `x: -21 y: -138 로 이동하기` 를 붙여 넣은 다음 시작 위치를 지정하기 위해 'x: 0, y: −150'으로 설정합니다.

❸ 제어 블록의 `무한 반복하기` 를 붙여 넣습니다.

❹ 마우스 포인터의 x좌표를 확인하여 Paddle의 x좌표와 일치시키기 위해 관찰 블록의 `마우스의 x좌표` 를 연결합니다.

마우스 포인터의 좌우 이동이 막대기의 좌우 이동과 겹쳐 마치 막대기를 드래그하여 이동하는 것 같습니다.

04 농구공 움직이기

❶ '🏴' 아이콘을 클릭하면 농구공의 시작 위치를 지정합니다. 공이 움직일 방향을 임의의 수로 설정한 다음 `점수` 변수를 기본 값인 10점으로 만듭니다. 물론 먼저 데이터 블록에서 `점수` 라는 변수를 만들어야 합니다.

❷ 제어 블록의 `무한 반복하기` 를 가져와 농구공을 계속 움직입니다.

❸ 벽에 닿으면 튕기도록 합니다. 이때 점수를 잃을수록 농구공의 움직임을 더 빠르게 만들기 위한 방법을 생각합니다.

❹ 20점에서 현재 점수를 빼서 농구공의 움직임을 조절합니다. 현재 점수가 초기 점수인 10일 때는 농구공이 10만큼 움직이고 현재 점수가 게임의 최저 점수인 1인 경우에는 19만큼 빠르게 움직이도록 합니다.

05 막대기로 공 튕기기

❶ 제어 블록의 『만약 ~라면』 에 관찰 블록의 『Paddle ▾ 에 닿았는가?』
를 연결합니다.

❷ 색깔 효과와 'zoop' 소리를 재생하는 블록을 추가합니다.

❸ 180에서 동작 블록의 『방향』 변수를 빼고 해당하는 방향을 보도록
설정하여 『벽에 닿으면 튕기기』 블록과 같은 효과를 줄 수 있습니다.

▶ **알아두기** 벽에 닿으면 튕기기를 사용할 수 없을 때?

막대기가 농구공과 닿으면 농구공이 자연스럽게 튕겨야 하는데 벽이 아니므로 『벽에 닿으면 튕기기』 블록을 사용할 수 없습니다.

06 감점 구간 판단하기

❶ 벌칙 구간에 농구공이 닿는지 판단하기 위해 제어 블록의 『만약 ~라면』
에 관찰 블록의 『■ 색에 닿았는가?』 를 연결합니다. 색을 선택하고 배경
의 빨간색 부분을 선택합니다.

❷ 빨간색 부분에 닿으면 농구공에 반투명 효과를 적용해 게임 난이도를
더 어렵게 만들고 1점씩 감점합니다. 이때 영역에 닿은 것을 소리로도
나타냅니다.

❸ 빨간색 영역은 벽이 아니므로 막대기에 적용한 『180 - 방향 도 방향 보기』 를 추가합
니다.

07 게임 종료하기

❶ 『점수』 변수가 0으로 바뀌면 게임을 마칩니다.

❷ 제어 블록의 『모두 ▾ 멈추기』 를 추가하여 게임을 마칩니다.

08 프로젝트 결과 확인하기

'🏴' 아이콘을 클릭하여 막대기로 농구공을 튕깁니다.

초록색 막대기가 마우스 포인터를 따라 잘 움직이는지, 농구공이 막대기에 닿으면 자연스러운 각도로 튕기는지, 아래쪽 빨간색 영역과 농구공이 닿으면 1점씩 감점되는지 살펴보세요.

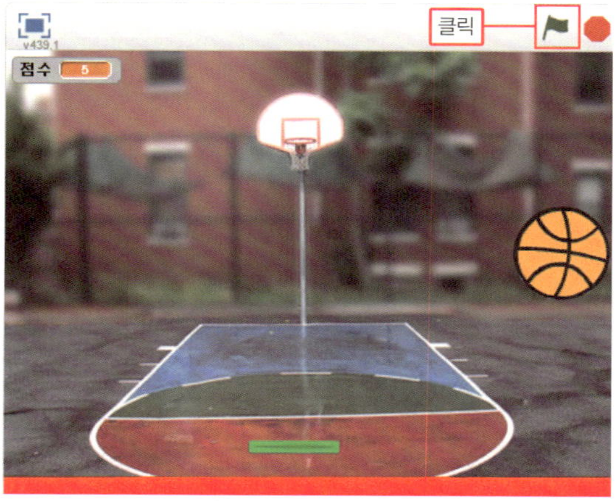

혼자 해보기

Q 퐁 게임에 시간 제한을 추가해 보세요.

막대기로 농구공을 잘 튕기면 게임이 오래 진행될 수 있으므로 여기에 시간 제한을 둡니다. 이때 점점 농구공이 움직이는 속도를 높여 게임의 난이도를 높일 수도 있습니다. 퐁 게임 시간 제한을 1분간 두기 위해 관찰 블록의 (타이머)와 [타이머 초기화] 블록을 이용해서 시간 제한을 적용해 보세요.

A 퐁 게임에 시간 제한을 추가하기 위해서는 관찰 블록의 (타이머)를 사용합니다.

(타이머)는 0.1초 단위로 시간을 확인하며 [타이머 초기화]와 (타이머) 블록의 시간을 측정하여 게임 시간을 설정합니다.

막대기 모양의 손잡이인 Paddle 스프라이트를 선택하고 블록을 추가합니다.

먼저 '🏴' 아이콘을 클릭했을 때 `타이머 초기화` 를 추가하여 `타이머` 를 '0'으로 설정합니다. `무한 반복하기` 블록 안에 제어 블록의

`만약 ⬡ 라면` 과 연산 블록의 비교 블록을 추가하여 `타이머` 가 60초 를 넘으면 게임을 멈춥니다.

형태 블록의 `끝!^^ 을(를) 2 초동안 말하기` 와 제어 블록의 `모두 ▾ 멈추기` 를 연결하여 게임을 종료합니다.

1분 동안 얼마나 많은 점수를 얻을 수 있는지 혼자 해보기해 보세요. 게임의 난이도를 높이기 위해 농구공이 움직이는 속도를 올리거나 막대기 크기를 줄일 수도 있으므로 자유롭게 도전하세요!

짝 맞추기 게임 만들기

짝 맞추기 게임은 매우 쉬우면서도 게임에 몰입할 수 있도록 합니다. 카드 뒷면을 클릭하여 앞면의 모양을 확인하고 같은 모양의 카드가 연이어 나오면 성공이고, 다른 모양이면 뒷면으로 되돌리는 형식의 게임입니다. 이때 모든 카드의 짝을 맞추기까지의 게임 소요 시간을 확인하여 누가 빨리 짝 맞추기 게임을 끝내는지 겨뤄도 재미있습니다.

여기서는 4쌍의 사과 모양 스프라이트 뒤의 다양한 색상의 공으로 짝 맞추기 게임을 만들어 봅니다. 게임을 시작할 때마다 4쌍의 사과 모양 스프라이트 위치를 변경하는 것이 핵심이고, 연속으로 같은 모양을 두 번 선택하면 같은 색깔의 공을 뒤집을 때와 다른 색깔의 공을 뒤집을 때를 판단하는 것이 중요합니다.

STEP#1

 코딩 순서

> ▸ 어두운 밤하늘에 반짝이는 우주를 배경으로 만듭니다.
> ▸ 똑같은 사과 8개를 임의로 정렬합니다.
> ▸ 사과 뒷면은 4가지 색의 공이 2개씩 있습니다.
> ▸ 사과를 선택하면 사과 뒷면의 공이 어떤 색깔인지 확인할 수 있습니다.
> ▸ 두 번씩 클릭하여 같은 색깔의 공을 찾아야 합니다.
> ▸ 얼마나 빨리 같은 색깔의 공을 찾을 수 있을까요?

하나의 변수에 여러 개의 값을 저장할 수 있는 데이터 블록의 리스트를
이용하여 게임의 상황을 저장하고 제어하는 방법이 핵심입니다.

'🏳' 아이콘을 클릭하여 게임을 실행하고 사과(apple)를 선택하여 뒤쪽
에 숨어 있는 공의 색깔을 확인한 다음 다른 사과를 클릭하여 똑같은 색
깔의 공을 찾아내어 짝을 맞춥니다.

Star1

클릭한
사과
상태 판단 → 짝 맞추기 → 짝 맞추기 판단하기

결과
· 클릭1 , 클릭2 변수 값이 같은지 판단
· 짝 맞춘 사과 숨김
· 짝을 맞추지 못하면 사과를 원래대로 되돌리기

짝 맞춘
개수
확인하기 → 게임
종료하기 → 네 쌍의 짝을 모두 맞췄는지 판단하기

결과
· 'space ripple' 소리 재생
· 게임 종료

Apple11
Apple12
Apple21
Apple22
Apple31
Apple32
Apple41
Apple42

사과 위치
설정 메시지
받았을 때 → 사과 위치
설정하기 → 사과 위치 설정하기

결과
· 모양을 'apple'로 변경
· 하나씩 차례대로 정해진 위치 값 설정
· 순서에 따라 정해진 위치로 이동

스프라이트
클릭 → 짝 맞추기 → 클릭한 사과를 기억하여 짝 맞추기 게임하기

결과
· 'pop' 소리 재생
· 공 모양으로 변경
· 클릭한 사과 변수에 담아 기억

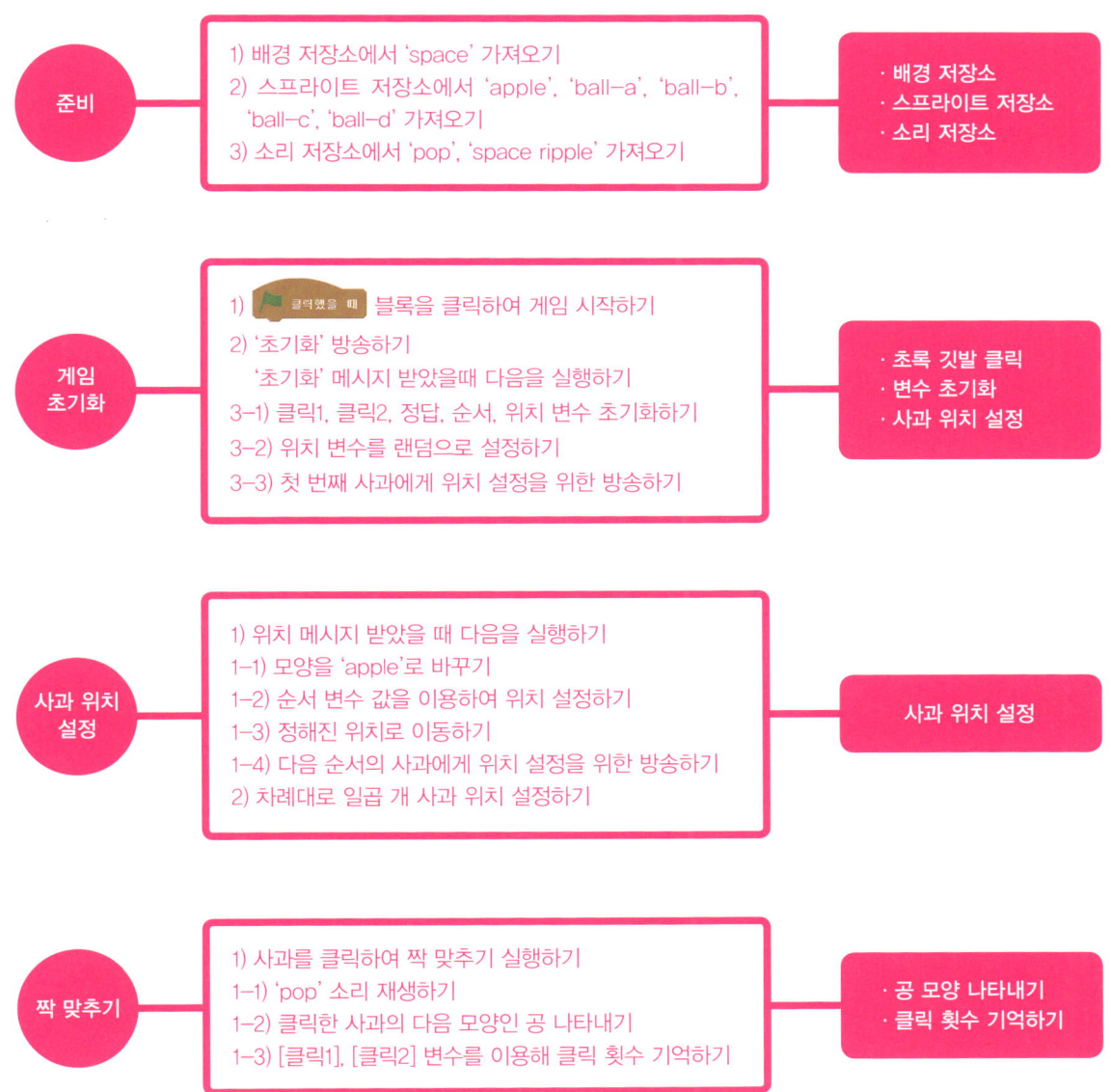

준비
1) 배경 저장소에서 'space' 가져오기
2) 스프라이트 저장소에서 'apple', 'ball-a', 'ball-b', 'ball-c', 'ball-d' 가져오기
3) 소리 저장소에서 'pop', 'space ripple' 가져오기

· 배경 저장소
· 스프라이트 저장소
· 소리 저장소

게임 초기화
1) 🚩클릭했을 때 블록을 클릭하여 게임 시작하기
2) '초기화' 방송하기
   '초기화' 메시지 받았을때 다음을 실행하기
3-1) 클릭1, 클릭2, 정답, 순서, 위치 변수 초기화하기
3-2) 위치 변수를 랜덤으로 설정하기
3-3) 첫 번째 사과에게 위치 설정을 위한 방송하기

· 초록 깃발 클릭
· 변수 초기화
· 사과 위치 설정

사과 위치 설정
1) 위치 메시지 받았을 때 다음을 실행하기
1-1) 모양을 'apple'로 바꾸기
1-2) 순서 변수 값을 이용하여 위치 설정하기
1-3) 정해진 위치로 이동하기
1-4) 다음 순서의 사과에게 위치 설정을 위한 방송하기
2) 차례대로 일곱 개 사과 위치 설정하기

사과 위치 설정

짝 맞추기
1) 사과를 클릭하여 짝 맞추기 실행하기
1-1) 'pop' 소리 재생하기
1-2) 클릭한 사과의 다음 모양인 공 나타내기
1-3) [클릭1], [클릭2] 변수를 이용해 클릭 횟수 기억하기

· 공 모양 나타내기
· 클릭 횟수 기억하기

짝 맞추기 판단하기

1) 짝 맞추기 판단하기
2) 클릭1 과 클릭2 변수 값을 비교하여 같으면 짝을 맞춘 것으로 다음을 실행하기
2-1) 짝을 맞췄을 때 클릭한 사과 숨기기
2-2) 정답 변수 값을 1만큼 바꾸기
3) 클릭1 과 클릭2 변수 값이 다르면 짝 맞추기에 실패한 것으로 판단하여 다음을 실행하기
3-1) 공 모양을 다시 사과 모양으로 바꾸기
4) 클릭1 과 클릭2 변수 값 초기화하기

· 짝 맞추기 판단
· 변수 값 초기화
· 성공 시 숨기기
· 실패 시 원래대로

게임 종료하기

1) [정답] 변수가 네 개면 짝 맞추기를 성공했다고 판단하여 게임 종료하기
1-1) 'space ripple' 소리 재생하기
1-2) 모두 멈춰 게임 종료하기

게임 종료

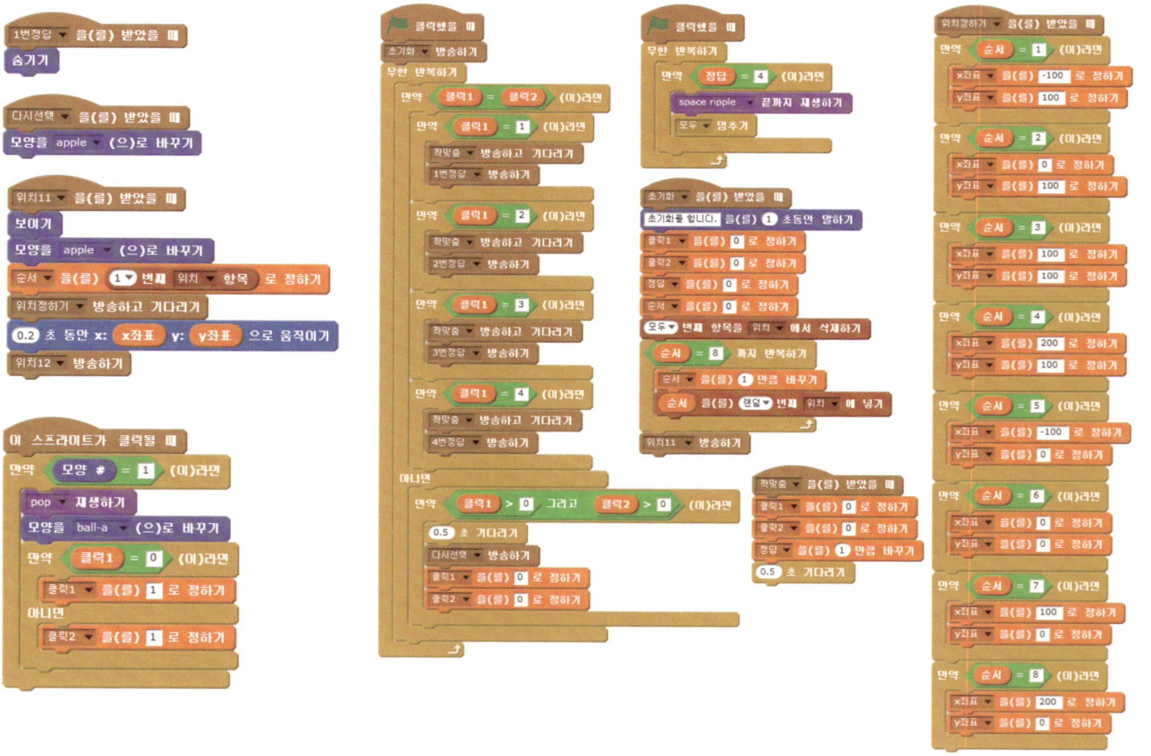

● 리스트

데이터 블록에는 변수와 리스트가 있습니다.

지금까지 다뤄온 변수는 하나의 변수에 하나의 값이 대응하는 형식으로 사용합니다. 정답 이라는 변수에는 3 또는 4처럼 하나의 값만 가질 수 있었습니다.

여기서 설명하는 리스트는 하나의 변수에 여러 개의 값을 갖습니다. 변수는 값의 공간이 하나밖에 없고 리스트는 값의 공간을 여러 개 만들 수 있습니다. 여기서는 사과를 임의의 위치에 설정하기 위해 리스트를 사용했습니다.

여덟 개의 공간을 만들어 사과 스프라이트 개수인 8만큼 반복하여 순서 변수를 1만큼씩 증가하면서 위치 리스트의 임의의(랜덤) 위치에 값을 넣습니다. 위치 리스트 순서에 1~8번까지의 임의의 순서 값이 할당됩니다. 임의로 할당된 순서는 무대의 리스트 변수에 담긴 숫자로 확인할 수 있습니다.

STEP#2

01 시작 화면 준비하기

사과 뒤에 숨어 있는 같은 색의 공을 맞추면 사라지는 짝 맞추기 게임을 만들어 봅니다.

❶ 우주 배경을 만들기 위해 배경 저장소에서 'space'를 불러옵니다. 스프라이트 저장소에서 사과 모양의 'apple', 색깔 공 'ball-a', 'ball-b'와 스크립트를 담아 두는 별 모양의 'Star1'을 불러옵니다.

❷ 사과와 공 스프라이트를 복제하여 다음과 같이 배치합니다.

02 짝을 이루는 스프라이트 구성하기

❶ 각각의 사과 스프라이트를 선택하고 [모양] 탭을 선택합니다.

❷ 첫 번째 모양은 사과를 선택합니다.

❸ '저장소에서 모양 선택' 아이콘(◆)을 클릭합니다.

❹ 두 번째 모양은 색상 공 'ball-a', 'ball-b', 'ball-c', 'ball-d'를 두 개씩 모두 네 쌍(8개)을 불러옵니다.

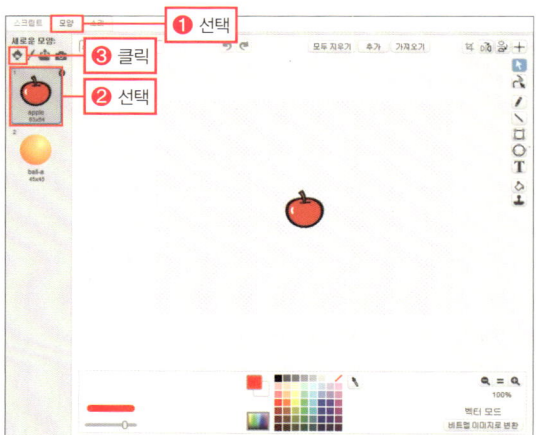
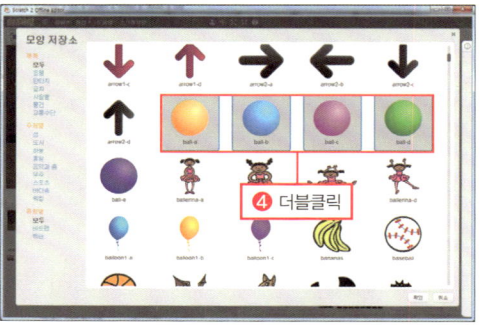

03 사과 스프라이트 이름 설정하기

여덟 개의 스프라이트를 다루기 쉽게 이름에 연관성을 부여합니다.

스프라이트 영역에서 '정보' 아이콘(ⓘ)을 클릭하여 같은 색깔 공을 포함하는 사과는 'Apple11', 'Apple12'처럼 앞자리 수를 맞춰 이름을 적용합니다.

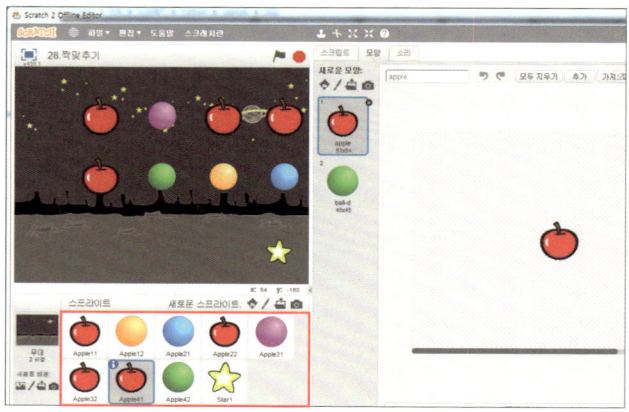

04 변수 만들기 1

먼저 여섯 개의 변수를 만듭니다. 먼저 게임 정보를 담는 '클릭1', '클릭2', '정답' 변수를 만듭니다.

❶ **클릭1**: 첫 번째 공의 종류를 담습니다. 노란색 공을 1번, 파란색 공을 2번, 자주색 공을 3번, 초록색 공을 4번으로 구성합니다.

❷ **클릭2**: 두 번째 공의 번호를 담습니다. '클릭1'과 '클릭2' 숫자가 같으면 클릭한 공은 같은 색으로 짝이 맞춰져 화면에서 사라집니다.

❸ **정답**: '클릭1'과 '클릭2'가 같으면 1점을 추가합니다. 모두 네 쌍을 맞춰야 하므로 4점이 되면 게임이 끝납니다.

05 변수 만들기 2

위치 값 등을 설정하기 위한 'x좌표', 'y좌표', '순서' 변수를 만듭니다. 이때 게임 화면에 변수를 나타낼 필요는 없습니다.

❶ **x좌표**: 게임을 시작할 때 사과의 위치를 다르게 하기 위해 x좌표의 위치 값을 담는 변수입니다.

❷ **y좌표**: 게임을 시작할 때 사과의 위치를 다르게 하기 위해 y좌표의 위치 값을 담는 변수입니다.

❸ **순서**: 게임을 시작할 때 사과의 위치를 다르게 하기 위한 일련번호를 저장하는 변수입니다.

06 스크립트 만들기

별 스프라이트를 선택하고 스크립트를 구성합니다.

❶ '▶' 아이콘을 클릭하여 게임을 시작합니다.

❷ '초기화' 메시지를 방송하여 사과의 위치 등을 설정합니다.

❸ 제어 블록의 `무한 반복하기` 을 추가합니다.

❹ `클릭1` 변수와 `클릭2` 변수 값이 같아 짝이 맞춰질 때와 그렇지 않을 때를 구별하는 블록을 만듭니다.

07 게임 종료하기

`정답` 변수가 '4'가 되어 짝을 모두 맞췄을 때의 게임 종료 스크립트를 구성합니다.

08 짝 맞추기에 성공했을 때 블록 구성하기

한 쌍의 짝을 맞췄을 때의 스크립트를 구성합니다.

같은 색의 공이 나타나면 짝이 맞춰져 화면에서 사라지고 점수 변수에 점수를 더합니다. 또한 클릭1 , 클릭2 변수를 초기화합니다.
짝은 각각의 사과 스프라이트이므로 나눠서 블록을 구성해야 합니다.

클릭1 와 클릭2 의 값이 같을 때 클릭1 값이 1이라면 1번정답 방송하기 를 사용하여 노란색 공인 1번 사과를 사라지게 합니다.
1번정답 방송하기 블록에 대응하는 방송을 받았을 때 블록은 각각 해당하는 사과 스프라이트에 설정합니다. 또한 점수 변수에 1점을 더하고 클릭1 , 클릭2 변수를 초기화하기 위해 짝맞춤 방송하고 기다리기 를 구성합니다.

▶ 알아두기 방송하고 기다리기 블록은?

message1 방송하고 기다리기 블록은 메시지를 방송하고 해당 메시지가 처리될 때까지 기다렸다가 다음 블록으로 넘어가게 합니다.

09 짝 맞추기에 실패할 경우 블록 구성하기

두 개의 사과가 다른 색의 공을 가지면 짝 맞추기에
실패한 것으로, 다시 원래의 사과 모양으로 되돌아가
도록 합니다.

❶ 서로 다른 색의 공을 0.5초간 보여주고 다시선택 ▼ 방송하기
를 통해 원래의 사과 모양으로 되돌립니다.

❷ 클릭1 과 클릭2 변수를 '0'으로 초기화해 다시 선택
하도록 합니다.

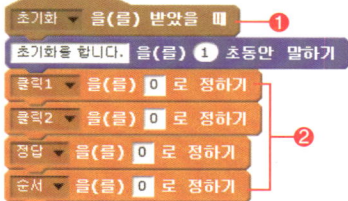

10 사과 스프라이트 위치 설정하기 1

❶ 초기화 ▼ 을(를) 받았을 때 블록으로 초기화를 설정합니다.

❷ 초기화는 변수를 초기 값인 '0'으로 바꾸고 사과 스프라이
트 위치를 임의의 값으로 설정합니다.

이때 클릭1 , 클릭2 , 정답 , 순서 변수를 '0'으
로 초기화합니다.

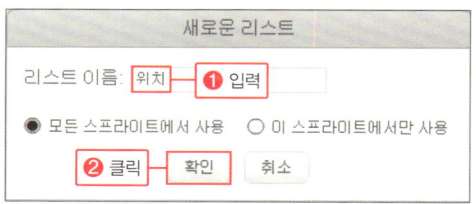

11 리스트 만들기

사과 스프라이트를 섞어 임의의 위치에 배치하기 위
해 데이터 블록의 〈리스트〉 버튼을 클릭합니다.

❶ 새로운 리스트 대화상자에서 리스트 이름에 '위치'를 입력
하고 ❷ 〈확인〉 버튼을 클릭합니다.

새로운 리스트

리스트 이름: 위치 ❶ 입력

● 모든 스프라이트에서 사용　○ 이 스프라이트에서만 사용

❷ 클릭 확인　취소

▶ **알아두기　리스트란?**

리스트는 하나의 변수 이름에 여러 가지 값을 담는 그릇으로도 생각할 수 있습니다.

12 리스트 설정하기

각각의 사과를 왼쪽 위부터 차례대로 1~8번으로 구별하고 '위치' 리스트 값을 모두 삭제합니다. 사과 개수만큼 8번 반복하여 순서 변수를 1씩 증가하면서 '위치' 리스트의 임의의 위치에 값을 추가합니다.

'위치' 리스트에 1~8번 임의의 순서 값이 할당됩니다. 이를 이용하여 사과 스프라이트 위치를 설정하며 위치11 ▼ 방송하기 로 첫 번째 사과 스프라이트에 전달합니다.

첫 번째 사과는 7번째 위치로 이동하고, 두 번째 사과는 3번째 위치로 이동하는 등 임의의 위치로 사과를 이동하며 이동 내용은 각각의 사과 스프라이트에서 설정합니다.

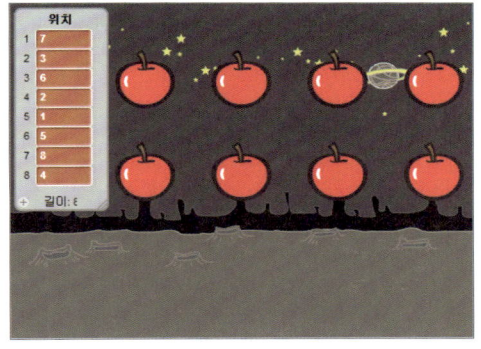

13 사과 스프라이트의 위치 설정하기 2

사과 스크립트에서 위치정하기 을(를) 받았을 때 을 이용해 메시지를 받을 때 각각의 사과 스프라이트 위치 값을 x좌표 와 y좌표 변수에 할당하여 설정합니다. 여덟 개의 만약 ◇ 라면 을 구성해도 좋고 현재 이미지처럼 나눠 구성해도 좋습니다.

▶ **알아두기** 여덟 개의 사과 위치 값

1번부터 순서대로 (−100, 100), (0, 100), (100, 100), (200, 200), (−100, 0), (0, 0), (100, 0), (200, 0)으로 설정하였습니다.

14 사과 스프라이트의 위치 설정하기 3

사과 스프레이트에서 '초기화' 메시지를 받았을 때 구성한 블록에서 사과 순서를 섞은 다음 첫 번째 사과에 전달되는 '위치11' 메시지를 방송했을 때 받는 스크립트를 구성합니다.

처음에는 공이 아닌 사과 모양을 나타내며 '위치' 리스트에서 임의로 순서화된 번호를 ⬤순서 변수에 할당하고 ◀위치정하기▼ 을(를) 받았을 때 메시지를 방송하여 ⬤x좌표 와 ⬤y좌표 변수에 위치 값을 할당합니다.

할당 값을 현재 사과 위치로 설정하고 0.2초 동안 부드럽게 이동시키고 다음 사과 스프라이트를 호출하여 위치를 설정합니다.

15 사과 스프라이트 설정하기

짝 맞추기에 성공하거나 실패했을 때 스크립트에서 클릭했을 때 'pop' 소리와 함께 모양을 바꿔 뒤집히는 효과를 줍니다. 첫 번째 클릭한 것이지 두 번째 클릭한 것인지 구분하여 ⬤클릭1 과 ⬤클릭2 변수에 값을 할당합니다.

16 완성된 블록 보기

별(Star1) 스프라이트에 설정된 스크립트는 다음과 같으며 별은 화면에 보일 필요가 없으므로 숨기기 블록으로 감추고, 편집 화면에서 별을 지워 내용을 감춰도 좋습니다.

```
클릭했을 때
초기화 ▼ 방송하기
무한 반복하기
  만약  클릭1 = 클릭2  (이)라면
    만약  클릭1 = 1  (이)라면
      짝맞춤 ▼ 방송하고 기다리기
      1번정답 ▼ 방송하기
    만약  클릭1 = 2  (이)라면
      짝맞춤 ▼ 방송하고 기다리기
      2번정답 ▼ 방송하기
    만약  클릭1 = 3  (이)라면
      짝맞춤 ▼ 방송하고 기다리기
      3번정답 ▼ 방송하기
    만약  클릭1 = 4  (이)라면
      짝맞춤 ▼ 방송하고 기다리기
      4번정답 ▼ 방송하기
  아니면
    만약  클릭1 > 0  그리고  클릭2 > 0  (이)라면
      0.5 초 기다리기
      다시선택 ▼ 방송하기
      클릭1 ▼ 을(를) 0 로 정하기
      클릭2 ▼ 을(를) 0 로 정하기
```

```
클릭했을 때
무한 반복하기
  만약  정답 = 4  (이)라면
    space ripple ▼ 끝까지 재생하기
    모두 ▼ 멈추기
```

```
초기화 ▼ 을(를) 받았을 때
초기화를 합니다. 을(를) 1 초동안 말하기
클릭1 ▼ 을(를) 0 로 정하기
클릭2 ▼ 을(를) 0 로 정하기
정답 ▼ 을(를) 0 로 정하기
순서 ▼ 을(를) 0 로 정하기
모두 ▼ 번째 항목을 위치 에서 삭제하기
순서 = 8 까지 반복하기
  순서 ▼ 을(를) 1 만큼 바꾸기
  순서 ▼ 을(를) 랜덤 ▼ 번째 위치 에 넣기
위치11 ▼ 방송하기
```

```
짝맞춤 ▼ 을(를) 받았을 때
클릭1 ▼ 을(를) 0 로 정하기
클릭2 ▼ 을(를) 0 로 정하기
정답 ▼ 을(를) 1 만큼 바꾸기
0.5 초 기다리기
```

```
위치정하기 ▼ 을(를) 받았을 때
만약  순서 = 1  (이)라면
  x좌표 ▼ 을(를) -100 로 정하기
  y좌표 ▼ 을(를) 100 로 정하기
만약  순서 = 2  (이)라면
  x좌표 ▼ 을(를) 0 로 정하기
  y좌표 ▼ 을(를) 100 로 정하기
만약  순서 = 3  (이)라면
  x좌표 ▼ 을(를) 100 로 정하기
  y좌표 ▼ 을(를) 100 로 정하기
만약  순서 = 4  (이)라면
  x좌표 ▼ 을(를) 200 로 정하기
  y좌표 ▼ 을(를) 100 로 정하기
만약  순서 = 5  (이)라면
  x좌표 ▼ 을(를) -100 로 정하기
  y좌표 ▼ 을(를) 0 로 정하기
만약  순서 = 6  (이)라면
  x좌표 ▼ 을(를) 0 로 정하기
  y좌표 ▼ 을(를) 0 로 정하기
만약  순서 = 7  (이)라면
  x좌표 ▼ 을(를) 100 로 정하기
  y좌표 ▼ 을(를) 0 로 정하기
만약  순서 = 8  (이)라면
  x좌표 ▼ 을(를) 200 로 정하기
  y좌표 ▼ 을(를) 0 로 정하기
```

17 스크립트 수정하기

각각의 사과 스프라이트에 적용되는 블록으로 일부 내용은 해당 스프라이트에 맞게 수정합니다.

```
1번정답 ▼ 을(를) 받았을 때
숨기기
```

```
다시선택 ▼ 을(를) 받았을 때
모양을 apple ▼ (으)로 바꾸기
```

```
위치11 ▼ 을(를) 받았을 때
보이기
모양을 apple ▼ (으)로 바꾸기
순서 ▼ 을(를)  1 ▼ 번째 위치 ▼ 항목  로 정하기
위치정하기 ▼ 방송하고 기다리기
0.2 초 동안 x: x좌표 y: y좌표 으로 움직이기
위치12 ▼ 방송하기
```

```
이 스프라이트가 클릭될 때
만약  모양 #  = 1  (이)라면
    pop ▼ 재생하기
    모양을 ball-a ▼ (으)로 바꾸기
    만약  클릭1  = 0  (이)라면
        클릭1 ▼ 을(를)  1  로 정하기
    아니면
        클릭2 ▼ 을(를)  1  로 정하기
```

18 프로젝트 결과 확인하기

'▶' 아이콘을 클릭하여 짝 맞추기 게임을 시작합니다.

사과를 클릭하여 같은 색의 공을 맞추면 스프라이트가 없어지고, 다른 색의 공이라면 원래대로 바뀌는지 확인하세요.

여러 번 다시 시작하면서 공의 위치가 달라지는지도 살펴보세요.

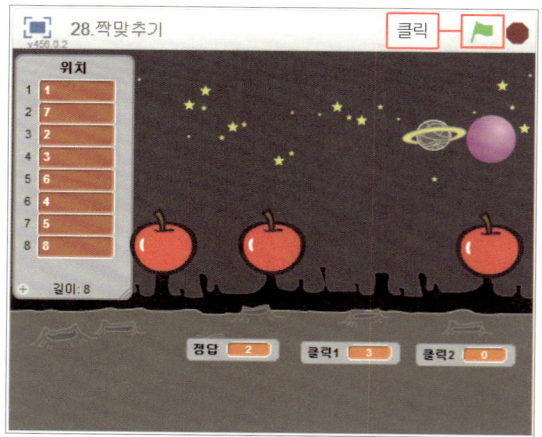

Q 사과 스프라이트가 처음 임의의 위치에 배치될 때 멀리서 날아와 제 자리로 돌아가는 것처럼 만들어 보세요.

스프라이트가 멀리서 날아와야 하기 때문에 '🏴' 아이콘을 클릭하고 사과의 초기 위치를 설정할 수 있습니다. 난수를 이용해서 고정된 위 치가 아닌 게임을 시작할 때마다 날아오는 위치를 다르게 지정해도 좋습니다. 그럼 한 번 도전해 볼까요?

A '🏴' 아이콘을 클릭하면 무대 밖 임의의 위치에서 사과 스프라이트가 날아오도록 만들어 봅니다. 8개의 사과 스프라이트에 🏴 클릭했을 때 를 추 가하여 사과를 숨기고, 초기 위치를 설정하면 간단하게 해결할 수 있 습니다.

x좌표를 배경 왼쪽 밖으로 구성하고 y좌표를 배경에 임의의 값으로 설정합니다. 8개의 사과 스프라이트에 모두 복사하여 구성하면 짝 맞추기 게임이 훨씬 더 재미있어 집니다.

Index _색인